不法行為法における名誉概念の変遷

建部 雅

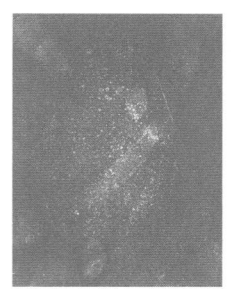

有斐閣

##　はしがき

　日本不法行為法でも，ドイツ不法行為法でも名誉が保護されている。しかし，このことは同一の定義の名誉が保護されていることを意味するものでもなければ，同一の事例で名誉保護が問題とされていることを意味するものでもない。それどころか，不法行為法における名誉保護に関して日本とドイツとの間には，大きな相違が存在する。

　名誉保護に関する日本不法行為法とドイツ不法行為法との相違を明瞭に示すのが，名誉保護の可否に関する学説の状況である。すなわち，日本不法行為法には，名誉保護を否定する見解は存在しない。これとは対照的に，ドイツ不法行為法には，名誉保護を否定する見解が存在し，それは学説の中で無視されるようなものではないのである。なぜ，不法行為法における名誉保護に関して，日本とドイツとの間には相違が存在するのだろうか。この疑問が，本書の出発点である。

　この疑問は，二つの不法行為法の間に存在する構造上の差異を無視した，法学的に意味のない疑問では決してない。たしかに，日本不法行為法は一般条項主義を採るのに対して，ドイツ不法行為法は限定列挙主義を採るという差異があるとされてきた。しかし，両者の基礎とする主義には差異があるという単純な理解こそが，ドイツ不法行為法における名誉保護に関する正確な理解を阻む要因である。

　本書のもとになっているのは，「不法行為法における名誉概念の変遷(1)～(10・完)」（法学協会雑誌124巻9号・10号，125巻4号・12号，126巻8号，127巻11号・12号，129巻5号～7号）である。旧稿で提示した「不法行為法の変化に応じて名誉保護の具体的な役割および名誉毀損事例の内容は変化してきた」という主張に対して，わずかではあるが，学説から批判と支持という反応をいただくことができた。また，2009年の日本私法学会の個別報告では，旧稿に対して，上記の主張が不明確であるという指摘を受けるとともに，その原因についてご教示いただいた。本書では，このような旧稿に対する指摘等を反映し，上記の主張がより明確なものとなるように，旧稿を全面的に修正したものであ

る。

　具体的には本書では，日本不法行為法上の名誉保護に関する先行研究を整序したり，名誉概念が形成・確立されていく過程を再検討したりすることによって，上記の主張が，日本不法行為法でも当然に生ずるものであることを，旧稿よりも明確にするための修正を行った。さらに，戦後のドイツ不法行為法において保護法益に関して生じた変化は名誉保護に大きな影響を及ぼしたということが，より明らかになるような修正を行った。戦後のドイツ不法行為法において保護法益に関して生じた変化とは，一般的人格権保護の承認である。この承認は，人格権・人格的利益保護については，ドイツ不法行為法を限定列挙主義から実質的には一般条項主義へと転換させるものであった。そのため，一般的人格権保護が承認された後は，新たな保護法益が次々に承認されることになった。この新たな保護法益の承認によって，既存の保護法益の射程や要保護性が改めて検討の対象とされるようになり，その検討の対象には名誉も含まれるようになったのである。

　一方で，旧稿で行った，現在のドイツ不法行為法において，具体的な事例で問題となる被侵害法益を確定することにはどのような意義が認められているのか，という点についての検討を本書はすべて削除した。この点について論ずるためには，1960年代に現れた「大綱的権利（Rahmenrecht）」が不法行為の要件論にもたらした変化に加えて，現在のドイツ不法行為法における名誉やそれに関連する法益を保護するための要件全体を踏まえる必要がある。しかし，本書をまとめる際に，これらの内容を過不足無く明らかにするには，私の理解が不十分であることを痛感した。そこで，上記の点に関する検討は後の課題に回すこととして，本書には入れなかった。

　本書の出版に至るまでには，大変に多くの方にお世話になっている。まず，本書を出版できたのも，また，私が研究者として存在できるのも，森田修先生（東京大学教授）にご指導いただけたからである。法律学の役割・法学者の任務について先生が大学の講義で語られたことから，私は研究者に憧れ，先生のゼミに参加させていただいた。それ以来，先生には，素朴な疑問を法学的な問いに変化させる作業，その問いに対して解答を示す方法等について，大変に丁寧なご指導をいただいた。本書の出発点である疑問が生じた原因，すなわち，ド

はしがき

イツ不法行為法において名誉保護を否定する見解が存在するということを知ったのは，先生が開講してくださったドイツ語文献講読演習においてであった。旧稿連載時は，資料の連続性を見失ったり，結論を提示できないのではないかという不安にかられたりして，執筆を投げ出したくなることもあった。それでも，完結まで辿り着いたのは，先生が温かく励ましてくださったからである。また，旧稿を本書にまとめるにあたっても，先生に多大なご配慮とご指導を賜った。いつか先生の学恩に少しでも報いることができるようになることを願いつつ，先生に心よりお礼を申し上げるとともに，本書を捧げたい。

また，助手時代にゼミなどでご指導くださった先生方にも感謝申し上げたい。お名前をすべて挙げることはできないが，とりわけ森田宏樹先生（東京大学教授）にお礼を申し上げたい。助手論文報告会で先生にいただいたご指摘は，旧稿および本書を執筆するにあたって常に指針であり続けた。また，先輩方や友人達には，研究をはじめとする様々な面でお世話になった。特に，藤澤治奈先生（立教大学准教授）には，学部ゼミ以来，研究者として必要なことなど，多くのことを教えていただいた。ここに感謝の言葉を申し上げたい。

さらに，成蹊大学での恵まれた環境にも感謝の言葉を述べたい。同僚の先生方，中でも渕史彦先生（成蹊大学准教授）には着任以来，研究および教育の点で貴重なご教示をいただいている。周囲の理解と支えがあったからこそ，何も分からない状態で着任した私が，何とか研究を続けてこられたと考えている。

なお，両親と夫の壮にも，この場を借りてお礼を述べたい。働く女性に対するサポートが不十分だった時代から，仕事と家庭とを両立させるために粉骨砕身してきた母は，私の手本となる存在である。

最後に，有斐閣・前常務取締役の酒井久雄氏，書籍編集第一部の高橋俊文氏，奥山裕美氏（現・六法編集部），井植孝之氏には，本書の刊行にあたって大変にお世話になった。心よりお礼を申し上げる。

2014 年 1 月

建部　雅

＊本書の出版にあたっては，成蹊大学の学術研究成果出版助成を仰いだ。

目　次

はじめに ―――――――――――――――――――――――――― 1

序章　名誉保護に関する議論の現状と名誉概念に関する検討の必要性 ― 5

第1節　名誉保護に関する学説の状況 ――――――――――――― 5

第1款　名誉毀損事例から生ずる疑問 ……………………………… 5
1　名誉毀損事例の多様性 ……………………………………………… 5
2　名誉概念の射程の広さ ……………………………………………… 7
3　名誉毀損事例の変化から生ずる疑問 ……………………………… 8

第2款　名誉保護に関する議論の現状 ……………………………… 9
1　名誉毀損の要件および効果 ………………………………………… 9
2　名誉保護に関する学説の争点 …………………………………… 11

第3款　名誉毀損法理独立の問題点 ……………………………… 15
1　名誉毀損法理独立の前提 ………………………………………… 15
2　名誉概念の一義性に対する疑問 ………………………………… 17

第2節　名誉概念および名誉毀損事例の具体的な内容に関する議論の必要性 ――――――――――――――――――――――― 20

第1款　現在の名誉概念の背景 …………………………………… 20
1　小野〔1934〕 ……………………………………………………… 20
2　小野〔1934〕に対する異論 ……………………………………… 22
3　名誉概念の定義に対する不法行為法学説の反応 ……………… 23

第2款　名誉概念の具体的な内容に関する議論の必要性 ……… 24
1　名誉毀損事例の「名誉」の内容に対する指摘 ………………… 24
2　名誉毀損事例の多様性に対する問題提起 ……………………… 25

第3節　本書の課題と行論の計画 ――――――――――――― 26

第1款　本書の課題 ………………………………………………… 26
第2款　行論の計画 ………………………………………………… 27
1　行論の計画 ………………………………………………………… 27
2　ドイツ不法行為法研究の意義 …………………………………… 28

目 次

第1章　不法行為法における名誉概念の成立 ——31

はじめに ——31

第1節　法典調査会での議論 ——33

第1款　旧民法財産編370条に対する修正 ——33
1　条　文 ——33
2　旧民法財産編370条に対する修正 ——34

第2款　法典調査会での議論に現れた名誉 ——34
1　名誉概念の不存在 ——34
2　名誉毀損の具体的事例に関する議論の内容 ——36
3　現行法の成立 ——37

第3款　法典調査会での議論まとめ ——38

第2節　名誉概念に関する議論の状況 ——39

第1款　民法学説——名誉概念に関する議論の不在 ——39
1　二上〔1905〕——39
2　岡松〔1899〕・岡松〔1897〕——39
3　初期の民法学説まとめ ——40

第2款　旧刑法学説——名誉概念に対する複数の異なる見解の存在 ——41
1　旧刑法358条 ——41
2　旧刑法358条の前提とする「名誉」に関する学説の議論 ——42
3　名誉の具体的内容に対する理解の相違 ——43

第3節　大審院判決の状況 ——45

第1款　名誉概念の基礎とその実情 ——45
1　名誉概念の基礎となる大審院判決 ——45
2　名誉概念の基礎となる判決の実情 ——46

第2款　大審院判決が提示した名誉概念の意義 ——47
1　名誉概念の定義後の大審院判決 ——47
2　名誉毀損事例を類型化する基準の不在 ——48

第4節　名誉概念をめぐる学説の展開 ——49

第1款　小野〔1934〕による名誉概念の提示 ——50
1　小野〔1934〕以前の刑法学説の状況 ——50

2　小野〔1934〕による名誉概念の提示 ･･････････････････････････ 52
　　　3　名誉侵害事例の多様性と「社会的評価」としての名誉の多義性 ･･････ 53
　　第2款　不法行為法学説における名誉概念の確立 ････････････････････ 58
　　　1　名誉概念の確立前 ･･ 58
　　　2　鳩山〔1920〕・鳩山〔1924〕 ････････････････････････････････ 59
　　　3　鳩山〔1924〕に対する支持 ･････････････････････････････････ 59
　　　4　宗宮〔1939〕 ･･･ 60
　　第3款　「評価説」の具体的内容 ･･･････････････････････････････ 62
　　　1　評価説の具体的内容に対する検討の必要性 ･････････････････････ 62
　　　2　具体的事例に対する「評価説」内部での見解の相違 ･･････････････ 63
　　　3　「評価説」による名誉毀損の保護法益の多様性 ･･････････････････ 64
　第5節　「評価説」の意義と問題の所在 ─────────────── 66
　　第1款　名誉概念の定義に関する「評価説」の意義 ･･･････････････････ 66
　　第2款　権利侵害要件の限定的解釈と事例解決における「評価説」の意義 ･･･ 67
　　　1　菱谷〔1912〕 ･･･ 68
　　　2　鳩山〔1924〕 ･･･ 69
　　　3　成立当初の「評価説」の意義 ･･･････････････････････････････ 69
　　第3款　権利侵害要件の変化と「名誉毀損事例」に対する評価の変化 ･･････ 70
　　　1　権利侵害要件の変化 ･･････････････････････････････････････ 70
　　　2　「名誉毀損事例」に対する評価の変化 ･････････････････････････ 71
　　第4款　新たな問題の登場 ････････････････････････････････････ 75

第2章　現在の不法行為法における名誉保護の課題 ───────── 77

は　じ　め　に ─────────────────────── 77
　第1節　名誉毀損法理の成立と名誉毀損の変化 ──────────── 79
　　第1款　名誉毀損法理の成立 ･･････････････････････････････････ 79
　　　1　刑法230条ノ2の制定 ････････････････････････････････････ 79
　　　2　名誉毀損法理の成立 ･･････････････････････････････････････ 80
　　第2款　名誉毀損の変化 ･････････････････････････････････････ 82
　　　1　名誉毀損事例の単一化 ････････････････････････････････････ 82
　　　2　名誉毀損法理の不法行為法からの独立 ･････････････････････････ 83

第2節 「評価説」の維持とその意義の変容 ——— 87
第1款 「評価説」の維持 ……………………………………… 87
  1　最高裁による名誉概念の定義 …………………………… 87
  2　学説による「評価説」の定義の維持 …………………… 88
第2款 名誉概念の定義の重要性の否定 ……………………… 89
  1　刑法233条と不法行為法上の名誉との関係に関する議論の不在 ………… 89
  2　名誉概念の定義の重要性の否定 ………………………… 92

第3節 名誉毀損法理の射程に関する問題 ——— 93
第1款 名誉毀損法理の射程の縮小 …………………………… 93
  1　最判平成6年2月8日民集48巻2号149頁 ……………… 94
  2　名誉毀損法理の排除に関する学説の議論 ……………… 96
  3　名誉毀損法理の射程の縮小 ……………………………… 97
第2款 名誉毀損法理の射程に関する議論の存在 …………… 102
  1　信用毀損と名誉毀損法理に対する修正 ………………… 102
  2　名誉毀損事例の被侵害法益と名誉毀損法理に対する修正 ………… 104
  3　真実の事実の摘示と「真実性の法理」の放棄 ………… 106

第4節 名誉毀損事例の「名誉」に関する問題 ——— 107
第1款 最判平成9年9月9日民集51巻8号3804頁 …………… 107
  1　〔2・7〕最判平成9年9月9日民集51巻8号3804頁 …… 107
  2　「社会的評価」の実態に対する疑問の提起 …………… 108
第2款 最判平成15年10月16日民集57巻9号1075頁 ………… 109
  1　〔2・8〕最判平成15年10月16日民集57巻9号1075頁 … 109
  2　〔2・8〕判決の保護法益 ………………………………… 110
  3　名誉概念と名誉毀損事例との乖離 ……………………… 111

第5節 不法行為法における名誉概念の意義と限界 ——— 113
第1款 名誉概念の意義および限界 …………………………… 113
第2款 名誉保護に関する不法行為法の課題 ………………… 114

第3章 ドイツ法　不法行為法の変容と名誉概念の変容 ——— 117
はじめに ——— 117

第1節　本章の課題 ―――――――――――――――――― 118

第1款　ドイツ不法行為法における「名誉」保護の構造 ………… 118
1　名誉保護の根拠条文 …………………………………………… 118
2　根拠条文の変遷 ………………………………………………… 119

第2款　本章の課題と検討の計画 …………………………………… 120
1　検討対象の限定 ………………………………………………… 120
2　検討の計画 ……………………………………………………… 122

第3款　先行研究と本章の課題との関係 …………………………… 123
1　先行研究の状況 ………………………………………………… 123
2　先行研究の意義と時的限界 …………………………………… 126
3　先行研究と本章の課題との関係 ……………………………… 130

第2節　第二次世界大戦後から1950年代までの議論 ――――― 131

第1款　BGB823条1項による一般的人格権保護の可否をめぐる議論の存在 … 131
第2款　BGB823条1項による名誉保護の可否をめぐる学説の変容 ……… 132
1　名誉保護の可否に関する議論の存在 ………………………… 132
2　名誉保護の承認の拡大 ………………………………………… 132

第3款　名誉概念および名誉侵害事例の具体的内容 ……………… 135
1　学説による名誉概念の定義 …………………………………… 135
2　名誉概念に対する一致した理解の不在 ……………………… 137
3　名誉侵害事例の類型化の基準 ………………………………… 137

第4款　私法上の人格保護および名誉保護に関する新秩序のための草案 … 139
1　条　文 …………………………………………………………… 140
2　二つの名誉侵害類型 …………………………………………… 142
3　名誉侵害事例と関係する他の法益侵害事例 ………………… 144
4　1959年草案における名誉保護の位置づけ …………………… 147

第3節　1960年代および1970年代の議論 ―――――――――― 148

第1款　一般的人格権保護に関する議論の変化 …………………… 149
1　Esserの改説 …………………………………………………… 149
2　一般的人格権保護に関する争点の変化 ……………………… 152

第2款　損害賠償法の修正および補充のための法律に関する参事会草案 … 156
1　条　文 …………………………………………………………… 156

2　1967年草案による名誉保護の位置づけ ……………………… 157
　　　3　保護法益の拡大と多様化 ……………………………………… 158
　第3款　名誉の多義性と名誉侵害事例の拡大 …………………………… 160
　　　1　名誉の多義性 …………………………………………………… 161
　　　2　名誉侵害事例の拡大 …………………………………………… 163
　第4款　名誉保護に関する議論の変化 …………………………………… 165
　　　1　「名誉」に関連するBGH判決 ………………………………… 166
　　　2　「名誉」に関連するBGH判決の保護法益に関する学説の議論 …… 167
　　　3　新たな法益の出現——虚偽の事実が主張されることからの保護 ……… 170
　第5款　名誉保護に関する新たな課題の登場 …………………………… 175
　　　1　名誉保護の状況 ………………………………………………… 175
　　　2　名誉保護に関する新たな課題の登場 ………………………… 176

第4節　1980年代以降の議論 ──────────────────── 180
　第1款　不法行為法改正に関するv.Barによる鑑定書 ………………… 181
　　　1　条　文 …………………………………………………………… 181
　　　2　一般的人格権保護に関する立場 ……………………………… 182
　第2款　一般的人格権保護に関する学説の状況 ………………………… 184
　　　1　BGB823条1項にいう「その他の権利」の性質 …………… 184
　　　2　一般的人格権の性質に対する学説の反応 …………………… 184
　　　3　保護法益の変容 ………………………………………………… 187
　第3款　名誉保護の可否に関する学説の対立 …………………………… 190
　　　1　名誉保護の否定 ………………………………………………… 190
　　　2　名誉保護の維持 ………………………………………………… 198
　第4款　名誉概念の限界 …………………………………………………… 200
　　　1　名誉概念の多義性 ……………………………………………… 200
　　　2　名誉侵害事例に対する学説ごとの理解の相違 ……………… 203
　　　3　名誉概念の限界 ………………………………………………… 205

結語　名誉概念の相対化と新たな議論の必要性 ──────────── 215
　　　1　現在の不法行為法における名誉保護の課題 ………………… 216
　　　2　ドイツ不法行為法研究から得られる検討の視点 …………… 218

引用文献一覧……………………………………………………………………221
事項索引…………………………………………………………………………231

本書のコピー，スキャン，デジタル化等の無断複製は著作権法上での例外を除き禁じられています。本書を代行業者等の第三者に依頼してスキャンやデジタル化することは，たとえ個人や家庭内での利用でも著作権法違反です。

はじめに

　民法典が制定されてから今日まで，名誉が不法行為法により保護されることに異論が提起されることはなかった。また，現在の裁判例および学説には，不法行為法上の名誉概念に関する強固な理解が存在する[1]。このような状況を前提とするならば，名誉概念や名誉毀損事例の内容は不変のものではなく，名誉概念や名誉毀損事例の具体的内容について検討されるべき問題が存在するという主張が一般に受け入れられることはないだろう[2]。

　ところが，名誉保護に関するこれまでの判例および学説の内容に立ち入ってみるならば，名誉が保護法益として認められてきたということは，名誉毀損事例の内容が不変だったことを意味するものではないことが明らかになる[3]。また，不法行為法において常に名誉が同一の機能を担ってきたことを意味するものではないことも同時に明らかになる。このことを端的に示すのが，斉藤〔1986〕である。ここでは，「人格価値のさまざまな側面が認識されるに至っている現在，『名誉毀損』への過度の期待」や，「『名誉毀損』への過度の包摂は避けなければなるまい」という問題意識が示されるのである[4]。斎藤〔1986〕に示されたこの問題意識を現在でも共有するのが，潮見〔2009〕である。ここでは，「今日の民事裁判例で，社会的評価としての名誉に該当しない個人の人格的価値が『社会的評価』という衣をまとって保護の対象とされ，かつ，社会的評価としての名誉の侵害に特有の違法性阻却の枠組みに載せられているのではないのかという観点からの検討が必要ではないかと考えられる」[5]という認

---

1) 本書17頁以下，および87頁以下。
2) 大村敦志「『人の法』から見た不法行為法の展開」大塚直＝大村敦志＝野澤正充編『社会の発展と権利の創造　淡路剛久先生古稀祝賀』(2012) は，「名誉毀損判例には独自の進展があるが，名誉が被侵害利益になること自体には異論の余地がない」とする (333頁)。
3) 名誉毀損事例として扱われるかどうかが変動した具体例として，ある個人の前科を公表する行為がある。五十嵐＝田宮〔1972〕は，この行為が，一時期までの裁判例では「名誉棄損」として解決されてきたとするが，それに対して，「本来前科の有無は個人のプライバシーの領域に属して」いるとする (94頁)。現在でも，前科の公表をプライバシー侵害として評価する立場は，例えば近江〔2007〕136頁に示されている。
4) 斉藤〔1986〕59頁。

I

識が示されている[6]。

　さらに，名誉概念の射程が変化してきたという認識から生ずる問題意識を踏まえて，先行研究に散発的に現れてきた名誉に関する主張を整理するならば，既存の名誉概念の内容に対して疑問が提起されていることも分かるのである[7]。

　本書の目的は，このように名誉概念の射程やその内容に対して疑問が提起されていることを受けて，不法行為法上の名誉保護について検討されるべき課題を明らかにし，検討の際に採るべき視点を提示していくことである[8]。

　そのために本書は，まずは次の二つの問題に答えていくことにしたい。第一に，不法行為法上の議論の中では，一義的な名誉概念が常に支持されてきたのか，という問題，第二に，現在の名誉概念は具体的な事例を解決するに際して明確な一つの判断基準を提供するものとして，つまり名誉と他の法益とを明確に区別するに足るものとして観念されてきたのか，という問題である。

　上記の問題に解答する作業を通じ，名誉も他の人格的利益と同様にその内実は明確なものでないことを明らかにする。そのうえで，本書は，不法行為法による名誉保護についてこれから検討されるべき課題にはどのようなものがあるのか，その際に採るべき視点は何かという点を明らかにしていくことにする。

　しかし，名誉概念や名誉毀損法理に対して存在する強固な理解に照らすならば，名誉概念の成立過程を明らかにすることや，不法行為法上の名誉概念の意

---

5) 　潮見〔2009〕174頁注188。
6) 　潮見〔2009〕に示された問題意識を共有する曽我部〔2013〕は，フランス法上の「自己像の同一性に対する権利」，すなわち「人の人格が誤って社会的に表象されることからの保護に関わる権利」（203頁）が問題となる事例として扱うことが適切と考えられる事例も，これまでの日本の不法行為法では，「プライヴァシー侵害や名誉毀損の問題として処理されてきた」と評価する（224頁）。
7) 　本書108頁以下。
8) 　なお，人格的利益に関しては現在でも，不法行為法の体系との関係が問題とされるべきことが指摘されている。例えば，加藤雅信〔2005〕は，「近時生成されたばかりの，あるいは生成途上の人格権にかんして，法の体系上の不完全性が残っているとしても，ある意味で自然なことである。これをどのようなかたちで安定的に法の体系のなかにとりこんでいくかは，将来の課題というべきであろう」と主張する（231-232頁）。また，木村〔2005〕(1)は，人格的利益が不法行為法上保護される根拠についても不明な点が残されていることを指摘する（85頁）。藤岡〔2013〕では，人格権保護と不法行為法の体系との関係が明らかにされる試みがなされている（196頁以下）。

はじめに

義について改めて論ずることの価値は容易に認められる状況にない。そこで序章では，不法行為法上の名誉に関して，表現の自由との関係などの不法行為外の原因から生ずる問題以外にも，上に提示した問題を論ずる価値があることを，先行研究等に照らして示していくことにする。

序　章
名誉保護に関する議論の現状と
名誉概念に関する検討の必要性

第1節　名誉保護に関する学説の状況

第1款　名誉毀損事例から生ずる疑問

1　名誉毀損事例の多様性

　不法行為法において問題となる名誉毀損の具体的事例には，婚姻予約の不当破棄，村八分，不貞行為などの事例も含まれるという理解を示したとしよう。このような理解は，現在の裁判例や学説が前提としている名誉毀損事例とは余りにも質の異なる事例，名誉以外の法益侵害事例として扱われている事例[1]を名誉毀損事例に含めて考えるものである。したがって，上記のような理解を示したとしても，それが批判の対象とされることすらないだろう。もちろん，本書も上記のような理解を現在の不法行為法のもとで維持すべきだと主張するものではない。

　ところが，一時期までの裁判例および学説は，上記のように多様な事例を名誉毀損事例に含めていたのである[2]。そのことを最も明瞭に示すのが，不法行

---

1)　不貞行為により侵害される法益として現在では，「貞操請求権」，「夫婦の共同生活もしくは健全な夫婦関係」および「家庭の平和」などが挙げられているという（潮見〔2009〕226頁）。また，広中〔1994〕では，「離婚をひきおこした有責配偶者の責任や内縁を不当に破棄した者の責任」が婚姻関係あるいは内縁関係（準婚関係）特有の問題ととらえられ，名誉侵害とは完全に区別された類型とされている（458頁）。

2)　三島〔1965〕では，「物理的・身体的な攻撃すなわち，逮捕・暴行・傷害・動作など」の行為や，「共同絶交や村八分」によっても名誉毀損が成立しうるとされている（254頁）。五十嵐＝田宮〔1970〕では，村八分（204頁），私法上の権利の不当な行使（240頁）が名誉毀損の具体例と

序章　名誉保護に関する議論の現状と名誉概念に関する検討の必要性

為法上の名誉の定義およびその根拠について正面から論じた唯一の著作であり，「わが国の名誉毀損法の発展を画するものであったことは間違いない」[3]という評価を受けている宗宮〔1939〕である。宗宮〔1939〕では，上記のように多様な事例が，「思想の表現」や「事実」の主張と並んで，「名誉毀損の方法」として挙げられている[4]。ここからは，現在の不法行為法によれば他の法益侵害事例とされる事例までもが，宗宮〔1939〕により名誉毀損事例として扱われてい

して挙げられている。野村〔1972〕では，村八分（30頁），告訴・告発（44頁）などが挙げられている。前田達明〔1980〕では根拠のない差押え，事由のない破産申立て，共同絶交（村八分）等が挙げられている（98頁）。また四宮〔1983〕でも，村八分がなお名誉毀損の具体例として挙げられている（324頁）。
3) 藤岡〔1999〕610頁。
4) 宗宮〔1939〕では，多様な「名誉毀損の方法」が示されている。宗宮〔1939〕の示す名誉毀損事例と現在の名誉毀損事例との違いを明らかにする部分を次に引用する。「名誉毀損の方法は，身体を殴打し，戸に泥を塗り，物を破壊する等の『暴行を伴ふ毀損』(Realinjurie, tätliche Beleidigung) なると，暴行を伴はざる思想の表現のみによる毀損 (Verbalinjurie) なると，自信を以て或る事実を主張すると (behaupten)，自信を伴はずして単に之を公布するに止まる (verbreiten) とを問はず。又書面・言語・身振り・手真似・彫刻・漫画・風刺画・活動写真・詩歌によると，指にて感知し得る点字にて為すと，被公示者に秘密の厳守を約して告ぐると，伝聞を告ぐると，又其の伝聞を自らは信ぜずと付加するも，既に公知の事実にても（同旨，大判，大正五年十二月十三日，刑事部。大判，昭和五年八月二十五日，刑事部，法律新聞三一九二号一五頁。大判，昭和九年五月十一日，刑集五九九頁）名誉毀損は成立す。要は他人の評価に影響ありたるや否やの結果により判断すべきものにして，其の手段の如何は問ふところにあらず。故に誣告は其の申告自身が係官に対する公示にしてそれが名誉毀損となるは勿論，為に世人をして被申告者に罪あるを疑はしむるは，其の人の評価を傷くるものにして（同旨，大判，昭和三年十一月十一日，法律新聞二九二〇号七頁），婚姻予約者が故なく婚姻の履行を拒み，或ひは妻子あるを秘して婚姻を予約して其の貞操を蹂躙するが如きは，孰れも女子の有する声価を延いて失墜せしむるものなり（同旨，大判，明治四十四年一月二十六日，民録一六頁。東地，昭和二年四月九日判決，法律新聞二八四四号一三頁。東控，昭和六年七月二十八日判決，新聞三三一〇号四頁）。又妊娠を秘して婚姻を予約して男子の面目を失せしめ（東控，大正十五年評論十五巻民二五一頁参照），有夫の婦と通じて其の夫の面目を損ひ，内縁の妻と私通して其の事実上の夫の面目を害するが如きも（長崎控，大正十四年評論十四巻民三五三頁参照），名誉毀損となること勿論なり。其の他多数共同の絶交，謂ゆる村八分（大判，大正十年六月二十八日，民録一二六〇頁参照），告訴状の公表（大判，昭和六年六月一日刑事部，法律新聞三二九三号一〇頁参照），違法なる執行（大阪控，昭和四年六月十一日判決，法律新聞三〇〇二号一四頁。東控，昭和二年七月十九日判決，法律新聞二七四五号九頁参照），理由無き仮差押（東控，昭和十年五月三十日判決，法律新聞三八六五頁参照），其の他不当なる会員除名等によりても，名誉毀損成立す」(268-269頁)。

たということを明らかに見てとることができる[5]。

また、このように名誉毀損事例が多様なものだったということは、既に先行研究によっても指摘されている。たとえば瀬川〔1998〕は、「戦前は、報道・出版による社会的評価の侵害だけでなく、様々な人格的利益の侵害が名誉毀損として主張された」[6]とする。そのうえで瀬川〔1998〕は、「会話・口論・法廷での発言、不当な訴訟・執行・保全処分・破産申立、不実の告訴・告発、貞操権侵害、二重の婚姻予約、内縁の不当破棄、配偶者ある者との姦通、さらに、生徒の体罰（親の名誉の侵害。大判一九二九〔昭和四〕年四月一八日評論一八巻民七一七頁以下）、氏名の冒用、村八分、今日ならプライバシー侵害となる私的事項の公表、不正競争防止法の品質誤認行為になる信用侵害、はては、強制入院措置、父母・祖父母の墳墓の発掘（大阪控判一九四〇〔昭和一五〕年六月二八日新聞四六一五号三頁）まであった」[7]ということを明らかにする[8]。

2　名誉概念の射程の広さ
(i)　斉藤〔1986〕

しかし、名誉毀損事例を広く解していた時期の学説と現在の学説との間に、名誉毀損事例に対する具体的な理解の相違が生じた原因を、名誉概念に対する理解の相違に求めることはできない。なぜならば、現在の不法行為法学説が前

---

5) 現在も、多様な事例を「名誉毀損」として扱う裁判例が存在していることについては五十嵐〔2003〕119頁以下、132頁以下を参照。ここで参照されている判決（134頁）である最判平成7年9月5日判時1546号115頁は、ある従業員の思想のみを理由として、会社が、種々の方法（監視体制を採る、思想を非難することにより他の従業員との接触・交際を妨げる）を用いてその従業員を職場で孤立させた事案について、そのような行為は従業員の「職場における自由な人間関係を形成する自由を不当に侵害するとともに、その名誉を毀損するもの」だという判示を行い、不法行為責任の成立を肯定した原審の結論を維持している。

6) 瀬川〔1998〕618頁。

7) 瀬川〔1998〕618頁。

8) 五十嵐〔2003〕でも、「不当な訴えの提起」や「不当な告訴・告発」など「不当な権利行使」が問題となる事例について、「この種の名誉毀損は、わが国では明治時代から認められ、名誉毀損法の発展に貢献した」とされる一方で、「今日では、この類型は、名誉毀損法の分野における重要性を失った」という評価が示されている（108頁）。
　その他にも、遠藤〔1957〕、野村〔1972〕、五十嵐＝田宮〔1970〕、竹田〔1982〕からは、名誉侵害事例として扱われた事例がきわめて多様なものであることが分かる。

提とする名誉概念は，まさに多様な名誉毀損事例を認めていた時代の学説が形成し，支持してきた名誉概念だからである[9]。

名誉毀損事例とされる事例の相違が生じた原因として，名誉概念そのものの射程の広さ，その侵害事例に含まれうる事例の多様性を挙げるのが，斉藤〔1986〕である。斉藤〔1986〕は，「『名誉』を社会的評価の面から把握しようとする限り，『名誉』の外延は相当に広いものといえ，生命，身体，自由以外の人格価値の多くがこの『名誉』の中に包摂されうることになる」[10]と指摘する。

(ii) 瀬川〔1998〕

この斉藤〔1986〕の指摘を受けた瀬川〔1998〕も[11]，実際の裁判例の分析を通じて，「『名誉』の語は，私生活，経済活動，交際関係など様々な側面における感情・誇り・社会的評価を包摂しうるので，それらの側面に対する侵害をすべて名誉毀損と構成できた」[12]と指摘する。

3　名誉毀損事例の変化から生ずる疑問

斉藤〔1986〕でも瀬川〔1998〕でも名誉概念が事例を画定できるほど明確なものではないことが指摘されている。この指摘にしたがって，名誉概念の定義ではなく，名誉毀損事例の具体的な内容に着目するのであれば，そこには時代ごとに想定される事例の内容に変化が生じてきたということが分かる。つまり，

---

9) 宗宮〔1939〕に示された名誉概念に対する理解は，「人の評価，即ち外的名誉と解するを可なりと信ず」（249頁）というものであり，現在の名誉概念の基盤の一つを形成する鳩山〔1924〕など同時代の通説を支持したものだった（宗宮〔1939〕253頁（註一））。現在の名誉概念について潮見〔2009〕は，「名誉とは，人がその品性，徳行，名声，信用その他の人格的価値について社会から受ける客観的評価をいう」として，この定義は鳩山〔1924〕の定義以来，民事責任に定着したものだという理解を示す（173頁注184）。名誉概念の形成過程の詳細については本書58頁以下。

10) 斉藤〔1986〕33頁。同時にここでは，「民法七一〇条が身体，自由，名誉を例示しているにすぎないとしても，それ以外の人格価値をあらためて認めるよりも，すでに示されている『名誉』に包摂することのほうがはるかに容易な途と思われてきたのであろう」という指摘もなされている（32頁）。

11) 瀬川〔1998〕623頁注(71)。

12) 瀬川〔1998〕617-618頁。

ある時期までの名誉毀損事例は広く，現在では他の法益侵害事例として扱われる事例を含んでいたが，新たな法益侵害事例が明確にされるにつれて，名誉毀損事例から徐々に個別の法益侵害事例が切り出されてきたという変化が見られるのである[13]。

このように，名誉毀損事例の内容は不変ではなくむしろ時代ごとに変遷してきていること，およびその変化の背景には名誉毀損をとりまく外在的事情の存在することからは，名誉毀損について，次のような疑問が生じてくる。つまり，その基盤となる名誉概念そのものについても，その内容および射程，すなわち名誉毀損事例とされるべき具体例を，時代ごとの議論の流れ，不法行為法全体の変化に位置づけて理解するという作業が必要となるのではないかという疑問である。そこで次に，名誉保護に関する学説の争点を概観することにより，上記のような疑問は本当に学説に受け入れられるものかということを検討した後，名誉保護に関して生ずる疑問および検討されるべき問題，名誉概念そのものについて論ずる必要性を明らかにしていくことにする。

第2款　名誉保護に関する議論の現状

1　名誉毀損の要件および効果

(i)　名誉毀損法理の確立

名誉が不法行為法の保護法益であることは，民法710条によって明文で認められている。それに加えて，名誉毀損による不法行為責任の成否を判断するための枠組みが，刑法230条の2に影響を受けた判例および学説によって組み立てられてきた[14]。

---

13) 本書70頁以下。
14) それまでの最高裁判決をまとめた最判平成9年9月9日民集51巻8号3804頁は，事実摘示による名誉毀損と事実を基礎とする論評による名誉毀損とを区別して，それぞれの類型によって名誉が侵害された場合について，次のように判示する。
　「新聞記事による名誉毀損の不法行為は，問題とされる表現が，人の品性，徳行，名声，信用等の人格的価値について社会から受ける客観的評価を低下させるものであれば，これが事実を摘示するものであるか，又は意見ないし論評を表明するものであるかを問わず，成立し得るものである。ところで，事実を摘示しての名誉毀損にあっては，その行為が公共の利害に関する事実に

その結果，事実摘示による名誉毀損が行われた場合には「真実性・相当性の法理」[15]と呼ばれる枠組みに則って，事実を基礎とした論評による名誉毀損が行われた場合には「公正論評の法理」[16]（または公正な論評の法理）と呼ばれる枠組みに則って，名誉毀損行為の違法性または故意もしくは過失の存否が判断され，不法行為責任の成否が決せられることとされている[17]。

(ii) 効　果

　また，民法 723 条は，名誉毀損が成立する場合に具体的な事情に応じて金銭賠償の原則に対する例外として原状回復処分という特殊な効果が認められうることを明示する。民法 723 条に定められた原状回復処分に加えて学説は早くから，侵害行為の差止めも解釈によって認められると解してきた[18]。そして，最

　　係り，かつ，その目的が専ら公益を図ることにあった場合に，摘示された事実がその重要な部分について真実であることの証明があったときには，右行為には違法性がなく，仮に右事実が真実であることの証明がないときにも，行為者において右事実を真実と信ずるについて相当の理由があれば，その故意又は過失は否定される（最高裁昭和 37 年(オ)第 815 号同 41 年 6 月 23 日第一小法廷判決・民集 20 巻 5 号 1118 頁，最高裁昭和 56 年(オ)第 25 号同 58 年 10 月 20 日第一小法廷判決・裁判集民事 140 号 177 頁参照）。一方，ある事実を基礎としての意見ないし論評の表明による名誉毀損にあっては，その行為が公共の利害に関する事実に係り，かつ，その目的が専ら公益を図ることにあった場合に，右意見ないし論評の前提としている事実が重要な部分について真実であることの証明があったときには，人身攻撃に及ぶなど意見ないし論評としての域を逸脱したものでない限り，右行為は違法性を欠くものというべきである（最高裁昭和 55 年(オ)第 1188 号同 62 年 4 月 24 日第二小法廷判決・民集 41 巻 3 号 490 頁，最高裁昭和 60 年(オ)第 1274 号平成元年 12 月 21 日第一小法廷判決・民集 43 巻 12 号 2252 頁参照）。そして，仮に右意見ないし論評の前提としている事実が真実であることの証明がないときにも，事実を摘示しての名誉毀損における場合と対比すると，行為者において右事実を真実と信ずるについて相当の理由があれば，その故意又は過失は否定されると解するのが相当である。」

15) 五十嵐〔2003〕48 頁。
16) 五十嵐〔2003〕70 頁。ただし，「わが国における論評による名誉毀損についてのテーゼは，『公正論評の法理』といえるかどうか疑問だが，一応このことばを使」うという留保が付されている（70 頁）。また，英米法を母法とする「公正な論評の法理」がこの法理以前に日本の判例で確立していた「相当性理論」に組み込まれてしまったことに対しては「両者の本質的違いを無視して，表面的類似を過大評価するがゆえであろう」（最判平成元年 12 月 21 日民集 43 巻 12 号 2252 頁に対する山口成樹評釈・法協 109 巻 11 号〔1992〕1820 頁）という評価がなされている。
　　「公正な論評の法理」については，山口〔1994〕(1)～〔1995〕(3・完)，松井〔1995〕318 頁以下を参照。
17) これらの判例法理を具体的に適用した事例については，前田陽一〔2013〕305 頁以下を参照。
18) 最大判昭和 61 年 6 月 11 日民集 40 巻 4 号 872 頁以前に学説で行われていた差止めをめぐる議

大判昭和 61 年 6 月 11 日民集 40 巻 4 号 872 頁により，名誉に対する侵害行為の差止めも最高裁の認めるところとなった[19]）。

　その結果，被害者は，名誉毀損による不法行為を理由とした損害賠償請求ができるだけでなく，具体的な状況に応じて[20]）「事態の真相を告白し陳謝の意を表明する」[21]）謝罪広告等の原状回復処分を加害者に請求することもでき[22]），さらに不法行為の成立要件とは異なる要件[23]）のもとで名誉に対する侵害行為の差止めも請求できるようになっている[24]）。

2　名誉保護に関する学説の争点
(i)　要　件
a　名誉毀損法理の当否

　このように，不法行為法上の名誉毀損については判例・学説により特有の要件・効果が形成されてきたのであるが，もちろん，この要件・効果に対して問

　　　論については，竹田稔「人格権侵害と差止請求」伊藤編〔1972〕，また最大判昭和 61 年 6 月 11 日民集 40 巻 4 号 872 頁以前の学説と以後の学説との関係，学説上の議論の推移については，大塚直〔1997〕を参照。
19)　最大判昭和 61 年 6 月 11 日民集 40 巻 4 号 872 頁は次のように判示する。「人の品性，徳行，名声，信用等の人格的価値について社会から受ける客観的評価である名誉を違法に侵害された者は，損害賠償（民法 710 条）又は名誉回復のための処分（同法 723 条）を求めることができるほか，人格権としての名誉権に基づき，加害者に対し，現に行われている侵害行為を排除し，又は将来生ずべき侵害を予防するため，侵害行為の差止めを求めることができるものと解するのが相当である。けだし，名誉は生命，身体とともに極めて重大な保護法益であり，人格権としての名誉権は，物権の場合と同様に排他性を有する権利というべきであるからである。」
20)　幾代〔1972〕は，「謝罪広告の請求が裁判上認容されるためには，①被害者（原告）の受けた損害が，加害者（被告）に謝罪広告を命ずることによって全面的もしくは一部的に消去せしめられうるような種類・性質のものであり，かつ，②そのような損害が，裁判の時になお現存すること，を必要とする」とする（252 頁）。
21)　最大判昭和 31 年 7 月 4 日民集 10 巻 7 号 785 頁。
22)　その他の原状回復処分の方法については，五十嵐〔2003〕257 頁以下を参照。
23)　名誉を侵害する行為の差止めが認められるための要件については齋藤隆「名誉毀損と差止請求」竹田稔＝堀部政男編『名誉・プライバシー保護関係訴訟法』（2001）113 頁を参照。
24)　金銭賠償以外の救済手段については，和田〔1998〕，須加憲子「非金銭的救済」奥田＝潮見編〔2006〕を参照。
　　　新たな問題としてたとえば，「反論権」を認めるべきか否かという問題も存在する。反論権の内容・法的性質については，韓永學『報道被害と反論権』（2005），曽我部〔2013〕などを参照。

序章　名誉保護に関する議論の現状と名誉概念に関する検討の必要性

題提起がなされてこなかったわけではない。要件については，「真実性・相当性の法理」，「公正論評の法理」によれば，名誉毀損的な表現を行った者が不法行為責任を免れるためには，摘示した事実もしくは論評の前提とした事実が真実であったこと，もしくは真実と信ずるにつき相当の理由があったことを証明しなくてはならない点が議論の対象とされてきた。この点についての批判は不法行為責任の成立がより容易に否定されるような要件を認めるべきだとする論者と，より容易に肯定されるような要件を認めるべきだとする論者との双方からなされている。

　不法行為責任の成立がより容易に否定されるような要件を認めるべきだという立場の論者からはこの要件論に対して，「刑法の規定に引きずられた判例の相当性理論が，はたして表現の自由と名誉保護を適切に調整したものか疑わしい」[25]という批判が提起されている[26]。そして，判例の枠組みよりも緩やかな免責の基準が一定の場合には認められるべきだという主張[27]がなされている[28]。

　反対に，不法行為責任の成立がより容易に肯定されるような要件を認めるべきだという立場の論者からはこの要件論に対して，報道の正確性に対する報道機関の関心が薄らいできているかのような傾向を助長しているものに「誤信の場合の相当事由に関する名誉毀損法理があるといったら，はたして言いすぎで

---

25)　松井〔1998〕221頁。
26)　最判平成元年12月21日民集43巻12号2252頁によって「公正な論評の法理」に類似する法理が認められたのであるが，「公正な論評の法理」そのものに対しても，「アメリカでのこの法理は，表現の自由保護的ではなく，『発言者からすれば，公正な論評の法理は，限定的で，矛盾に満ち，信頼することができない』と評されている」という指摘がなされている（阪本昌成・メディア判例百選（2005）77頁）。
27)　この具体例が，「原告が公人の場合，原告が表現が虚偽であることを証明しなければならないだけでなく，被告に『現実的悪意』があったことを原告が証明しえた場合に限って，裁判所は損害賠償を命じることが許されると考えるべきである」（松井〔1998〕230頁）という主張である。ここでいう「現実的悪意」とは「被告が表現が虚偽であることを知っていたか，その真実性に疑問を抱いていたにもかかわらず意図的に裏づけ取材を拒否して，その虚偽性をまったく無視したような場合にのみ認められる」（松井〔1998〕230-231頁）ものだとされている。
28)　ネットワーク上でなされた言論攻撃による名誉毀損の成立を否定するために，「対抗言論の理論」という新たな理論が提示されていること，およびそれに対する評価については，住友隆行「インターネット利用による不法行為をめぐる裁判例と問題点」滝澤孝臣編『判例展望民事法』（2009，初出2005）を参照（146-148頁）。

あろうか」[29]という疑問が提起されている。そして，名誉毀損的な表現が行われることにより重大な損害を蒙るおそれのある被害者を救済するために，より厳格な免責の基準を認めるべき，つまり「無過失責任」に接近した責任を認めるべきだとの主張がなされている[30]。

b　事実と論評との区別

　そのほかにも，現在の要件論のもとでは，「事実の摘示による名誉毀損と，意見ないし論評の表明による名誉毀損とでは，不法行為責任の成否の要件が異なるため，当該言明が事実を摘示するものであるか，意見ないし論評の表明であるかを区別することが必要となる」[31]のであるが，これを区別することが，具体的事例の解決に際してはきわめて困難であるために[32]，事実と論評とを区別する基準をめぐる議論が現在まで続けられている[33]。

(ii)　**効　果**

　要件についてのみならず，効果についても次のような疑問が提起されている。すなわち，民法723条に定められた原状回復処分の代表例とされてきた謝罪広告は本当に妥当な手段なのかという疑問である[34]。また，大判明治43年4月5日民録16輯273頁によって示された「不法行為ニ因リテ生シタル損害カ財産以外ノ損害ナルトキハ其数額ハ事実裁判所カ各場合ニ於ケル事情ヲ斟酌シ自

---

29)　三島宗彦「真実の証明と人格権侵害」伊藤編〔1972〕156頁。
30)　近江〔2007〕によっても，報道機関に「真実と信ずるにつき相当の理由」がある場合には不法行為責任の成立を否定することには「問題がある」とされ，より報道機関が免責されるための要件を厳格に解する立場もあることが示されている（135頁）。
31)　最判平成16年7月15日民集58巻5号1615頁に対する山口成樹評釈・判評552号（判時1876号（2005））183頁，185頁。
32)　手嶋豊・メディア判例百選（2005）63頁。
33)　山口〔1994〕(1)〜〔1995〕(3・完)，神田孝夫「論評ないし意見表明による名誉毀損と免責事由(1)〜(3・完)」札幌法学14巻2号（2003）7頁，15巻1号（2003）49頁，16巻1号（2004）1頁。
　　例えば，テレビジョン放送をされた報道番組で摘示された事実の内容を確定するために最判平成15年10月26日民集57巻9号1075頁が示した基準に対しては，その基準が広く用いられるのであれば，真実性の立証の負担が重くなり，テレビ局の報道を著しく規制する萎縮効果をもたらしかねない，という指摘もなされている（当該判決に対する森田修評釈・法協121巻9号（2004）1489頁，1498頁）。
34)　幾代〔1972〕260頁，藤岡〔1985〕172頁。

由ナル心証ヲ以テ之ヲ量定スヘキ」[35]という算定方法が維持されてきた慰謝料についても，これまで名誉毀損の場合に認められてきた慰謝料額は適切なものなのか，という疑問が提起されている[36]。

(iii) 学説の議論の前提

ここまで確認したとおり，不法行為法上の名誉毀損に関しては多くの点について議論がなされてきたのであるが[37]，その議論の前提として次のような理解が共有されてきたといってよい。すなわち，名誉毀損が他の不法行為類型と区別された一つの類型として存在するという理解である。このような理解を前提として名誉保護をめぐる議論が積み重ねられてきたために，現在では「真実性・相当性の法理」を中心とする名誉保護のための枠組みは一つの独立した法領域を形成しているかのような状況にある。

---

35) 大判明治43年4月5日民録16輯273頁，288頁。

36) 慰謝料算定の状況については，千葉県弁護士会編『慰謝料算定の実務』第2版（2013）71頁以下を参照。慰謝料の高額化を主張する見解として，のぞみ法律事務所編『新・名誉毀損』（2006）32頁以下を参照。

その一方で，「損害賠償額の急騰」（松井茂記「変貌する名誉毀損法と表現の自由」ジュリ1222号〔2002〕77頁，82頁）という現象などが生じている名誉毀損法理について「強い疑問が提起されざるを得ない」（同・92頁）という主張もなされている。

37) 例えば，「相当の理由があったこと」の証明をより容易にするような抗弁を認めるべきだという主張も行われるようになっている。この具体例が，「配信サービスの抗弁」，すなわち「報道機関が定評ある通信社から配信された記事を実質的な変更を加えずに掲載した場合に，その掲載記事が他人の名誉を毀損するものであったとしても，配信記事の文面上一見してその内容が真実でないと分かる場合や掲載紙自身が誤報であることを知っている等の事情がある場合を除き，当該他人に対する損害賠償義務を負わないとする法理」（最判平成14年1月29日民集56巻1号185頁，191頁）である。

ただし，通信社から配信された記事を掲載した場合に「配信サービスの抗弁」を適用するという立場は，未だ最高裁に認められていない。たしかに，最判平成14年1月29日民集56巻1号185頁などの最高裁判決は，この「配信サービスの抗弁」を一般論としては否定しないものの，具体的な事案の解決に際してはその適用を否定している。また，最判平成23年4月28日民集65巻3号1499頁は，新聞社が，通信社からの配信記事を新聞に掲載した事例について，一般論としても「配信サービスの抗弁」に言及することなく，それまでの「相当性の法理」の内容をより具体的に展開させる立場を採った。

その他の点をめぐる議論については，五十嵐〔2003〕22頁以下を参照。

第1節　名誉保護に関する学説の状況／第3款

第3款　名誉毀損法理独立の問題点

1　名誉毀損法理独立の前提

　しかし，名誉保護の枠組みをどのように組み立てるのかということのみならず，名誉保護の枠組みを不法行為法の中で独立させることそのものについても検討すべき課題は残されている。

　たとえば，違法性と故意・過失とを峻別する名誉毀損法理と，昭和30年代・40年代以降に「飛躍的な展開を見せ」[38]たために，違法性と故意・過失とを峻別する立場が通説とはいえなくなっている不法行為法全体の要件論[39]との関係に関してはなお不明な点が存在する[40]。また，最高裁判決の中でも，最判平成15年3月14日民集57巻3号229頁のように，最判昭和41年6月23日民集20巻5号1118頁を参照しつつ，「名誉毀損については，その行為が公共の利害に関する事実に係り，その目的が専ら公益を図るものである場合において，摘示された事実がその重要な部分において真実であることの証明があるとき，又は真実であることの証明がなくても，行為者がそれを真実と信ずるについて相当の理由があるときは，不法行為は成立しない」[41]と判示し，違法性，故意・過失を峻別する用語法を採らないものも存在する。

　もちろん，不法行為法全体については，「混迷」[42]状態にあるという評価や，

---

38)　森島昭夫『不法行為法講義』(1987) 9頁。

39)　名誉毀損法理の基盤を形成する最高裁判決が現れたのは昭和41年のことであるが，当時の学説を支配していた違法性論に対しては，例えば「昭和四〇年代に入ると相次いで厳しい批判が投げかけられ，こんにちでは不法行為法学の混迷とまでいわれる学説の対立が見られる」（錦織成史「違法性と過失」星野英一編『民法講座6　事務管理・不当利得・不法行為』〔1985〕133頁）という評価がなされている。

40)　現在の名誉毀損法理の用語法，すなわち違法性，故意・過失を峻別する枠組みについては，当時の通説の用語法の影響を読み取る見解（淡路剛久・メディア判例百選（2005）51頁）と，この用語法に最高裁の積極的な態度決定を見出そうとする見解（道垣内弘人・メディア判例百選（2005）47頁）とが存在する。

　不法行為の概説書の叙述の中でも，違法性，故意・過失を峻別する名誉毀損法理に対して，立証活動の際に「実践的な意味合いがある」（前田陽一『権利侵害』奥田＝潮見編〔2006〕105頁）という説明がなされる一方で，違法性，故意・過失を峻別する用語法を避けた説明がなされること（平井〔1992〕48頁，大村〔2005〕204頁，内田〔2011〕360頁など）もある。

41)　最判平成15年3月14日民集57巻3号229頁，233頁。

序章　名誉保護に関する議論の現状と名誉概念に関する検討の必要性

「戦前の通説が戦後になって批判を受け，『違法性』理論は現在，正に百家争鳴の観がある」[43]という評価がなされている現状に鑑みるならば，現在のように名誉毀損法理を不法行為法の中から独立させて組み立てるという作業には，具体的事例を解決するために明確かつ妥当な判断基準を提示するという積極的な意義が認められるとも考えられる。したがって，名誉毀損法理と不法行為法の体系との関係を論ずる必要も，名誉毀損法理と不法行為法との間に存在する用語の不統一を問題とする必要もない，といえるかもしれない[44]。

そればかりか，上記の最判平成15年3月14日民集57巻3号229頁も，不法行為責任の成否は「被侵害利益ごとに違法性阻却事由の有無等を審理し，個別具体的に判断」[45]されるべきものだとしたうえで，名誉毀損を他の人格的利益に対する侵害と区別して不法行為責任の成否を判断している。このことからは，名誉毀損法理と不法行為法全体との関係を考察する作業は重要ではなく，名誉毀損を独立した不法行為類型として扱い，名誉毀損法理をより精緻なものとしていく作業こそが最も重要であるかのようにも思われる。

ところが，名誉毀損法理が不法行為法の中から独立するためには，その名誉毀損法理によって解決されるべき事例と名誉毀損法理以外によって解決されるべき事例とが截然と区別されうる状況，つまり名誉概念の内容について明確な一つの理解が共有されており，その名誉概念を基準として事例の分類がなされる状況になくてはならないはずである。それにもかかわらず，既に斉藤〔1986〕や瀬川〔1998〕によって，名誉概念そのものについて，他の法益侵害事例を排除するほどの明確な定義がなされてきたわけではないことが指摘されている[46]。そこで，名誉概念の定義および名誉毀損事例に関する学説の理解が一致しているのかという点を検討することが必要となる。

---

42)　澤井裕「不法行為法学の混迷と展望」法セミ296号（1979）72頁。
43)　前田達明〔1998〕259頁。
44)　窪田充見「要件事実から考える安全配慮義務の法的性質」大塚直＝後藤巻則＝山野目章夫編著『要件事実論と民法学との対話』（2005）395頁では，不法行為法の類型を「被侵害法益」などに着目して類型化する作業に積極的な意義が認められている。
45)　最判平成15年3月14日民集57巻3号229頁，233頁。
46)　本書7頁以下。

2　名誉概念の一義性に対する疑問
(i)　文言上の定義の一致

　不法行為法上その保護が問題となる名誉概念について，判例・学説の中で，次のような理解が共有されてきた。すなわち，この名誉には「人が社会から受ける評価・声望，すなわち社会的名誉とか外部的名誉とかよばれるものと，名誉感情ないしは主観的名誉とよばれるものとの，二つがある」[47]という理解である。

　これら二つの名誉について，民法723条にいう名誉を，最判昭和45年12月18日民集24巻13号2151頁の判示したとおり，「人がその品性，徳行，名声，信用等の人格的価値について社会から受ける客観的な評価，すなわち社会的名誉」であり，「人が自己自身の人格的価値について有する主観的な評価，すなわち名誉感情」ではないとする見解が判例・学説により支持されてきた[48]。

　また，民法723条にいう名誉ほど明示的に論じられてきたわけではないが，現在の名誉毀損法理が前提とする名誉も，「社会的名誉」であると解する見解が広く支持されてきたといえる。なぜならば，不法行為法により保護される名誉は「社会的名誉」のみならず「名誉感情」も含むと解する立場をとる論者は存在するが[49]，そのような立場をとる論者によっても広い意味での「名誉の侵害」ではなく，より限定された「名誉毀損」が問題となるのは「社会的評価が低下された場合」，つまり社会的名誉が侵害された場合であると解されてきたからである[50]。それに加えて，最判平成9年5月27日民集51巻5号2024頁

---

47)　幾代〔1972〕248頁。
48)　和田〔1998〕118-119頁，大村〔2005〕244頁，藤岡〔2013〕218頁注(9)。
49)　五十嵐〔2003〕26頁。
50)　五十嵐〔2003〕26頁の他にも，例えば，内田〔2011〕では「一般に，人に対する社会的評価を低下させる行為が名誉毀損であるとされており，客観的な社会的評価が被侵害利益だということになる」とされているが，「単なる主観的名誉感情の侵害は含まれないが，名誉感情の侵害も，709条の要件を充たせば名誉毀損とは別に不法行為になりうる」という見解が示されている（370頁）。また，潮見〔2009〕では，最判昭和45年12月18日民集24巻13号2151頁が参照されたうえで，「主観的な名誉感情（自分自身の人格的価値について自らが有する主観的な評価）の侵害だけでは，いまだ名誉毀損とはならない」とされている（174頁）。ただしそこでは同時に，「通説は──損害賠償責任に関しては──反対のようである」という理解が示され，さらに，「言葉の問題であるが，名誉感情の侵害は，名誉毀損ではなく，プライバシー保護の問題として

のように「不法行為の被侵害利益としての名誉（民法710条，723条）とは，人の品性，徳行，名声，信用等の人格的価値について社会から受ける客観的評価のことであ」り，「名誉毀損とは，この客観的な社会的評価を低下させる行為のことにほかならない」と判示する最高裁判決が存在する一方で，最判平成17年11月10日民集59巻9号2428頁のように，「被上告人を侮辱し，被上告人の名誉感情を侵害する」イラスト画が公表された事案を真実性・相当性の法理などによらずに解決する最高裁判決も存在する。

　以上のことから，民法723条のみならず，名誉毀損法理が前提とする名誉も「社会的名誉」と解されてきたのであって，少なくともその文言上は，名誉概念について判例・学説の中に明確な一つの理解が共有されてきたといえる。

(ⅱ)　**名誉概念の実質に関する理解の不一致**

　ところが，明確な学説の争点とはされてこなかったが，名誉侵害事例に関して考慮されている具体的な事情を検討した論者からは，名誉概念および名誉侵害事例の不確定性が指摘されている[51]。そればかりか，名誉を社会的名誉と解し，社会的評価の低下が名誉毀損だという理解を支持する論者の主張の中にも，名誉毀損の成立する場面については見解の相違がみられる。そのような相違が生ずる場合の具体例として，真実の事実が公表されたことによって社会的評価が低下した場合，すなわち虚名が傷つけられた場合にも名誉毀損の成立を認めるか，ということが問題となる場合を挙げることができる。

　虚名が侵害された場合については，「虚名つまり実のそわない名聞も少なくない」が，「法はこのような虚名も保護する」[52]とする論者が存在し，これが判例・通説の立場だとされている[53]。その一方で，「真実を述べることは通常

処理すべきであろう」という立場が示されている（174頁注187）。

51)　小粥太郎「小野清一郎の名誉論――『民法における人間』を考えるためのノート――」法学75巻（2011）4号327頁では，「名誉概念に関する表面的な一致にもかかわらず，具体的な事例ごとにみると，民事・刑事における名誉毀損の成否については，意見が分かれることが少なくない」ということが指摘され，「その理由は，表現の自由と名誉との適切な衡量が難しいなどということよりむしろ，名誉そのものについての学説の理解の不安定さにあるように思われる」という理解が示されている（327頁）。

52)　竹田〔1982〕2頁。

53)　潮見〔2009〕では，「通説は，およそ客観的に被害者の社会的地位が低下したことをもって名誉毀損と捉え，民事不法行為法による保護のもとに置いている。そこには，『名誉』とされてい

――『その行為が公共の理解に関する事実に係りもっぱら公益を図る目的に出た場合』にはもちろん（最判一九六六〔昭四一〕・六・二三民集一一一九頁，なお，本判決は『真実であることが証明されなくても……行為者において……真実と信ずるについて相当の理由があるとき』は過失がないことになるとする），そうでない場合でも通常――名誉の侵害とならない」[54]とする論者が存在する。

また，刑法上の名誉保護に関してではあるが，真実の事実が摘示された場合にも名誉毀損の成立が肯定され，虚名も保護されうるということに対して，「判例・通説は，名誉が人の『人格的価値』の一つであるとの想定をとりながらも，虚名がなぜ人格的価値なのか納得いく説明をしているようには思われない」という批判がなされている[55]。さらにこの批判を基にして，「『人格的価値』と『虚名』との間には，ミッシング・リングがあるのではないか。『個人的・社会的動揺』とか，『社会生活関係の維持』が本人の人格的価値とどうつながっているのであろうか，理解に苦しむ」という問題が提起されるのである[56]。名誉毀損事例の内容について学説には理解の相違が存在することや，このような問題が提起されていることに鑑みるならば，名誉概念の内容や，名誉が不法行為法上保護される根拠について学説に一致した理解が存在しているとはいえないことは明らかである[57]。

　　　る社会的評価が実体を伴わないもの（『虚名』）であったか否か――社会的評価の低下をもたらす事実を述べたが，それが真実であった場合には，そもそも『名誉』毀損に該当しないのではないか――で区別するという意識がないし，名誉毀損を理由に損害賠償を求める訴えにおいて表現が虚偽であったという点の立証責任が被害者側にあるとの前提もない」という理解が示されている（175頁）。ただし，潮見〔2009〕は同時に，表現の自由の観点から「虚名」の保護を否定する立場に対して「考慮に値する」としており（175頁），それだけでなく「虚名は保護されず」という立場を支持するとしている（178頁）。
54)　広中〔1994〕457頁。
55)　阪本〔1990〕37頁。
56)　阪本〔1990〕37頁。
57)　表現の自由と名誉保護とを調整するために，松井〔1998〕は，「名誉保護と表現の自由の調整を図るため」に第一に必要なこととして，「名誉毀損法の保護利益を明確にすること」を挙げる（222頁）。そのうえで，「表現の自由の体系の中で名誉保護と表現の自由との調整を図る際には，『名誉毀損』があくまで『社会的名誉』の毀損であることを前提としなければならない」と主張する（222頁）。さらに，「名誉毀損を理由にして民事上の責任を追及することが許されるのは，『虚偽』の『事実表現』によって，『名誉』＝『社会的名誉』が低下したことが証明できた場合に限

序章　名誉保護に関する議論の現状と名誉概念に関する検討の必要性

第 2 節　名誉概念および名誉毀損事例の具体的な内容に関する議論の必要性

第 1 款　現在の名誉概念の背景

1　小野〔1934〕

　ここまでの検討から，現在の名誉概念については，その定義は学説から広く支持されている一方で，その内実に対する一致した理解は形成されていない状況が存在するといえる。それでは，現在の名誉概念の基礎には，いかなる論拠が据えられているのだろうか。この疑問に答えるために，まずは不法行為法上の名誉概念が示される際にしばしば参照される[58]小野〔1934〕では，どのような過程を経て，名誉に対する理解が主張されたのか，ということを簡単に見ていくことにしよう。

　小野〔1934〕では，「名誉一般に付き其の本質，現象及び其の侵害の形式に付き考察」し，「其の結果を基礎として更に名誉に対して法律の採るべき態度を考へ，且つ其の刑法に於ける保護の基本形式に付き法理的に考察」[59]していくという順序で，法的保護の対象となる名誉の内容が明らかにされている。

　そこでは，「名誉の現象」が，「社会的名誉（名声・世評），国家的名誉（栄典）及び主観的名誉（名誉意識・名誉感情）の三種」[60]に分けられている。そのうえで各名誉について，「社会的名誉」とは「人に対する社会の評価（Wertschätzung）又は価値判断（Werturteil）」[61]だと，「国家的名誉」とは「国家に依る人の評価」[62]だと，「主観的名誉」とは「人の主観に於ける自己評価の意識，即ち名誉意識又は名誉感情」[63]だとされている。さらに，これらの「社会的名誉・

　　 られるべきである」という立場を示す（225 頁）。
- [58] ここで示された名誉概念は不法行為学説にも大きな影響を与えてきた。小野〔1934〕で示された名誉概念を支持する見解としてたとえば，五十嵐〔2003〕24 頁注(7)，三島〔1965〕252 頁，280 頁注(1)がある。
- [59] 小野〔1934〕213 頁。
- [60] 小野〔1934〕180 頁。
- [61] 小野〔1934〕180 頁。
- [62] 小野〔1934〕184 頁。

第 2 節　名誉概念および名誉毀損事例の具体的な内容に関する議論の必要性／第 1 款

国家的名誉又は主観的名誉の現象に対して」,「名誉の本質」は「其のそれぞれの名誉の純粋なる意味」, つまり「人格の価値」であり,「此の場合に其の価値は社会的・国家的乃至主観的に評価され, 承認された価値ではなくして, 其の純客観的内容, 即ち人の真価, 内部的価値」だとされている[64]。そして小野〔1934〕はこれらの多様な「名誉」が存在するとしつつ, 法的保護の対象となるのは,「名誉の現象」の中でも「社会的名誉」と「名誉感情」のみだと主張する[65]。

ただし, 小野〔1934〕は法的保護の対象となる名誉を明らかにするに際して, 名誉とは「即時に明瞭なる概念ではな」く,「しかも其の概念を決定するがために, 我々は法律の規定又は言語の与ふる意味に満足することは出来」ないという理解, その概念を決定することは「より深い文化理論的問題であ」り,「仮に法律の規定又は言語の意味に満足せんとするも,『名誉』の何たるかに付て定義を与ふる法律的規定の存するものなく, 其の語学的意味も極めて区々であって, 容易に正確なる統一的意味を補足しがたいのである」という理解を前提としていた[66]。

したがって, 以上で参照した小野〔1934〕の叙述からは, 小野〔1934〕が明確な名誉の定義を提示する一方で, その定義を唯一のものと考えていなかったことは明らかである。そのことは,「私は以上に述べた諸学説を参考しつつ, 名誉の歴史的・社会的現象に即して其の本質及び現象形式に付き論理的考察をすすめて行かうと思ふ」[67]とされ, そこでは名誉の定義について多様な見解が存在することが前提にされていたことからも分かる[68]。

---

63)　小野〔1934〕187 頁。
64)　小野〔1934〕190-191 頁。
65)　「法律は直接に名誉の本質を保護するものではない。其は始めより不可能のことである。法律の保護し得るもの, 法律の保護せんとするものは, 実に名誉の現象たる社会的名声であり, また各人の自己評価たる主観的名誉意識である。」(小野〔1934〕222 頁)。
66)　小野〔1934〕150 頁。
67)　小野〔1934〕179 頁。
68)　小野〔1934〕によって参照されたドイツ刑法学説上の名誉概念に関する理解として, 例えば Binding, Lehrbuch des gemeinen deutschen Strafrechts, Bes. Teil, I Band, 1902 に主張された「名誉とは人は人として有する価値及び人が其の行為に基いて, 即ち其の道徳上・法律上の義務を履行したる限度, 其の道徳上・法律上無疵なる限度に於て有する価値」(小野〔1934〕157 頁)

2　小野〔1934〕に対する異論

　また，小野〔1934〕が現れた後の刑法学説の議論に立ち入っても，そこでは既に小野〔1934〕の示す名誉概念に対して，異論が提起されてきたことを見て取ることができる。例えば，「社会的名誉」を名誉とする見解については，ある特定の個人について「社会的評価ないし名声というものが本当に実在するかさえ疑問である」[69]ということが指摘されている。また，「社会的名誉」を広く保護する小野〔1934〕などの立場に対しては，「社会的評価ならば（積極的評価である限り）どのような評価でもよい」とする立場によれば「『およそ社会生活においてなんらかの価値があるとされているものが含まれる』とされる」[70]ことについて，「名誉毀損罪の保護客体を社会的評価とすることと，すべての積極的な社会的評価を『名誉』として保護客体に含めることとの間には，論理的必然性はないと思われる」[71]という批判がなされている[72]。

　　という理解がある。更に小野〔1934〕はこのBindingによる「名誉を人の主観的な価値意識（名誉意識）又は社会的に享有する評価（名声，評判）から批判的に区別し，人が人として有する価値又は其の行為により獲得したる価値そのものを以て名誉なりとする」（小野〔1934〕157頁）立場を，「今日より見れば意思主義の権利観念に囚はれて，名誉感情及び名声こそは法律的に保護さるべき具体的利益であることを看過したものと謂はざるを得ぬのである」（小野〔1934〕161頁）と批判する。

69)　平川宗信『名誉毀損罪と表現の自由』（1983，初出1977）19頁。
70)　佐伯〔1984〕(1) 990頁。ここでは他の論者の見解も批判の対象とされており，この「およそ社会生活においてなんらかの価値があるとされているものが含まれる」という見解は小野〔1934〕以外から引用されたものである。ただし，このような見解に対応する部分は，佐伯〔1984〕(1) 993頁注36にあるとおり，小野〔1934〕183頁に存在する。小野〔1934〕では「人に対する社会的評価は必ずしも行為・情操，業績・能力といふ如き道徳的乃至文化的価値のみに関係しない」という根拠から，「人の肉体的性質，例へば容貌の美醜又は健康の良否」や「人の全然外部的関係，例へば身分・階級・家柄」等も名誉の基礎となりうるものだという主張がなされていた（183-184頁）。

　　また，小野〔1934〕と同時代の著作である末川＝浅井〔1934〕によっても，「名誉は元来人格的なものについての社会的評価」であるため「人の美醜・所有物の真偽それ自体の如きをいふのではない」とされていたが，その一方で，「名誉は，人の品格・名声・血統・信用・行状又は貞操等についての社会的評価である」とされていた（721頁）。

71)　佐伯〔1984〕(1) 990頁。
72)　現在でも，刑法上では，名誉保護という枠内で保護される実際の法益は何か，いかなる事例が名誉毀損として処罰されるべきなのか，という点についての争いが存在する。この点については，高山佳奈子「プライバシーの刑法的保護」論叢160巻3・4号（2007）196頁，島田聡一郎

第 2 節　名誉概念および名誉毀損事例の具体的な内容に関する議論の必要性／第 1 款

3　名誉概念の定義に対する不法行為法学説の反応

それでは，このように刑法学説が名誉概念の内容や，名誉毀損を問題とすることによって解決されるべき事例に対する争点を形成してきた一方で，なぜ不法行為法学説は一つの名誉概念を維持してきたのだろうか。この問いに対しては，一つの名誉概念の正当性を判例・学説が一致して認めてきたからだと答えることも考えられる。しかし不法行為法の構造に即して考えるならば，名誉概念について議論する必要性が意識されてこなかったからだと答える方がより妥当である。

既に参照したとおり[73]，名誉毀損事例は多様な事例を含みうるものであるために，生成途中の法益侵害事例を広く解決できるという機能を名誉概念は有していたことが指摘されている。また，名誉概念について言及する学説によっても，不法行為による損害賠償請求に関しては，それを厳密に定義する実益はないとされているのである。たとえば，幾代＝徳本〔1993〕では，「一般的・概括的な責任法をもち，『権利侵害』における『権利』概念を緩やかに把握するわが不法行為法においては，『名誉毀損』という概念を厳密に規定する実益は──責任の成否に関する限りは──な」く，「ただし，七二三条の特別救済の対象になるか否かの点で，本文のような名誉毀損の定義が実益を有する」[74]と主張されている。これと同様に平井〔1992〕でも，名誉を社会的名誉と名誉感情とに「区別する意味は，損害賠償に代えて，またはそれに加えて『名誉ヲ回復スルニ適当ナル処分〔名誉回復処分〕』（七二三条──一〇二頁）による救済が与えられるべきか否かの点にある」[75]という主張がなされている。

このように，名誉概念を定義することの意義に関する主張からは，民法 723 条にいう「名誉」の定義は重視されてきたが[76]，民法 710 条にいう「名誉」の

　「盗撮画像公表行為と名誉毀損罪の保護法益」山口厚編『クローズアップ刑法各論』（2007）123 頁を参照。
73)　本書 5 頁以下。
74)　幾代＝徳本〔1993〕90 頁注 4)。
75)　平井〔1992〕47 頁。平井〔1992〕では，社会的名誉に対する侵害のみが「名誉毀損」とされ，この「名誉毀損」についてのみ「真実性・相当性の法理」の適用があるとされている。しかしその一方で，名誉感情の侵害による不法行為責任成立の可能性は否定されていない（47-48 頁）。
76)　現在，民法 723 条の原状回復処分を「社会的名誉の侵害」のケースにのみ認めようとする見

定義はそれほど重視されてこなかったと推論することができる。つまり，従来の不法行為法の中では，名誉概念が不法行為責任の成否について判断される際に決定的な役割を果たすと考えられてこなかったために[77]，名誉概念について議論する必要性が観念されない状況が存在し続けたということもできるのである。

第2款　名誉概念の具体的な内容に関する議論の必要性

1　名誉毀損事例の「名誉」の内容に対する指摘

以上の検討からは，名誉概念に対する表層的な学説の理解から離れ，これまでに行われてきた名誉毀損に関する議論の内実を参照するならば，名誉概念の具体的な内容が問われるべきではないか，が問題となるといえる。すなわち，不法行為法から名誉毀損法理が独立して扱われることが多くなり，その重要性が増した現在にあっても，既存の名誉概念はなお維持することができるものなのだろうか，不法行為法上の名誉を「社会的名誉」と解するのみで足りるのだろうか，という疑問が生じてくるのである。

この疑問について考える際に重要なのが，判例上の具体的な名誉毀損事例に対してなされている次のような指摘である。すなわち，最高裁判決の中では，名誉を社会的名誉と解する立場が文言上は維持されているものの，実際の事案の解決に際しては社会的評価の低下を名誉毀損とする見方が維持されていない例や，社会的評価の低下を判断する際に社会的評価の低下の判断に関わらない要素についても考慮されている例が存在するという指摘がなされているのである[78]。

　解に対する批判が存在することについては，五十嵐〔2003〕266頁を参照。
77)　本書89頁以下。
78)　本書107頁以下。佃〔2008〕は，「名誉毀損とは，一言でいえば，他人の社会的評価を低下させることをいう」ということを前提とする（4頁）。しかし，そこでも，名誉毀損，すなわち社会的評価の低下が問題とされた具体例に立ち入った考察がなされた結果，「現代において，一定の『社会的評価』の存在を措定し，その低下の有無を論じることは，多分に困難を伴うものであり，ともするとフィクションの要素が強いといわざるを得」ず，「今後，社会的評価の有無の判断は，一層微妙かつ困難なものになっていくであろう」という評価が示されている（7頁）。

2　名誉毀損事例の多様性に対する問題提起

そればかりか，名誉毀損における名誉概念が不明確であり，名誉毀損事例に多様なものを含みうるものだったために，事案の適切な解決がなされてこなかったのではないか，という疑問も提起されるようになっている。その具体例として，不法行為法上の名誉は「人の品性，徳行，名声，信用等の人格的価値について社会から受ける客観的評価」[79]と解され，あらゆる社会的評価の侵害を名誉毀損として処理しうるようなものとなっているために，信用毀損の事例も名誉毀損として解決されてきたことから生ずる疑問を挙げることができる。このような解決に対しては，「営業活動の不法行為法上の保護は人格的名誉毀損法におけるとは異なった意義を持つものとみることはできないか」[80]という疑問や，「信用毀損は，一般の名誉毀損と要件・効果において異なる特色があるのではないか」[81]という疑問が提起されている。また，「名誉に含まれる信用は，社会的な信用であり，広義には経済的な信用を含むということができますが，経済的な信用は，企業等の事業者が組織を運営し，取引，活動を行うために基盤をなすものであり，社会的な信用とは別の意義，機能，価値をもつものですから，名誉毀損の法理によって保護するとしても，その要件，要件の該当性につき異なる考慮をする必要がありますし，名誉毀損の法理とは別の法理を形成することも妥当であると考えられます」[82]という主張がなされるようになっているのである[83]。

以上のような判例に対する指摘および信用毀損事例の解決に対する問題提起に鑑みるならば，現在のような名誉概念は当然の前提とされるべきものなのか，これからも維持されるべきものなのか，という点について正面から検討する必要性が生じてくるのである[84]。

---

79)　最判平成9年5月27日民集51巻5号2024頁，2027頁。
80)　中村〔1993〕a 3頁。
81)　五十嵐〔2003〕140頁。
82)　升田純編著『名誉毀損・信用毀損の法律相談』（2004）12頁。
83)　法人についても名誉毀損の成立が認められているが，法人の名誉毀損を自然人の名誉毀損に接近させて解決する立場（最判昭和39年1月28日民集18巻1号136頁）について，信用毀損を名誉毀損に含めることと同様の問題があるとされている。この点については平野〔2013〕106-107頁，346-347頁を参照。

序章　名誉保護に関する議論の現状と名誉概念に関する検討の必要性

第 3 節　本書の課題と行論の計画

第 1 款　本書の課題

　ここまで示したとおり，現在の名誉概念は，不法行為法の保護法益が増加した現在もなおその射程や他の法益との関係を論ずることなく，そのまま維持されるべきなのか，という問題を生じさせるものである。その他にも，名誉保護については，前節で明らかにした名誉概念の定義以外に関しても問題の存在することが指摘されている。例えば，現在の名誉毀損法理は具体的な事案を解決する際に具体的な基準を提示しているのか，という問題である。名誉毀損が問題とされる実際の事例の中には，真実性・相当性の法理などの一つの法理によって統合すべきでない要素，「相当の理由の有無」に還元できない要素までもが考慮されているのではないか，という疑問が提起されているのである[85]。

　上記のように，名誉保護に関する疑問が提起されている状況を受けて，本書は「はじめに」で示したとおり，まずは，次の二つの問題に答えていくことにする。第一に，不法行為法上の議論の中で名誉概念の定義は常に不変的なものだったのか，第二に，現在の名誉概念は具体的な事例を解決するに際して明確な一つの判断基準を提供する機能を果たすに足る，つまり名誉と他の法益とを明確に区別するに足るものとして観念されてきたのか，という問題である。

　さらに，上記の問題に対する解答を踏まえて，本書は，名誉も他の人格的利益と同様に内実は明確なものでないことを明らかにしたうえで，不法行為法による名誉保護の枠組みについてこれから検討されるべき課題にはどのようなものがあるのかという点を明らかにしていくことにしたい。さらに，そのような課題を明らかにした後，その課題に対していかなる視点から検討を行うべきか

---

[84]　橋本眞「裁判例における名誉の毀損と名誉感情の侵害(1)」宮崎大学教育学部紀要社会科学 85・86 号（1999）1 頁でも，名誉について「実際には，その意味するところが明確ではなく，その判断がかなり難しいのである」という評価がなされている（3 頁）。

[85]　このように，既存の名誉毀損法理では考慮しきれない事情が存在することを指摘し，既存の名誉毀損法理を堅持するだけでは問題が生ずると主張して，不法行為法の一般理論と名誉毀損法理との関係を論ずべきだと主張するのが藤岡〔2013〕221-223 頁である。その他の論者については本書 102 頁以下。

を明らかにしていくことにする[86]。

第2款　行論の計画

1　行論の計画

　本書では，上に示した二つの問題に答え，名誉保護に関する検討課題および検討の視点を明示するために，次の順序で検討を行うことにする。まず第1章では，学説が名誉概念の内容をどのような議論を経て確定していったのか，その議論の中で名誉概念にどのような機能を担わせてきたのかということを検討する。第2章では，その確定された名誉概念を前提とした判例および学説の中から現れてきた問題の内容を明らかにする。これにより，先行研究によって散発的に指摘されてきた名誉保護の在り方に対する問題や課題意識を整理し，名誉概念そのものに対する再検討が必要となる状況が存在することを示すと同時に，検討されるべき課題を示していく。さらに，第3章では，第二次世界大戦後のドイツ不法行為法学説[87]を対象として，次の二点について検討する。第一に，名誉概念の定義や名誉毀損事例の内容に関する一致した理解が存在していたのかという点である[88]。第二に，不法行為法上の保護法益に関する議論の変

---

[86]　名誉毀損に対しては，藤岡〔1999〕が次のような課題が存在することを指摘する。「名誉毀損に関する今後の課題は，人格権の保護と表現の自由の調整について，民法的観点と，刑法ないし憲法的観点との関係を明らかにするとともに，民法学固有の問題としては，人格権の保護を財産権の保護との関係でどう位置づけるかという，民法の基本的な秩序をめぐる根本問題に取り組むことであろう（広中俊雄『民法綱要第1巻総論上』(1989)）」(614頁)。

　　本書は，この課題に取り組むための前提として，名誉概念の定義およびその射程に対する検討も必要であることを示そうとするものである。

[87]　窪田〔2007〕では，人格権保護に関する議論について，「ドイツ法における人格権概念の単純な導入は，比較法的な手法としても問題がある」(129頁)とされているが，本書も，単にドイツ不法行為法上の名誉保護およびそれに影響する法益保護に関する議論をそのまま導入することを目指しているものではない。

[88]　現在でもなおドイツでは「名誉（Ehre）」をどのように定義するか，という点に関する議論が続けられていることは，憲法学説・刑法学説によりすでに紹介されている。憲法学説の立場からドイツの「名誉（Ehre）」概念をめぐる議論を明らかにしたものとして，上村都訳，J・プアマイスター「意見表明の自由と名誉保護」名城法学48巻2号(1998)1頁，松原光宏「人格権侵害の憲法論的構成(1)〜(4・未完)」法学新報108巻3号(2001)191頁，109巻4号(2002)31

化は，名誉保護に対して影響したのか，したのであればどのような影響があったのかという点である。これら二点に対する検討を通じて，名誉概念が多義的であることを明らかにするとともに，不法行為法上の保護法益をめぐる議論の変化に伴い，不法行為法の中で名誉概念が担う機能と名誉毀損事例との双方が変化していくことを明らかにする。そのうえで，不法行為法における名誉保護の課題を検討するための視点を得ることにする。最後に結語では，各章で行った検討を概括するとともに，今後の課題および検討の視点を再度明らかにしていくことにする。

2 ドイツ不法行為法研究の意義

ドイツ不法行為法と日本不法行為法との間には，その法益保護の構造に決定的な相違があると解されてきた。そのため，なぜ，構造の異なるドイツ不法行為法で行われてきた議論を，しかも，名誉という特定の法益について参照する意義があるのかということが問題となる。そこで，あらかじめ，現在のドイツ不法行為法と日本不法行為法との間の共通点を示し，ドイツ不法行為法上の議論を参照する意義があることを示すことにする。

(i) 不法行為法の条文上の構造の相違

平井〔1971〕は，「日本民法の不法行為規定は，個別的不法行為要件，『絶対権』の侵害とそれ以外の法益の侵害との峻別，違法性と故意過失との峻別・対置，という特徴を有するところのドイツ不法行為法とはその性格を全く異にしていることが明らか」[89]だという。すなわち，保護法益に関していえば，ドイツ民法典823条1項では，そこで個別列挙された権利以外にも「その他の権利」が保護されるとされているが，「『その他の権利』とは，一見したところ所有権以外のあらゆる権利を含むように見えるが，決してそうではな」く，「そ

頁，109巻5・6号（2003）377頁，109巻7・8号（2003）75頁，濱口晶子「個人の人格的尊厳の憲法的保護――ドイツにおける名誉保護をめぐる憲法論議を素材に――」名古屋大学法政論集215号（2006）165頁がある。また，刑法学説の立場から近時の議論を明らかにするものとして，松生光正「法益としての『名誉』について」姫路法学36号65頁（2002）がある。

　ただし，不法行為法における名誉概念および名誉毀損事例の具体的な内容を検討する際には，名誉以外の保護法益との関係も踏まえる必要があることについては，本書205頁以下。

89）　平井〔1971〕361頁。

れは所有権と同視さるべき『絶対権』——制限物権、特許権等——を意味」するのだという[90]。

(ii) **ドイツ不法行為法の変化**

しかし、この平井〔1971〕の指摘は、当然に同時代までのドイツ不法行為法に関する指摘であり、これを、単純に現在のドイツ不法行為法、特に一般的人格権保護に関する現在のドイツ不法行為法に敷衍することはできない。なぜならば、この指摘の基礎に据えられているのは、Esser〔1960〕やLarenz〔1967〕であるが[91]、どちらについても改版による主張の変化が見られるため、平井〔1971〕の後に示された主張の変遷を明らかにしなくてはならないからである[92]。そればかりか、平井〔1971〕によってもすでに、ドイツ不法行為法学説の中に、一般的人格権がドイツ民法典制定当初の不法行為法の構造とは矛盾するものであり、「個別的不法要件を崩壊・解体させてきたところの判例上の創造物」[93]だという評価の存在することが指摘されているのである[94]。

(iii) **ドイツ不法行為法研究の意義**

本書がドイツ不法行為法学説を参照する意義があると考えるのは、ドイツ不法行為法の構造の変化が、名誉保護の在り方に大きく影響しているからである。第二次世界大戦後、いわゆる一般的人格権[95]の保護が認められるようになった

---

90) 平井〔1971〕341頁。
91) 平井〔1971〕343頁注⑫。
92) Esser, Larenzの立場が変遷しており、両者の立場を参照するにあたっては特に主張された時期を意識する必要があることについては、本書149頁以下、および206頁以下。
93) 平井〔1971〕348頁。ここで参照されているv. Caemmererの立場については、本書152頁以下。また、一般的人格権以外にも、「社会生活上の義務」、「企業活動についての権利」が、BGB制定当初の不法行為法を維持していては解決できない問題に対処するために現れてきたものとして挙げられている（348頁）。
94) 現在のドイツ不法行為法学説が、BGB 823条1項による一般的人格権保護を認めつつも、一般的人格権とBGB 823条1項により保護される権利とは性質が異なるものと解していることは、例えば、Kötz/Wagner〔2013〕から明らかである。ここでは、「一般的人格権と所有権や他の支配権とを同様に扱うことは、いずれにせよ、一時しのぎの解決策にすぎないものだった」という理解が示され、さらに、「不法行為法上の人格保護に関する法は、823条1項からかなりの程度で独立したものとなっている」という評価がなされている（Rn. 168）。その他の論者については、本書181頁以下。
95) 第二次世界大戦後になってBGB 823条1項による一般的人格権保護をめぐる議論が進展した

ドイツ不法行為法に対しては,「判例が一般条項的な性質の諸権利を承認したことによる823条1項の構成要件の拡大」[96]という現象が生じたと指摘される状況が存在し,質的に大転換を遂げたという評価がなされている[97]。それだけでなく,多様な保護法益が認められた後にドイツ不法行為法のもとでは,名誉保護との関係が問題とされる法益が出現し,それによって名誉の射程も変化させられたという状況が存在しているのである[98]。

つまり,ドイツ不法行為法の構造が変容したことに伴う名誉概念の内容と機能との変遷を明らかにすることを通じて,一般条項主義による日本の不法行為法の中で,特定の一つの名誉概念を前提として解釈論を組み立てるという作業の意義と限界とを明らかにする手掛かりを得られると考えられるのである。

こと,およびその一時期までの経過については,五十嵐=松田〔1962〕,三島〔1965〕,および斉藤〔1979〕を参照。

96) Larenz〔1977〕S.548.
97) ドイツ不法行為法に対しては,人格権の保護などの新たな権利の保護が認められたことにより「現在妥当しているわれわれの不法行為法は民法典が制定された当時の構想とはもはや相容れないものとなっている」(Esser/Weyers〔1991〕S.535)という評価もなされている。
98) 本書190頁以下。

第1章
不法行為法における名誉概念の成立

はじめに

　序章では，名誉概念に関する学説の議論に即して，必ずしも名誉概念の内容およびその射程について一つの理解が共有されてきたわけではないことを明らかにした。さらに，名誉概念の射程は明確なものとして，つまり，名誉毀損事例と他の法益侵害事例とを明確に区別するものとして観念されてきたのか[1]，という疑問が生ずることを明らかにした。

　そこで，本章では，このような疑問が名誉概念の形成・確立の過程から必然的に生ずるものであることを明らかにしていくことにする。上記の点を明らかにするために，本章では，学説が不法行為法上の名誉概念を確定させていく際に行った議論に即して，次の二つの点を検討していくことにする。すなわち第一に，不法行為法における名誉概念を現在のように「社会的名誉」と解する立場は，どのような議論を経ていつの時点で確立されたのかという点，第二に，その確立された名誉概念は，他の法益と明確に区別された法益としての名誉を支えるに足るものだったのかという点である。

　それでは，名誉概念についての検討をいつの時点から始めるべきなのだろうか。たしかに，名誉の保護は，民法典の制定以前から認められてきた。ある者の名誉が侵害され損害を蒙った場合には損害賠償責任が生じうる，という認識

---

[1]　現在でも，名誉毀損事例とその他の事例との区別が容易ではないということは，五十嵐清「人格権侵害と原状回復」札幌法学4巻1・2号（1993）25頁により，「本来氏名権や肖像権の侵害とされるべき事案が，名誉毀損として争われることが多い」（40頁）と指摘されていることからも窺える。

第 1 章　不法行為法における名誉概念の成立

は，民法典が制定されるよりもかなり前に存在していたのである[2]。例えば，「我が国名誉権史上に於ける画期的規定」[3]という評価がなされることもある讒謗律の制定（1875年）を契機として，1876年に「泰西讒謗律」[4]の内容を紹介する論稿を公表した穂積陳重は次のようにいう。すなわち，讒謗のなかでも「公安を害する者を公犯と為し，被讒者の名望を害し損失を来す類を私犯と為す」という分類がなされ，「被讒者訴庭に訴て其償補を訴求を得可し」とされているというのである[5]。この穂積陳重によって紹介された「泰西讒謗律」の内容についてはイギリス法の影響が強く見受けられることが指摘されている[6]。さらに，明治初年以降の名誉毀損訴訟にイギリス法が影響していたことや[7]，現行民法の制定過程にもイギリス法・フランス法が影響していたことも既に明らかにされている[8]。

---

[2]　明治以前については，瀬川〔2003〕では，江戸期に存在していた「栄誉の担保，栄誉罰ないし名誉罰という制度」に見られる名誉の概念は「責任の担保ないし制裁としての名誉であり，保護法益としての名誉でなかった」とされている（176頁）。

[3]　宗宮〔1939〕63頁。

[4]　この論文が執筆された目的は，「当時世上では讒謗律を宛も秦の挟書律の如きものと思ひ，西洋の自由国には無い酷律の様に考へて居つたのに対して名誉保護律の趣旨を学問上から説」くことにあったという（穂積陳重〔1876〕82-83頁）。

[5]　穂積陳重〔1876〕78頁。

[6]　穂積陳重〔1876〕に対しては，「其の説くところ亦イギリスの法制に外なら」ず，「即ち明治初年に於て名誉の刑法的保護はまずイギリス法によって指導されたことが明かである」という評価が存在する（小野〔1934〕128頁）。また，穂積陳重〔1876〕によっても至るところでイギリスの法学者の主張が援用されている。

[7]　五十川〔1992〕は，事実を取り消す旨の新聞広告を命じた横浜始審裁判所判決明治20年10月19日〔松尾徳三対増田萬吉〕裁判粋誌1巻146頁では，事件に適用されるべき法律が存在しなかったために，「泰西ノ法理」に拠り事件を解決されたことが紹介され，さらにその「泰西ノ法理」が「イギリス法にいう文書誹毀（libel）」を指すものだと解されている（21-22頁）。

しかし，五十川〔1992〕では同時に，上記横浜始審裁判所判決が，名誉回復のために広告文の掲載を命じた根拠となったのが，日本の先例だったことも明らかにされている（22頁）。さらに五十川〔1992〕は，現行民法723条の基礎となっているのは，明治初年以来の日本の慣習であり，その慣習を確定したのが，上記横浜始審裁判所判決だと指摘する（42頁注(102)）。

[8]　瀬川〔2003〕は，「一八九〇年代半ばの現行民法典起草作業は，その裁判規範を踏まえて，謝罪広告を『適当ナ処分』として明文化したが，他方では，おそらく当時のフランス法・イギリス法の動きに従い，非財産的損害につき謝罪広告請求だけでなく，金銭賠償を広く認めることとした」と指摘する（193頁）。

しかし，現在の不法行為法における名誉概念の成立過程について探究する際には，民法典制定以前の裁判例や学説，およびその時期の議論に影響を与えたイギリス法の状況にまで遡る必要はない。なぜならば，現行民法が制定される以前の民法学説には，名誉毀損が前提とする名誉概念に関して詳細な叙述を行った主要な著作は存在しないからである[9]。また，名誉概念の具体的内容を検討する際には，不法行為法による多様な法益保護の必要性が認められるようになった時代の，名誉と他の法益との関係を理解することがきわめて重要な意味をもつからである。したがって，本書は，現行民法710条および723条が制定される際に法典調査会で行われた議論から検討を始めることにする。

第1節　法典調査会での議論

第1款　旧民法財産編370条に対する修正

1　条　文
旧民法財産編の中で名誉保護の根拠となりえた370条は次のような規定であった。

370条1項　過失又ハ懈怠ニ因リテ他人ニ損害ヲ加ヘタル者ハ其賠償ヲ為ス責ニ任ス
2項　此損害ノ所為カ有意ニ出テタルトキハ其所為ハ民事ノ犯罪ヲ成シ無意ニ出テタルトキハ准犯罪ヲ成ス
3項　犯罪及ヒ准犯罪ノ責任ノ広狭ハ合意ノ履行ニ於ケル詐欺及ヒ過失ノ責任ニ関スル次章第2節ノ規定ニ従フ

---

[9]　この時期，学説上で見解の相違が見られるのは，名誉が侵害されても財産上に損害が生じていない場合には賠償責任が生ずるのか，という点についてである。この点を否定的に解する井上操『民法詳解人権之部』（1890）では，「賠償ヲ得ントスルニハ必ス金銭ヲ以テ見積ルヘキ損害ナラサル可ラス」とされ，「夫ノ人ヲ誹毀シタル場合ノ如キニ在テハ誹毀ノ事実ノミニテ賠償ノ義務ヲ生スルモノニアラス必ス其誹毀ハ多少財産上ニ損害ヲ生スヘキ事実ノ存スルヲ要スルナリ」という説示がなされていた（305頁）。これとは対照的に財産上の損害が生じない場合であっても，損害賠償責任を認めていた富井講述〔1895〕では，「言論文章ヲ以テ人ヲ誹毀シタル所為ノ如キハ直ニ金銭ニ評価スルヲ得ヘキ損害ナシト雖モ其名誉ヲ傷ケタルノ一事ヲ以テ損害アリトシ之ヲ賠償スルノ義務ヲ免レ」ないという主張がなされていた（94-95頁）。

これに対して，現行民法の草案731条は次のような規定であった。
731条1項 生命，身体，自由又ハ名誉ヲ害シタル場合ト財産権ヲ害シタル場合トヲ問ハス裁判所ハ財産以外ノ損害ニ対シテモ其賠償ヲ為サシムルコトヲ得
2項 他人ノ名誉ヲ毀損シタル者ニ対シテハ裁判所ハ被害者ノ請求ニ因リ損害賠償ニ代ヘ又ハ損害賠償ト共ニ名誉ヲ回復スルニ適当ナル処分ヲ命スルコトヲ得

2 旧民法財産編370条に対する修正

旧民法財産編370条の文言と草案731条の文言とを比較してみれば，草案731条が旧民法財産編370条に対して名誉保護の要件・効果に関する次の三点の修正を明文で加えたことは明らかである。すなわち，第一に不法行為法上の名誉保護を明示した点，第二に財産的損害以外の損害に対しても賠償が認められると明示した点[10]，第三に名誉が侵害された場合の原状回復処分を認めた点である。ただし，これら三点に即して法典調査会で行われた議論の整理及び分析は既に先行研究によってなされている[11]。そのため，ここでは「名誉」侵害の具体例としてどのような場合が想定されていたのか，明確な一つの名誉概念が共有されていたのか，という点のみに着目して，法典調査会での議論を参照していくことにする。

第2款　法典調査会での議論に現れた名誉

1 名誉概念の不存在

法典調査会では，名誉概念の定義が明示されることなく議論が進められていった。草案731条2項に原状回復処分を規定した理由を穂積委員が説明する際

---

10) 旧民法370条の文言のみでは精神的損害に対する賠償が否定されているわけではない。ただし旧民法370条のように非財産的損害に対する賠償を明確に認めていない条文のもとでは，穂積委員によれば，「生命，身体，自由，名誉ノ如キハ権利ト認メタ所ガ其権利ノ侵害ガアツタ所ガ財産上ノ侵害ガナケレバ認メヌト云フヤウニ既成法典ニハ明カニ見テ居ルヤウデアリマス『ボアソナード』氏ノ説明ニ拠ルトサウ云フ風ノ疑ガア」（法典調査会民法議事速記録五・商事法務版（以下，「速記録」として引用する）441頁）というのであった。

11) 平井〔1971〕360頁以下，吉村良一「民法710条・711条（財産以外の損害の賠償）」広中＝星野〔1998〕638頁以下，和田〔1991〕465頁以下などを参照。

にも原状回復処分の前提となる名誉概念を明示することはなかった。穂積委員は，金銭賠償以外の効果を認めた理由を次のように示す。

　「兎ニ角名誉ノ権ト云フモノガ一ツアツタナラバ其名誉ヲ害サレタト云フ事カラ生ズル財産上又ハ第一項ニ依ツテ其他ノ場合ニ相当ノ賠償ヲ取ル併シ此財産以外ノ損害ト云フモノ丈ケデハドウモ足ラヌノデアリマス或ル場合ニ於テハドレ位金銭デ其賠償額ヲ貰ツテモ其金額デハ名誉ヲ回復スルニハ足ラヌト云フコトガアリマス唯ダ夫レヲ以テ慰メルニ過ギマセヌ然ニ外ニ明文ガアリマセヌトキニハ固ヨリ夫レヨリ外ニ出来マセヌ」[12]

　さらに，穂積委員は，それまでにも原状回復処分に関する訴訟が存在していたとして，「是迄ハ勿論名誉回復ノ訴トカ云フ事ニ付テ色々ナ訴訟モアツタヤウデアリマス或ハ其名誉ヲ回復スル為メニ広告ヲサセルトカ或ハ広告料ヲ請求スルトカ云フヤウナ風ノコトハ往々聞及ビマシタ」[13]と述べた。

　また，非財産的損害についても賠償請求を認めるということが明示されたことを説明する際にも，穂積委員が名誉概念の定義を示すことはなかった。

　まず非財産的損害の賠償が認められたことに対して，岸本委員から，「此自由，名誉ヲ害サレタトキニ損害賠償ガ出来ルト云フヤウナコトハ我国ノ裁判例ニモ反スルヤウデモアリマスガ之ハドウ云フコトデゴザイマセウカ随分訴訟ノ種子ヲ播クト云フヤウナコトニ為ツテ非常ニ裁判所ヲ煩ハスコトニナリハシマスマイカ」[14]という質問が提起された。

　この質問に対して，穂積委員は「生命，身体ノ場合ハ財産権ヲ害スル自由名誉ハ財産権ヲ害サヌト云フガ御質問ノ根本ト為ツテ居ルヤウデアリマスガ夫レデ財産権サヘ害スレバ宜シイト云フ主義ヲ本案デハ採ツテ居リマセヌ」としたうえで，さらに名誉の保護を明示した根拠として，「今ノ世ノ中ニ於テ何レノ国ニ於テモ大変交際ガ広クナルシ又名誉ヲ毀損スルトキニハ非常ナ便利ナ印刷器械トカ何ントカ云フサウ云フ様ナ風ノモノガ盛ンニナツテサウシテ昔カラ色々アツテ名誉侵害毀損ノ損害賠償ト云フモノガ日本丈ケデハ出来ヌト云フコトハ余程ノ理由ガナケレバ往ケヌト思ヒマス」と述べた[15]。

---

12)　速記録 443 頁。
13)　速記録 443 頁。
14)　速記録 447 頁。

第 1 章　不法行為法における名誉概念の成立

　この穂積委員の答えは質問の趣旨にそぐわないとして，岸本委員は重ねて，財産上の損害が生じないときにも損害賠償請求を認めるということは「所謂児戯ニ類スル様ナ一銭ヲ還セト云フヤウナコトニ為リハシナイカ果シテサウ云フヤウナトキニ夫レデモ法律ガ保護ヲスル理由ガアルヤ否ヤ」[16]と質問した。

　この質問に対して穂積委員は「名誉ノ侵害ノ如キニ至テハ極メテ大イナル損害併シ財産上ノ損害ニハ為ラナイケレドモあの人ハ大変不徳ナ人デアルトカ何ントカ云フヤウナコトデ交際上ノ妨ゲヲ来タスヤウナコトニ至ルカモ知レマセヌ」[17]と答えた。

　以上のように，法典調査会の議論を参照することによって，「名誉ヲ回復スル」ための手段として，「広告ヲサセル」ことや「広告料ヲ請求」することが挙げられていたこと，「印刷器械」が名誉毀損の問題を容易に生じさせると考えられていたこと，「名誉ノ侵害」により「交際上ノ妨ゲ」が生ずるとされていたことが分かる。しかし，そこで前提とされている名誉の定義が明示されることはなかったのである。

2　名誉毀損の具体的事例に関する議論の内容

　このように，名誉概念が明示されることはなかったが，具体的な名誉毀損事例として，どのような事例が前提とされていたのだろうか。この具体的な事例を明らかにするような主張がなされたのは，田部委員から，草案 731 条 1 項の「始メニ『生命，身体，自由，名誉』ト云フコト丈ケガ列挙シテ」あることについて，身体と健康とはどのような関係にあるのか，という質問が出たときである[18]。

　このとき富井委員は「健康ハ無論身体ニ這入ルト思ヒマス」としたうえで，別の事例について「疑ヒガア」るとした[19]。その疑いの生ずる事例の具体例について富井委員は，「妻ガ姦通ヲシタ場合其場合ニ夫ハ財産上ノ損害ガナクト

---

15)　速記録 448 頁。
16)　速記録 448 頁。
17)　速記録 448-449 頁。
18)　速記録 446 頁。
19)　速記録 447 頁。

36

モ姦夫ニ対シテ損害賠償ヲ請求スルコトガ出来ナクテハナラヌ仏蘭西抔ニ置テハ裁判例ガ堅ク確定シテ居ツテ沢山ナ賠償ヲ取ル其場合ニハ此処ニ挙ゲテアル名誉ヲ害サレタ場合ト言ヘヤウト思ヒマス若シ諸君ニ於テ言ヘル大丈夫デアルト云フコトデアレバ安神ヲシマス」[20]と述べた。

3　現行法の成立

　最終的に，帝国議会に提出された法案の中に現在の民法710条及び723条に対応する規定は次のような姿で現れ[21]，そのままの文言で民法典に定められることになった[22]。

709条　他人ノ身体，自由又ハ名誉ヲ害シタル場合ト財産権ヲ害シタル場合トヲ問ハス前条ノ規定ニ依リテ損害賠償ノ責ニ任スル者ハ財産以外ノ損害ニ対シテモ其賠償ヲ為スコトヲ要ス

722条　他人ノ名誉ヲ毀損シタル者ニ対シテハ裁判所ハ被害者ノ請求ニ因リ損害賠償ニ代ヘ又ハ損害賠償ト共ニ名誉ヲ回復スルニ適当ナル処分ヲ命スルコトヲ

---

20)　速記録447頁。
21)　条文がこのように離れた場所に置かれたからといって，草案731条2項の解釈に変更が加えられた形跡はない。
　　草案731条については，法典調査会で議論が行われた結果，法典調査会に次のような修正案が出された。
　　「第七百三十一条第一項ヲ左ノ如ク改テ之ヲ第七百二十条トスルコト
　　他人ノ身体，自由又ハ名誉ヲ害シタル場合ト財産権ヲ害シタル場合トヲ問ハス前条ノ規定ニ依リ損害賠償ノ責ニ任スル者ハ財産以外ノ損害ニ対シテモ其賠償ヲ為スコトヲ要ス」（速記録492頁）
　　このように，もとは一つの条文が二つに分けられて，離れた場所に定められたことについて，箕作議長は，「七百三十一条ノ第二項ヲ七百三十三条ニスルト云フコトデアリマスガ七百二十条ニ名誉，財産トアリマスガ是ハ大変飛ビ離レテ仕舞ウヤウデアリマスガ此七百三十一条ノ二項ヲ直グ七百二十条ニ続ケテ仕舞ツテハ往ケナイノデアリマスカ」（速記録494頁）という質問を呈示した。
　　これに対して穂積委員は，「是ハ全ク損害賠償ノ請求権ヲ之デ認メタモノデハナクシテ丸デ其救済方法ニ属スルモノデアリマスカラシテ如何ニモ此処へぽかんト残シテ置クノハ残酷ノヤウニ思ヒマスケレドモ併シ七百三十条ガ矢張リ救済方法ニ属スルモノデアツテ損害賠償ノ本訴権，其場合ニハ損害賠償ニ附加ヘルコトガ出来ルト云フノデアリマスカラあすこへ置キマスル理由ガナイデモナイ」（速記録494頁）という説明を行った。
22)　この法案の709条が貴族院に提出された法案及び現行法の710条に，この法案の722条が貴族院に提出された法案及び現行法の723条に対応する。

第 1 章　不法行為法における名誉概念の成立

得

第 3 款　法典調査会での議論まとめ

　ここまで，法典調査会での議論およびその後の民法典制定作業の経過を参照し，そこに現れた名誉保護に対する理解を明らかにする作業を行った。これによって，名誉が侵害された場合には精神的損害についても賠償請求が可能だとされたこと，原状回復処分が認められうることが明らかにされたことが分かった。しかしその一方で，民法典制定作業がなされた時期に，そこで前提とされていた名誉概念の内容は明示されていなかったことも明らかとなる[23]。さらにそればかりか，姦通された夫に名誉毀損を理由とする損害賠償請求を認めるという富井委員の見解に対して委員の間から異論が提起されなかったのである。このことからは，名誉毀損事例として処理されるべき事例については現在と異なる理解が存在しており，現在のような事例を前提とする名誉概念が法典調査会では共有されていなかったと解することができるのである[24]。

---

23)　また，草案 731 条 2 項にいう「適当ナル処分」について議論がなされる際には，新聞に「取消文ヲ掲ゲル」ことを念頭に置いた議論がなされていたが（速記録 449 頁），そのときの争点は，名誉毀損の当事者でない新聞に広告文を掲載するよう，加害者に対して命ずることができるか否かという点であり（速記録 450 頁），その他の原状回復処分の方法が否定されることはなかった。
　　その後，『未定稿本／民法修正案理由書』（廣中編著〔1987〕所収）によっても，「損害賠償ニ代ヘテ名誉ヲ回復スルニ適当ナル処分」の具体例として「謝罪ノ意ヲ広告」させることのほかにも「法廷ニ謝罪セシムル」ことが挙げられていた（625 頁）。
　　ただし，この『民法修正案理由書』には「起草委員の検閲」がなされていないことが明らかにされ（廣中編著〔1987〕17 頁），更に，「後世に『未定稿本』として伝えられることとなる『民法修正案理由書』は『理由書ト名ヲ付クベキモノニハナイ』ということで衆議院に提出されないまま」であり，「またそれが貴族院で配布されたと推測されるような事情も存しない」ため，「結局それは帝国議会に出されないままに終わったと考えるほかないように思われる」という理解がなされている（廣中編著〔1987〕48 頁）。
24)　穂積委員による草案 731 条 1 項の説明によれば，このように生命，身体，自由，名誉が列挙された背景には「独逸ノ民法第一読会草案」（速記録 441 頁）の影響があると解することができる。ただし，具体的な名誉の定義に関する説明はここでもなされなかったため，どのような名誉概念が念頭に置かれていたのかは不明なままである。

第 2 節　名誉概念に関する議論の状況

第 1 款　民法学説──名誉概念に関する議論の不在

1　二上〔1905〕

　法典調査会での議論からは，当時の名誉概念の内容についての理解を明らかにすることはできなかったが，そもそも初期の学説の中には名誉概念に関する明確な理解が共有されていなかったことを推測させる論稿として，二上〔1905〕が存在する。

　二上〔1905〕では，「人カ自己ノ名誉ノ上ニ有スル絶対権ヲ名誉権ト称ス」[25]とされていた。しかしその一方で，「我国ノ現行法上吾人ノ享有スル名誉権ハ果シテ如何ナル範囲ト効力トヲ有スルモノナルカ此権利ニ関スル我民法ノ規定ハ僅僅一二条ニ過キス民法法典以外ニ於テモ之ニ関スル私法的ノ規定ハ盖シ稀ナリ然カモ未タ判例若クハ慣習ノ詳細ナル原則ヲ確定シタルモノアルヲ知ラス」という理解が示され，「吾人ハ今名誉権ヲ攻究セント欲スルモ殆ト立論ノ基礎ヲ有セサルノ感ナクンハアラサルナリ」という主張がなされていた[26]。

　この「立論ノ基礎ヲ有セサル」という主張のとおり，この時期の民法学説で，明確に名誉を定義する見解は見られない[27]。

2　岡松〔1899〕・岡松〔1897〕

　たしかに，民法典制定直後には既に，人格権の一つに名誉が含まれるという理解が学説に見られるようになっていた。例えば，岡松〔1899〕は，人格権を「人ノ固有ノ性格ヨリ生スル私権ニシテ一個人タル直接ノ結果トシテ保有スル所ノ権利」だと解し，その具体例として「生命，身体，名誉，自由，姓名，尊称等の権利」を挙げる[28]。しかし，そこで名誉の具体的な定義が提示されるこ

---

25)　二上〔1905〕53 頁。
26)　二上〔1905〕53 頁。
27)　梅謙次郎＝田代律雄講述『民法債権（第三章 第五章）和仏法律学校明治三十六年度講義録』（出版年不明）では，名誉保護に関する説明はなされているが，名誉の定義は全く示されていない。
28)　岡松〔1899〕15 頁。富井政章『民法原論第一巻上冊』第 15 版（1920）でも「一個人タル直

とはなく，岡松〔1897〕では，「『名誉』——ヲ害シタル場合トハ例之誹毀」[29]という説明がなされるのみであった。このように，名誉の定義を示さないまま名誉保護について言及するという態度は，梅〔1912〕にも同様に見られるものであった[30]。そのため，初期の学説が名誉概念をどのように定義していたのか，ということは民法 710 条に関する限り不明なままである。

また，民法 710 条を離れ，民法 723 条についてどのような見解が主張されていたかといえば，岡松〔1897〕では，原状回復処分の具体例として「謝罪ノ広告ヲ為サシメ」ることの他に「法廷ニ於テ謝罪セシムル」ことが挙げられていた[31]。このように広告以外の原状回復処分を認めるという見解は梅〔1912〕によっても主張されており，「裁判所ニ於テ被告ニ対シ法廷ニ謝罪ヲ為スヘキ旨ヲ命スルモ若シ被告ニシテ之ヲ聴カサルトキハ果シテ如何スヘキカ是レ自ラ民事訴訟法ノ問題ニシテ或ハ罰金ヲ科スルモ可ナルヘキカ」[32]という説明がなされていた。つまり，民法 723 条にいう「原状回復処分」として名誉毀損を行った者に対して直接謝罪させることも認める見解は，民法典が制定された後も存在していたことが分かる[33]。このとおり，初期の学説は，民法 723 条にいう原状回復処分の具体例として加害者による被害者への直接の謝罪を挙げていたのであるから，現在の判例・学説とは名誉についての理解を異にしていたと考えられる。

3　初期の民法学説まとめ

初期の民法学説を参照することによって明らかになることは，名誉概念に関する明確な定義を示す主張は存在しなかったということのみである。しかし，

接ノ結果トシテ存立スル権利」である人格権の具体例に「名誉ヲ保全」する権利が挙げられている（124 頁）。
29)　岡松〔1897〕次 471 頁。
30)　梅〔1912〕885-886 頁。
31)　岡松〔1897〕次 503 頁。
32)　梅〔1912〕915 頁。
33)　法典調査会での議論及び初期の学説を分析した和田〔1991〕によって，「当時の認識としては金銭賠償による損害賠償，今日的に言えば精神的損害の慰謝と，名誉回復処分による損害賠償の機能的な区別は曖昧であったと言わざるを得ない」（468 頁）という評価がなされている。

民法学説では明確な議論がなされていなかった一方で、当時の学説がどのような名誉概念を前提としていたのかを検討する手掛かりは、旧刑法に定められていた誹毀罪に関する学説に存在する。なぜ、誹毀罪に関する学説を参照する意義があるかといえば、岡松〔1897〕などでは名誉侵害の例として「誹毀」[34]が挙げられていたからである。

第2款　旧刑法学説──名誉概念に対する複数の異なる見解の存在

1　旧刑法358条

明治13年に公布され、明治15年に施行された旧刑法358条は[35]、誹毀罪について次のように定める[36]。

358条　悪事醜行ヲ摘発シテ人ヲ誹毀シタル者ハ事実ノ有無ヲ問ハス左ノ例ニ照シテ処断ス
一　公然ノ演説ヲ以テ人ヲ誹毀シタル者ハ十一日以上三月以下ノ重禁錮ニ処シ三円以上三十円以下ノ罰金ヲ附加ス
二　書類画図ヲ公布シ又ハ雑劇偶像ヲ作為シテ人ヲ誹毀シタル者ハ十五日以上六月以下ノ重禁錮ニ処シ五円以上五十円以下ノ罰金ヲ附加ス

旧刑法358条では「名誉」という文言は用いられておらず、また誹毀罪の置

---

34) 「誹毀」が名誉侵害であり、不法行為責任を生じさせるものだという理解を示すものとして、旧民法のもとでの著作ではあるが、富井講述〔1895〕95頁が存在する。

35) ボアソナードが旧刑法の制定作業に関与していたことは既に明らかにされている（吉井蒼生夫「『日本刑法草案』（確定稿）の編纂過程」西原春夫編『日本立法資料全集30 旧刑法［明治13年］(2)―I』(1995) 5頁以下）。しかし、ボアソナードの構想が直接参照されて学説の議論が組み立てられることはなかった（存在していたとしても、一般的ではなかった）ため、本書は旧刑法とボアソナードとの関係については立ち入らない。

36) 旧刑法に定められた罪の中で、名誉に対する罪と解されていた罪は誹毀罪のみではなく、侮辱罪（426条12号）の他にも、誣告罪（355、356、357条）、死者に対する誹毀罪（359条）、不敬罪（119条）、及び官吏に対する侮辱の罪（141条）が存在していた（旧刑法358条（誹毀罪）と明治40年刑法（現行刑法）230条（名誉毀損罪）とが、旧刑法426条12号（侮辱罪）と明治40年刑法231条（侮辱罪）とが対応するものであることについては、磯部四郎『改正刑法正解』(1907) 450、454頁などを参照）。また、新聞紙条例25条や出版法31条などによっても誹毀に関する特則が定められていた。しかし、ここでは、「誹毀」と「名誉」との関係を明らかにするために必要な限度でのみ学説の議論を参照する。

第 1 章　不法行為法における名誉概念の成立

かれた第 12 節の表題も「誣告及ヒ誹毀ノ罪」とされている。しかし学説では，この誹毀罪を「名誉ニ対スル罪」[37]だと解する見解が共有されており，さらに条文の文言に先立って名誉とは何かということを明らかにする見解も見られるようになっていた[38]。

2　旧刑法 358 条の前提とする「名誉」に関する学説の議論

(i)　江木〔1894〕

たとえば，江木〔1894〕は 358 条について，「犯罪ノ物体ハ特定シタル人ノ名誉トス」と明示し，さらに「名誉」を「内部ノ名誉」と「外部ノ名誉」とに分類し，「内部ノ名誉即チ人ノ技能ハ外部ノ名誉ヲ生スヘキ淵源」であるが「人ノ技能ハ心裏ノ世界ニ属スルカ故ニ法律ノ敢テ関渉シ得ヘキ者ニアラス」として，「外部ノ名誉」が保護されると主張していた[39]。

(ii)　小疇〔1906〕

江木〔1894〕よりもさらに詳細な名誉の定義を示していたのが小疇〔1906〕である。小疇〔1906〕は「誹毀罪ハ他人ノ名誉ヲ毀損スル罪ノナリ」とした上で，「本罪ノ説明ニ先チテ名誉ノ何モノタルコトヲ明カニスルノ必要アリ」とする。このとき，「名誉トハ社会ニ於ケル人類ノ価値ナリ名誉ハ一ノ事実ニ

---

37)　江木〔1894〕235 頁。

38)　ただし，勝本〔1900〕のように，「誹毀トハ他人ノ悪事醜行ヲ摘発シテ之ヲ第三者タル社会公衆ニ紹介スルノ行為……換言スレハ被害者ノ名誉ヲ毀損スヘキ材料ヲ社会公衆ニ供給スルノ行為」として（256 頁），誹毀という行為の定義を離れて名誉を定義することはない見解も存在する。

　　また，当然のことではあるが，誹毀罪が成立するためには刑法 358 条の要件が充たされる必要があった。この点について勝本〔1900〕は，誹毀罪の成立が認められるためには，「悪事醜行ヲ摘発シタルコト」，「法律ニ定メタル方法ヲ以テ摘発シタルコト」などの「要素」が「必要」だとする（262 頁）。

　　しかしその一方で，旧刑法下の学説が旧刑法 358 条の「悪事醜行」に限定された名誉概念を提示していたわけではない。勝本〔1900〕によっても「悪事醜行」という文言については「稍狭隘ニ失セリ宜シク他人ノ名誉ヲ毀損スヘキ事実ニ改ムヘキナリ」という指摘がなされていた（262-263 頁）。さらにそればかりでなく，小疇〔1906〕は，「『悪事醜行』トハ他人カ第三者ヨリ受クヘキ尊敬（価値）ヲ剝奪シ又ハ社会公衆ヨリ受クヘキ尊敬ヲ減縮セシムヘキ能力アル事項ヲ総称スルモノナリ」と主張していた（749 頁）。

39)　江木〔1894〕236 頁。

シテ人類カ社会的生存ニ基キ他ヨリ尊敬セラルヘキ各個人ノ利益ヲ謂フ」とされ，「第三者ノ行為ニ依テ左右スルコト能ハサル所ノ各個人ノ精神上ノ真価ヲ指示スルニアラス又他人ヨリ尊敬ヲ受クルト云フ各個人ノ感情ニモアラス」という主張がなされた[40]。

3　名誉の具体的内容に対する理解の相違

江木〔1894〕と小疇〔1906〕とに示された名誉概念を比較してみると，そこには明確な理解の一致は存在していなかったということが明らかになる。さらに，両者の見解をより具体的に比較するならば，さらにそこには理解の相違が存在することが明らかになるのである。

(i)　**定義の根拠**

江木〔1894〕では，誹毀罪に関する説明がなされる際に，ドイツ刑法の条文およびイギリス刑法学説が参照されているが[41]，名誉の定義に関して直接何らかの文献が引用されることはなかった。小疇〔1906〕でも同様に，誹毀罪に関する説明がなされる際にドイツ刑法学説が参照されている箇所は存在するものの，名誉概念について直接特定の学説を参照した部分は存在しない[42]。

(ii)　**名誉毀損と信用毀損との関係**

以上のように，江木〔1894〕と小疇〔1906〕とでは，名誉概念を提示する際の根拠が必ずしも明確ではなかったが，そればかりか両者は，信用毀損を名誉毀損として扱うかという点についても異なる見解を示していた。

江木〔1894〕は「私権利トシテハ如何ニモ貴重ナルモ名誉権ニアラサレハ誹毀罪ノ物体タルコトヲ得」ないとして「独逸法カ財産上ノ信用ヲ以テ誹毀罪ノ物体タルヲ得ヘキモノトスルハ便ハ則チ便ナリト雖我国ノ判決例カ此説ヲ採ルコトナカリシハ理論上頗ル其ノ当ヲ得タルモノ」だとする[43]。これに対して，小疇〔1906〕は，「名誉ノ実質タル人類ノ価値」として，「(一)　風儀ニ関スル

---

40)　小疇〔1906〕740頁。
41)　江木〔1894〕236, 240頁。
42)　小疇〔1906〕745頁，そのほか，勝本〔1900〕では，誹毀を定義する際にフランス法を参照した形跡はあるものの（256頁），それが何に依拠しているのかということは明示されていない。
43)　江木〔1894〕236頁。

価値（二）社会ニ於ケル地位ニ基キ科セラレタル義務履行（社会的価値）（三）自己カ担任スル義務ノ履行ニ付キ必要ナル身体上並ニ精神上ノ性格及ヒ能力ヲ具備スルコト」ということを挙げ，「故ニ名誉ハ経済上ノ信用（即チ支払ノ能力並ニ支払ノ意思）……ノ上ニ認メルコトヲ得ヘシ」と主張する[44]。

(iii) **名誉の具体的内容に対する理解の相違**

ここまで，主に江木〔1894〕の主張と小疇〔1906〕の主張とを比較して，旧刑法学説では一致した名誉概念に対する理解が存在していたのかということを検討した。これによって，当時の学説には，名誉概念の定義が示されていたものの，それは決して学説が一致してとるところのものでないこと，そればかりか定義の根拠そのものに相違があることが明らかになった。

したがって，初期の学説は，不法行為法上の名誉概念に対して現在と同様の理解を共有していたとはいい難い状況にあり，名誉毀損事例として解決されるべき事例の内容にも，論者ごとに見解の相違が見られたということは明らかである[45]。

---

[44] 小疇〔1906〕740頁。

[45] 名誉毀損事例が名誉概念のみで確定されるわけではない，すなわち，真実の事実が公表された場合に名誉毀損が成立するかどうかも，名誉概念からそのまま決定されるものではないことが認識されていた。

　穂積陳重〔1876〕は，イギリス法では，「公犯に属する者は治安に害有を以て之を罪す」るために，「其事の虚実有無」は問題とはならないとする一方で，「其私犯に係るものは其言の偽なるを以て之を罪す」るために，「其事の有無を問はざる可からず」と解されているとする（79頁）。

　穂積陳重〔1876〕で紹介された，事実の有無を問わないとする際の根拠を治安に求めるイギリス刑法学説を江木〔1894〕は批判し，「学者往々事実ノ有無ヲ問ハサルヲ以テ誹毀罪ハ全ク公ケノ徳義ヲ紊ルノ罪ニシテ私権利ヲ害スルモノニアラストスレトモ是レ事実ニシテ存在スル以上ハ之ヲ公ケニスルモ尚ホ其名誉ヲ害スルニ足ルヘキコトヲ知ラサルノ誤謬ニ原因セリ」と主張する（240頁）。

　また，江木〔1894〕では，「英国私犯法ニ於テハ事実ノ有無ヲ以テ被告人ノ責任ノ有無ヲ決定スヘキモノトスレトモ是レ私訴ノ損害賠償ニ係ル場合ノミニ限レリ」ということが紹介されたうえで，損害賠償責任の成立と犯罪の成立とが区別され，「誹毀ノ事実ニシテ現ニ存在スル以上ハ之レカ為メニ被告人ハ財産上ノ損害ヲ受クルモノニアラサルハ素リ当然ニシテ私犯上事実ノ有無ヲ問フハ甚タ不可ナル所ナシト雖刑法上ノ責任ヲ定ムルニ事実ノ有無ヲ以テスルハ予ノ取ラサル所ナリ」という主張がなされていた（242頁）。

第3節　大審院判決の状況

第1款　名誉概念の基礎とその実情

1　名誉概念の基礎となる大審院判決

　民法典が施行されてからしばらくの間は，「名誉権ヲ攻究セント欲スルモ殆ト立論ノ基礎ヲ有セサルノ感ナクンハアラサルナリ」[46]という指摘がなされていたとおり，不法行為法上の「名誉」について明確な定義がなされない状況が存在していた。このような状況が変化したのは，現在も，名誉概念を定義する際の根拠として参照される[47]二つの大審院判決が登場してからのことである。

　これら二つの大審院判決で実際に示された名誉概念の内容およびそこで問題とされた名誉毀損事例を明らかにしていくことにしよう。

〔1・1〕大判明治38年12月8日民録11輯1665頁

　問題となったのは，Yが，Xとは無関係のAに対して有する債権執行のために，X（神社の祠掌）の住所でXの所有物に差押えを行ったという事例である。

　このとき大審院は名誉を定義して，「名誉トハ各人カ社会ニ於テ有スル位置即チ品格名声信用等ヲ指スモノニシテ畢竟各人カ其性質行状信用等ニ付キ世人ヨリ相当ニ受クヘキ評価ヲ標準トスルモノニ外ナラ」ないと述べた。

　そして，ここから大審院は「名誉ハ人ノ品位身分職業等ニ依リ其標準ヲ異ニスルコトアルハ当然ノ事理ナルヲ以テ同一ノ行為ニシテ或人ニ対シテハ其名誉ヲ毀損スルニ至ルヘキモノモ他ノ人ニ対シテハ斯ノ如キ危害ヲ生スル恐レナキコト少カラス」として，「是ヲ以テ或行為カ他人ノ名誉ヲ毀損スヘキモノナルヤ否ヤヲ決スルニハ単ニ其行為カ性質上一般ニ人ノ名誉ヲ毀損スヘキモノナルヤ否ヤヲ定ムルヲ以テ足レリトセス尚ホ名誉ヲ毀損セラレタリト主張スル人ノ地位ヲ観察シ殊ニ其品位身分職業ノ如キ現ニ其人ノ社会ニ於ケル位置状況等ヲ参酌シ以テ其行為カ特ニ其人ノ名誉ヲ毀損スヘキモノナルヤ否ヤヲ審査セサル

---

46)　本書39頁。
47)　本書88頁以下。

ヘカラス」という結論を導いた。

そのうえで大審院は，もしXが「最モ名誉ヲ重ンスヘキ地位ニ在リテ右差押ノ為メニ其品格ヲ貶シ信用ヲ失スルニ至ルカ如キ事情ヲ認メ」ることができるのであれば，「其差押行為ハXノ名誉ヲ毀損スルモノト謂フコトヲ得ヘシ」と述べ，「該差押行為ハ他人ノ債務ノ為メニXノ住所ニ於テ其所有物ヲ差押ヘタルニ過キサレハ其名誉ヲ毀損スヘキモノニアラス」として，「毫モX其人ノ地位ニ関スル状況ヲ斟酌シテ判断スル所ナ」く請求を棄却した原審は「違法タルヲ免レ」ないとして，大審院は原判決を破棄し，差し戻した。

〔1・2〕大判明治39年2月19日民録12輯226頁

問題となったのは，Yが，Xとは無関係のAに対して有する債権を原因とするAの動産に対する仮差押命令を得て，この命令に基づいた仮差押え（以下本件仮差押えという）がなされたが，本件仮差押えの対象となった動産の中には，X（判例集からは職業は不明）所有の動産が含まれていたという事例である。

このとき大審院は名誉を定義して「名誉トハ各人カ其品性徳行名声信用等ニ付キ世人ヨリ相当ニ受クヘキ声価ヲ云フモノ」と述べた。

そしてここから大審院は，「人ノ人格ヲ不当ニ悪評シ以テ其人ノ社会ニ於テ相当ニ得タル位置ヲ失ハシムルカ如キハ其人ノ名誉権ヲ侵害シタルモノナルコトハ勿論人ノ信用ニ関シ不当ニ虚無ノ事実ヲ社会ニ表白シ以テ其信用ヲ害スルカ如キモ亦其人ノ名誉権ヲ侵害シタルモノ云ハサルヲ得ス」という結論を導いた。

そのうえで大審院は，「悪事醜行ヲ摘発シ以テ人格ヲ攻撃シタル場合ニアラサレハ人ノ名誉権ヲ侵害シタルモノ云フヲ得」ずとして請求を棄却した原審が「名誉権ヲ誤解」していたとして，原判決を破毀し，移送した。

2　名誉概念の基礎となる判決の実情

(i)　類似の名誉概念

〔1・1〕判決および〔1・2〕判決が名誉を定義した一般論の部分を比較すると，完全には一致していないものの，人に対する世人からの評価または声価が名誉だと解されていたという共通点があることが分かる。

(ii) 名誉毀損の成否の判断の相違

ただし，両判決が実際の事例に即して名誉侵害の成否に関する判断を示した部分に沿って考えるならば，両判決が前提としていた名誉概念の内容および射程には相違が見られることに気付く。この相違が現れるのは，差押えと仮差押えという類似の事例による名誉毀損の成否が問題となったにも拘らず，実際の名誉毀損の成否を判断するにあたって両判決が異なる考慮を行っていた点である。名誉毀損の成否を判断するために，〔1・1〕判決は「現ニ其人ノ社会ニ於ケル位置状況等ヲ参酌シ以テ其行為カ特ニ其人ノ名誉ヲ毀損スヘキモノナルヤ否ヤヲ審査セサルヘカラス」と判示していた。これに対して，〔1・2〕判決は端的に「人ノ信用ニ関シ不当ニ虚無ノ事実ヲ社会ニ表白シ以テ其信用ヲ害スルカ如キモ亦其人ノ名誉権ヲ侵害シタルモノト云ハサルヲ得ス」と判示していたのである。つまり，〔1・1〕判決が，差押えがその対象となった者の名誉を毀損するかどうかは，その者が社会で有する地位を考慮すべきだとしていたのに対して，〔1・2〕判決は，仮差押えの対象となった者が社会で有する地位を考慮することなく，不当に虚偽の事実を公表しその者の信用を害することが名誉毀損にあたると判断していたのである。

このとおり，現在の名誉概念の基礎を形成している〔1・1〕判決および〔1・2〕判決で名誉毀損の成否の判断に際して実際に考慮されている事情，そこで提示された名誉毀損の成否を判断するための基準を比較するだけで，明確な名誉概念が提示されただけでは具体的な事例がどのように解決されるべきかという明確な基準を取り出すことはできないという帰結を導くことができる。

第2款　大審院判決が提示した名誉概念の意義

1　名誉概念の定義後の大審院判決

〔1・1〕判決および〔1・2〕判決の後の，名誉侵害に関する大審院判決としては，たとえば次のような判決が存在する。

〔1・3〕大判明治44年1月26日民録17輯16頁
問題となったのは，Y男が，婚姻する意思がないにもかかわらず，その意

思があるかのように装い，X女を欺いて婚姻の式を挙げ，それからX女と数ヶ月間同棲した後，正当な理由なくX女を離別したという事例である。

この事例に対して大審院は，「Xノ名誉ノ毀損セラレシコト勿論ニシテ即チYハ故意ヲ以テXノ権利ヲ侵害シタルモノニ外ナラス」と判示した。

〔1・4〕大判大正5年10月12日民録22輯1879頁

問題となったのは，Yが，Xの息子の妻の父親に対して，Xの出身について虚偽の事実を述べる親展書簡を送付したという事例である。

この事例に対して大審院は，「事実ニ反スルコトヲ知リ乍ラ或者ノ品位信用等ニ関スル社会上ノ地位ヲ毀損スヘキ事項ヲ第三者ニ表白シタル以上ハ縦令広ク之ヲ社会ニ流布スルニ至ラサルモ其行為ハ其者ノ名誉権ヲ侵害シタルモノト謂ハサルヘカラス」と判示した。

〔1・5〕大判大正10年6月28日民録27輯1260頁

問題となったのは，YがXに対して，集落の他の住民と共同して絶交したという事例である。

この事例に対して大審院は，「Y等ハXニ対シ交際上所論ノ如キ各自ノ自由意思ニ基キ行動シタルニ非スシテ其部落民中数多ノ者ト協力同盟シテ絶交シ以テXノ社交上活動シ得ヘキ自由ヲ妨ケ且Xヲ社交上ヨリ擯斥シテ其社会ヨリ享クヘキ声価ヲ受クルコトヲ得サルニ至ラシメタルモノト謂フ可ク其行為ハ即チ故意ヲ以テXノ自由及ヒ名誉ヲ害シタルモノニ外ナラサルヲ以テ民法第七百九条及ヒ第七百十条ノ規定ニ依リ不法行為ヲ構成シY等ハ其責ニ任シ之カ為メニXノ受ケタル精神上ノ損害ヲ賠償スルコトヲ要スルハ当然ナリ」と判示した。

2　名誉毀損事例を類型化する基準の不在

大審院は，〔1・1〕判決および〔1・2〕判決の中で，それまで必ずしも明確でなかった名誉概念に対して明確な定義を与えた。ここで提示された名誉概念は現在の判例および学説の基礎となっているものでもある[48]。

ところが，両判決の後も，〔1・3〕判決等の実際の事案に鑑みるならば，先

第 4 節　名誉概念をめぐる学説の展開

行研究の指摘するとおり，大審院は，多様な事例について名誉毀損の成立を認めて事例を解決していたことが分かる[49]。

このように，多様な事例が名誉毀損事例として解決されたことからは，大審院が名誉に対して明確な定義を与えたとはいえ，それには，多様な事例を名誉毀損事例として解決することを可能とする意義が認められていたことが分かるのである。つまり，名誉概念には，名誉毀損を類型化する基準，すなわち，名誉侵害事例と現在では他の法益侵害が認定される事例とを区分する明確な基準を提供することを期待されない状況が存在していたということができる[50]。

第 4 節　名誉概念をめぐる学説の展開

前節では，大審院によって明確な名誉の定義が示されたこと，しかしその名誉概念は，実際には，名誉侵害事例を他の法益侵害事例と区別して明確に類型

---

48)　本書 58 頁以下，および 88 頁以下。
49)　先行研究の指摘については，本書 7 頁。
　　下級審裁判例の中にも，現在の名誉毀損事例とは明らかに性質の異なる事例についても名誉毀損の成立を認めたものが存在する。具体例を挙げれば次のとおりである。
　　金沢地判明治 43 年 9 月 28 日新聞 673 号 15 頁（母の死屍が火葬場の従業員によって半焼のまま遺棄されたことによる，喪主である子の名誉毀損が認められた。）
　　宮崎地判大正 4 年（月日不明）新聞 1046 号 28 頁（衆人の前で性的暴行を加えられた女性について，名誉毀損の成立が認められた。）
　　広島地判昭和 11 年 4 月 30 日評論 25 巻 570 頁（離婚に伴う慰謝料請求が問題となった事例ではあるが，婚姻中の夫が他の女性と情交関係に陥り帰宅しなくなったことが，妻の名誉を侵害するものであるとされた。）
　　金沢地判明治 43 年に対しては，当該行為によって侵害された法益は名誉に限られないばかりでなく，「何権の侵害かは何人も明らかにし得ないであろう」という指摘がなされている（千種〔1935〕59 頁）。
50)　「婚姻予約有効判決」として名高い大連判大正 4 年 1 月 26 日民録 21 輯 49 頁も，内縁の不当破棄（この判決の事案をどのように性質決定するかということをめぐる争いについては大村敦志『家族法』第 2 版補訂版（2004）225 頁を参照）事例について，損害賠償責任が生ずると判断する際に，婚姻の予約が拒絶されたことにより「其品位声誉ハ毀損セラルル」と判断している。しかし，ここで大審院は，損害賠償請求は違約を理由とすべきであって，不法行為を問題とすべきでないということを明示しているために，この判決でも名誉に類似の概念が問題とされていることを指摘するにとどめる。

化する基準を提示するものではなかったことを明らかにした。

本節では，〔1・1〕判決および〔1・2〕判決で示された名誉概念を受けた学説が，不法行為法上の名誉概念に関してどのような理解を形成していったのかということを明らかにしていくことにしたい。

第1款 小野〔1934〕による名誉概念の提示

1 小野〔1934〕以前の刑法学説の状況

本節第2款で明らかにしていくとおり[51]，戦前の一時期から不法行為学説では，ある一つの名誉概念が共有されるようになっていった。その一つの名誉概念を提示する際に不法行為学説は，大審院判決のみならず，刑法学説も根拠として挙げていたのである[52]。

そのため，不法行為法上の名誉概念の背景を理解するために必要な限度で，名誉概念を確立していった不法行為学説と同時代の刑法学説上の議論を参照していくことにする。

(i) 明治40年刑法

旧刑法に代わり明治40年に公布（明治41年に施行）された刑法の「第34章 名誉ニ対スル罪」の中には，名誉毀損罪に関する230条および侮辱罪に関する231条が定められていた[53]。

230条1項 公然事実ヲ摘示シ人ノ名誉ヲ毀損シタル者ハ其事実ノ有無ヲ問ハス一年以下ノ懲役若クハ禁錮又ハ五百円以下ノ罰金ニ処ス[54]

---

51) 本書57頁以下。
52) 鳩山〔1920〕873頁（註二十二），末川＝浅井〔1934〕722頁（註四），宗宮〔1939〕249頁（註），253頁（註一）。
53) 昭和22年の刑法改正によって真実性の証明に関する刑法230条ノ2が追加されたものの，230条および231条の基本的な文言そのものは現在まで維持されてきたことについては，中森〔2003〕4頁以下を参照。
54) 死者に対する名誉毀損に関する230条2項についての学説の議論は，名誉概念に直接関わるものではないため，ここでは230条2項を省略した。また，名誉保護に関係すると学説によって解されていた条文は，第34章以外にも存在していたが，本文中で参照した230条および231条以外の条文に関する議論が民法上の名誉概念に直接影響を与えた形跡は存在しないため，本稿ではこれらの条文の解釈論には立ち入らない。

231条　事実ヲ摘示セスト雖モ公然人ヲ侮辱シタル者ハ拘留又ハ科料ニ処ス
(ii) 学　説

　明治40年刑法の施行と同年に公刊された泉二〔1908〕は，刑法230条と231条との違いを「体様」[55]に見出し，230条および231条の保護法益を区別することなく，両条によって保護される「名誉」を「人ノ社会上ノ価値ナリ換言スレハ世人ノ判断ニ依テ認メラルル人ノ社会的地位ナリ」[56]とする見解を示した。

　当時の学説では，この見解に相違する主張，すなわち「人ノ人タル名誉又ハ人格（Menschenwürde oder menschliche Persönlichkeit）」[57]も，「社会上の価値」と関係する名誉とともに230条および231条の保護法益に含まれるという主張もなされていた[58]。しかし，その後の学説に定着したのは，泉二〔1908〕に類似した，つまり「世人ノ判断」や「社会的地位」に共通する表現を核とする名誉の保護を支持する見解であった[59]。

　ただし，共通する表現を核とする名誉の保護を認める学説によっても，名誉の定義が実際の条文の解釈には直結するものではないとする，次のような見解が主張されていた。すなわち，「元来誹毀 Verleumdung は社会的評価を害することであり，侮辱 Beleidigung は名誉感情を害することである」が，230条

---

55) 泉二〔1908〕785頁。
56) 泉二〔1908〕782頁。
57) 大場〔1909〕308頁。
58) 大場〔1909〕では「生存者ノ名誉ヲ毀損スル罪ノ法益，被害者ハ侮辱罪ノ其レト異ナル所ナシ」（330頁）とされる一方で，泉二〔1908〕に示された名誉概念についての理解とは異なる理解が示されていた。ここでは「法律上所謂名誉ナルモノハ人ノ真価ヲ称スルニ非スシテ社会一般人力特定人ニ対シ与フル声誉ヲ謂フ」とされたうえで，「此声誉ニ二アリ」とされていた。この二つあるうちの一つが「人カ生ル丶ト同時ニ獲得スル……人ノ人タル名誉又ハ人格（Menschenwürde oder menschliche Persönlichkeit）」であり，もう一つが「本人ノ地位，財産，智能，才幹等ト社会一般カ与フル判断トニ依リ成立スル……社会上ノ名誉（Soziale Ehre）又ハ国民的ノ名誉（Staatsbürgerliche Ehre）」であり，「此両者共ニ名誉ニ対スル罪ノ法益」として扱われるものであった（308-309頁）。
59) 例えば，瀧川〔1929〕では，大場〔1909〕に類似した「人の人たる価値」という表現が見られるものの，それは「人格の社会的評価である」名誉を決定する要素の一つに含められている（222頁）。また，宮本〔1930〕も「名誉トハ一般世人ノ尊敬感情上ノ評価ニ基ク各人ノ社会的地位ヲ謂フ」とする（578頁）。

と231条とはこの区別に従ったものではなく,「一定の事実を表示することが誹毀であり,漠然と尊敬しない意志を表示することが侮辱であって,共に公然と行われることを必要とする」という見解である[60]。また,このように名誉の定義と実際の条文解釈とを分ける見解に加えて,名誉毀損と侮辱とについて「此二者ノ関係ハ従来学者ノ考フルカ如ク,共ニ其性質ヲ同シクシテ単ニ其程度ヲ異ニスルカ如キモノニアラス」[61]として両者の性質の相違を認める一方で,その性質の相違が保護法益の相違にあるか否かを明示しない見解も存在していた[62]。

2　小野〔1934〕による名誉概念の提示

(i)　小野〔1934〕

このように,刑法学説では,名誉概念と条文解釈との関係が不明確だった状況のなかで,名誉概念と名誉毀損罪および侮辱罪の保護法益との関係について明確な主張を行ったのが小野〔1934〕である。

まず,小野〔1934〕は,「名誉毀損の罪と侮辱の罪とは,我が現行法上前者が事実の摘示を必要とするに反し,後者は之を必要とせぬといふ差異あるにすぎぬといふのが我が邦の通説」[63]だという認識を示しつつ,この通説に反対する[64]。つまり「両者は其の保護せんとする法益に於て,又其構成要件に於て,より根本的な差異がある」[65]というのである。ここでその法益に関する根本的な差異として挙げられたのが,「第230条の名誉毀損罪は,名誉の一現象たる社会的名誉,即ち名声を以て其の保護客体（法益）と為すものであり」,「第231条の侮辱罪は,私見に依れば,名誉の他の一現象たる主観的名誉,即ち名

---

60)　瀧川〔1929〕224頁。
61)　宮本〔1930〕579頁。
62)　宮本〔1930〕では名誉毀損罪と侮辱罪との間に性質の相違があるという理解が示されると同時に「名誉ニ対スル罪ハ侮辱罪ト名誉毀損罪又ハ誹毀罪トニ分」れ,「共ニ所謂広義ノ名誉権ヲ侵害スル罪ナリ」という理解が示されていた。しかし,この理解と「一般世人ノ尊敬感情上ノ評価ニ基ク各人ノ社会的地位」との関係は明らかにされないままであった（578頁）。
63)　小野〔1934〕緒言10頁。
64)　ただし,小野〔1934〕では,宮本〔1930〕及び瀧川〔1929〕に対して,名誉毀損罪と侮辱罪との法益を区別して考える見解に近いものであるという評価がなされている（252頁）。
65)　小野〔1934〕緒言10頁。

第 4 節　名誉概念をめぐる学説の展開／第 1 款

誉意識又は名誉感情を保護せんとするものである」という差違である[66]。

(ii)　小野〔1934〕の影響

その後，小野〔1934〕のように 230 条の保護法益と 231 条の保護法益とを明示的に区別して理解する立場は学説の中に一定の支持を見出すこととなる。例えば，小野〔1934〕の前後で見解を変化させている学説としては，牧野〔1938〕を挙げることができる。牧野〔1917〕では，当時の学説について，「誹毀ハ之ヲ以テ人ノ名誉ニ対スルモノナリトスル説ト名誉心ニ対スルモノナリトスル説ト」[67]が存在するという理解が示されるほかにも，単に 230 条の名誉毀損と 231 条の侮辱との間に行為態様の違いのみを認めているかのような主張がなされていた[68]。これに対して，牧野〔1938〕では，「名誉毀損ハ人ノ名誉ニ対スルモノ」であるのに対して「侮辱ハ人ノ名誉心ニ対スルモノト謂フヘシ」という主張が明確になされるようになっていたのである[69]。

3　名誉侵害事例の多様性と「社会的評価」としての名誉の多義性

このように，刑法学説の中から名誉について言及している部分を取り出して時系列に沿って並べるならば，明治 40 年刑法の成立以降，学説では名誉概念について徐々に明確な理解が形成されていったということもできる[70]。

---

66)　小野〔1934〕251-252 頁。
67)　牧野〔1917〕533 頁。同『増訂日本刑法全』第 43 版（1931）718 頁以下でも同じ主張が維持されている。
68)　牧野〔1917〕は，「刑法ハ誹毀ト侮辱トヲ区別シ」ているのであって，「誹毀罪ハ一定ノ事実ヲ摘示スルコトニ因リテ成立シ，侮辱ハ一定ノ事実ノ摘示ナキ場合ニ成立ス」るという（535 頁）。
　　牧野〔1917〕によって示された誹毀（名誉毀損）と侮辱との区別についての理解に対しては，小野〔1934〕によって，「牧野教授は誹毀と侮辱とを一は人の社会上の地位を侵害するもの，他は相手方に対し侮蔑の意思を表示するものであるとして両者の本質的区別を認められるやうである」（303 頁（二））という評価がなされているものの，未だその保護法益の明確な区別はなされていないという評価が同時になされていた。
69)　牧野〔1938〕310 頁。
70)　現在の刑法学説の中では，名誉の定義に関して学説に存在する重要な争点として，次の二つが挙げられている。すなわち第一に「名誉を，人に対する社会の評価，世評・名声という事実的なものとしてとらえるか（事実説），それとも，あるべき評価，真の人格的価値という規範的なものとしてとらえるか（規範説）」という点，第二に「個人の主観的な名誉感情も刑法的保護に

第 1 章　不法行為法における名誉概念の成立

しかし，刑法の条文解釈の指針を得るためではなく，不法行為学説により名誉概念が形成されていった過程の周囲の状況を理解することを目的として，明治 40 年刑法の成立から小野〔1934〕に至るまでに刑法学説によって行われてきた名誉概念に関する議論を参照する際には，次の三つのことに注意する必要がある。

第一に，刑法学説によって提示された名誉概念は，条文解釈の際に参照されていた文献[71]や使用されていた文言から[72]，ドイツ刑法学説上の名誉概念が参照されつつ形成されていったことが明らかなものであるが，それは結局多義的なドイツ刑法学説上の名誉概念が参照されて組み立てられた一つの見解に過ぎないということである[73]。

値すると考えるか」という点である（中森〔2003〕7 頁）。

71)　泉二〔1908〕は，名誉の定義を示した後，被害者となりうる者について論じた複数の見解を挙げ，それに対する評価を加えているのだが，そこで見解が引用されている論者は，ドイツの刑法学者であった（例えば「法人＝カ本罪ニ付テ被害能力ヲ有スルヤ否ヤニ付テハ学説区々タリ（びんぢんぐ，ほん，ばーる，まいやー其他多数学者ハ消極説，ふらんく，めるける，しゅッつェー，すてんぐらいん，うェひてる，ろーぜんふェるど，こーらー等ハ消極説，りすとハ一般ノ理論トシテ積極説，独逸現行法ノ解釈トシテ消極説)」（784 頁）という学説紹介がなされている)。

72)　例えば，瀧川〔1929〕では既に本文中で参照したとおり，「誹毀 Verleumdung」及び「侮辱 Beleidigung」という表現がなされている（224 頁）。また，宮本〔1930〕は，「暴行ト侮辱トハ畢竟其方法ノ差ニ過キ」ないものであり，「暴行ハ有形的侮辱ニシテ侮辱ハ無形的暴行タリ」（578 頁註(1)）として，ドイツ刑法 185 条の文言に明らかに類似した見解を示す。

73)　ドイツ刑法学説上では，名誉の多義性が問題となっていたことについては，Fraenkel, Der Schutz der Ehre nach bürgerlichem Recht, 1908, S. 43f., Meyer/Allfeld〔1912〕S. 420f. を参照。
　　また，小野〔1934〕では，刑法 230 条及び 231 条によって保護される法益について論ずるための前提として，まずは，「名誉とは何であるか」（150 頁）が明らかにされなければならないとされていた。ここでは，そのために主にドイツ刑法学説が参考にされて（150 頁以下），その結果，ドイツ刑法学説の中で複数の論者によって主張された多様な名誉概念から「名誉の現象」として，「社会的名誉（名声・世評）」，「国家的名誉（栄典）」，「主観的名誉（名誉意識・名誉感情）」が導かれ（180 頁），「社会的名誉・国家的名誉又は主観的名誉の現象」に対比される「名誉の本質」として「人格の価値」，「社会的・国家的乃至主観的に評価され，承認された価値ではなくして，其の純客観的内容，即ち人の真価，内部的価値」が導かれるという理解が示されていた（191 頁）。したがって，明瞭な名誉概念を前提として刑法 230 条及び 231 条の解釈を行っていた小野〔1934〕の叙述（150 頁以下）によるならば，名誉概念の多義性，すなわち名誉を社会的名誉・名誉感情・内的名誉に分けるという理解のみが存在しうるわけではないことはより明らかになるということができる。

第二に，どのような行為を名誉侵害行為として考えるかという点についても，ドイツ刑法学説と日本刑法学説との間には条文の文言の上で明確な相違が存在していたということである[74]。例えば，ドイツ刑法（以下，StGBと表記する）185条では[75]，暴行によっても名誉侵害（Beleidigung）[76]の成立することが明記されているが，これに対応する条文は日本刑法には存在しない。また，StGB 186条では主張又は流布された事実が「真実であると立証されない限り」名誉侵害（Beleidigung）が成立するとされていたが[77]，日本刑法230条にはこのような文言は入っていないのである。

　第三に，かりに社会的名誉およびそれに類似する名誉に関わるものの内容，

---

[74]　ドイツのみならず各国の法制が異なることを前提として小野〔1934〕の主張が組み立てられていたことについては，小野〔1934〕「第一章　比較法制史的叙説」，特に131頁を参照。

[75]　第185条（侮辱）　侮辱は，罰金，拘留又は1年以下の軽懲役を以て罰せらる。其の暴行に依りて行はれたるときは罰金又は2年以下の軽懲役を以て罰せらる（本節でドイツ刑法の条文を参照する際，その訳は全て小野〔1934〕57頁以下による。なお，実際には罰金の金額も条文に明記されているが，論旨とは関係ないので，省略する）。

　　日本刑法231条に対応するかのような文言のStGB 185条が名誉感情の侵害を定めた条文であるとのみ解されていたのではないことについては，Liszt, Lehrbuch des Deutschen Strafrechts, 8. Aufl., 1897, S. 352f. を参照。

　　StGB 185条以下の規定が名誉（Ehre）に対する罪を定めたものであることは明示されていないが，これらの規定が名誉（Ehre）保護のための規定である点にほぼ異論は見られない。例えば，Meyer/Allfeld〔1912〕では，「名誉（Ehre）に対する侵害として現れるのがStGB 185-200条に定められた名誉侵害（Beleidigung）であ」り，「名誉侵害（Beleidigung）は，法律によって，まず二つの形に分けられ刑罰が定められている」とされ，さらにその二つの形について，一つ目が「狭義の名誉侵害（Beleidigung im engeren Sinne）もしくは形式的侮辱（formale Beleidigung）であり，通常は相手に対する加害者固有の軽蔑を告知することによって成立する」ものであり，二つ目が「誹毀（üble Nachrede）及び讒謗（Verleumdung）であ」り，「つまりある個人に対する軽蔑を他人のもとで惹起するに足る事実を提示すること」だという説明がなされていた（S. 417-418）。

[76]　小野〔1934〕57頁以下では，ドイツ刑法185条以下の中で用いられているBeleidigungに対してすべて侮辱という訳語が充てられている。ただし，そのBeleidigungが多義的であって，その多義性がドイツ刑法185条以下の条文全体について多様な学説の解釈を生じさせるものであることについても，小野〔1934〕60頁による指摘がなされている。

[77]　第186条（誹毀）　他人に関しその者を唾棄せしめ又はその世評を低下せしむるに足る事実を主張又は流布したる者は，その事実の真なることを立証し得ざる限り，侮辱の罪と為し，罰金，拘留又は1年以下の軽懲役に処す。その行為が公然又は文書図画の頒布に依り行はれたるときは罰金又は2年以下の軽懲役に処す。

第 1 章　不法行為法における名誉概念の成立

社会的評価を形成するものの内容についてのみドイツ刑法学説および日本刑法学説によって示された見解を比較したとしても，この中に何を含めるのか，という点について見解の相違が存在していたことである[78]。例えば，小野〔1934〕では，「人に対する社会的評価は必ずしも行為・情操，業績・能力といふ如き道徳的乃至文化的価値のみに関係」するものではなく，「其等は疑ひもなく最も重要なる人格評価の基準であるが，社会的名誉を概念上斯かる道徳的又は文化的評価のみに関係するものと為すは明かに名誉現象の事実に適合しない」という主張がなされていた[79]。しかし，このような主張は，社会的評価を

---

[78]　小野〔1934〕によっても参照されている，ドイツ刑法学説を一括して評価を加えていた Frank, Das Strafgesetzbuch für das Deutsche Reich, 18. Aufl., 1931 は次のように主張していた。
　「個人の有する価値（der Wert einer Person）というのは個人がその中で行動するもしくはすべき方面（Richtung）に応じて極めて多様なものとなりうる。倫理的には極めて優れた者も，その者が実際に従事する職業に於ては完全に役立たず（unbrauchbar）だということもある。そこで問われるべきなのが，いずれの価値が名誉侵害（Beleidigung）に関わるのか，ということである。Kohler, Binding などの論者によると，倫理的な価値のみが，すなわち個人の倫理的および法にかなった行動に応じて個人が有する価値のみがそれに該当する。つまりこの見解によると，倫理的価値，倫理とつながりをもつ名声（Ruf），倫理的価値を有するという意識，まさに倫理的価値を維持しようとする意思のみによって基礎づけられるということになる。
　Liszt, Olshausen, Liepmann などの通説および実務は上記の見解とは反対に，倫理的価値と社会的価値とを同等に扱う。この社会的価値とは，個人に課された個別の社会的任務（soziale Aufgaben）を果たすための固有の特性（Eigenschaft）と行跡（Leistung）とに応じて個人が有する価値である。もちろん，この任務が法と良俗とに反するものではないということが前提とされている。」(S. 418)
　また，大場〔1909〕では，「同一ノ事実ヲ摘示スルモ，相手方ノ如何ニ依リ，或ハ名誉毀損罪ヲ構成シ或ハ之ヲ構成セス」とされていたが，その具体例として，「君ハ風邪ヲ治療スルニ通暁セサルヲ以テ医師タル手腕ヲ有セスト言フカ如キハ，常人ニ対シテハ名誉毀損罪成立セサルモ医師ニ対シテハ此罪成立スル」ということが挙げられていた（335 頁）。ここから，職業を遂行する能力に対する批判が事実を摘示することによって行われたことが名誉毀損と捉えられていると考えることもできる。
　なお，社会的名誉の具体的な内容について現在の理解と当時の理解との相違を示す具体例として，幼児が名誉毀損罪の被害者となりうるかという問題の扱われ方を挙げることができる。この問題を泉二〔1908〕782 頁（および同『日本刑法論下巻』（訂正 44 版，1939）632 頁）や大場〔1909〕310 頁は社会的評価の保護が認められる際に生ずるものと理解している。これに対して，この問題は，現在の学説では，名誉感情の保護が認められる際に生ずるものとして位置づけられている（中森〔2003〕11 頁を参照）。
[79]　小野〔1934〕183 頁。このように社会的評価の基礎となる要素が問題となることを指摘して

56

第 4 節　名誉概念をめぐる学説の展開／第 1 款

形成するものに関するドイツ刑法学説上の各見解が「狭きに失する」[80]と評価されるべきものであることを前提としてなされていたものである。ここからは，社会的評価に関わる要素は論者によって異なりうるものであり一様ではないと解されていたことが明らかに読み取れるのである。

　以上の三つのことからは，名誉保護を学説が認めていたとしても同じ名誉が念頭に置かれていたとは限らないということ，さらにたとえ一つの名誉概念が学説上で共有されるようになった場合でも，それのみでは，名誉毀損事例を明確に類型化することはできないということが分かる。すなわち，刑法のような条文の文言による拘束がない不法行為法のもとで，いかなる場合に名誉毀損の成立が認められるのかが明確にされたわけではないことが分かるのである[81]。したがって，不法行為学説上の名誉概念を明らかにするためには，名誉概念に関する理解の異同のみではなく，実際の事例に対する解決の異同にも注目すべきだということができる。そこで，次に名誉概念に関する不法行為学説の主張の変遷を，名誉がどのように定義されていたのかという点のみではなく，その定義により名誉毀損事例とそうでない事例とを分けるための明確な基準が提示されていたのかという点にも注目して明らかにしていくことにする。

　　現在の刑法の解釈論につなげる主張が佐伯〔1984〕(1) 991 頁，〔1984〕(4・完) 1682 頁によってなされている。
80)　小野〔1934〕184 頁。
　　また，泉二〔1908〕も，ドイツ刑法学説上に存在していた，「一定ノ義務ヲ負担シ得ル状態ニ達シ且ツ之ヲ認識スル能力ヲ有スル時期」から幼児が名誉毀損罪の被害者となりうるとする見解や，「其特性カ社会ニ於ケル地位ニ影響ヲ及ホスヘキ判断ヲ受クルの時期」から幼児が名誉毀損罪の被害者となりうるとする見解に反対し，「世人ノ判断ノ材料トヲルヘキモノハ本人ノ行為ノミニ非スシテ其系統，身分，家業等一切ノ生活関係ヲモ包含スヘキモノ」であるということを根拠として，「本人ノ意思能力又ハ特性ノ定マラサル以前ニ於テモ本罪ノ被害者タル能力ヲ有スル」と主張していた (782-783 頁)。
81)　さらに，小野〔1934〕では，ドイツ刑法の構造に対して，「ドイツ刑法第一八七条は信用の毀損と一般名誉毀損とを併せて規定して居る」が，「名誉の此の方面は其の社会的意義より見るときは寧ろ之を財産的法益の一種として別個の範疇に属せしむることを相当」とするのであり，「我が刑法第二三三条が別に之を規定したるは，其の特殊なる財産的法益としての重要性に鑑み正当なる立法である」という指摘もなされている (298 頁)。ここからも，ドイツ刑法を基礎としてさらにそれとは異なる主張がなされていたということが分かる。

第2款　不法行為法学説における名誉概念の確立

1　名誉概念の確立前

不法行為法学説の中で早くから名誉の定義を明らかにしたのが，団野〔1909〕である。ここでは，名誉が「社会ニ於ケル各人ノ品格ニシテ各人ノ社会上ニ於ケル品位，身分，職業，信用等ニ関シ世人カ相当ニ付与シタル評価如何ヲ基礎トスルモノ」だと定義され，「他人ノ性行，職業，繁栄等ニ関シ悪評ヲ公布シ依リテ以テ社会ニ於ケル其者ノ品評ヲ貶下セシムルコト」が名誉を毀損することだと明示されていた[82]。

ただし，同時代の学説には団野〔1909〕のように名誉概念を明示する論者だけが存在していたのではなかった。たとえば，川名兼四郎『債権法要論』(1915) では，単に名誉が保護されること，および名誉毀損の場合には名誉を回復するために適当な処分が認められうることが述べられるのみであった[83]。さらに，末弘〔1918〕では，「名誉権侵害ニ関スル判例」[84]が参照されるものの，そこから一定の名誉概念が引用されることはなく，そればかりか，それまでの大審院判決の中には名誉と信用とを区別していないものが存在することに対する批判がなされていた[85]。そのうえで末弘〔1918〕では，「刑法第二三三条ガ名誉ニ対スル罪ト併ベテ信用ニ対スル罪ヲ規定」[86]していることを根拠として，名誉権と信用権とを分けて解する立場が主張されていた。

したがって，名誉毀損事例を解決する際に明確な名誉概念を提示した大審院判決が登場した後の学説でもなお，名誉の定義および，名誉と他の法益との関係について一致した見解が存在しないという状況にあったということができる。

---

[82]　団野〔1909〕511頁。
[83]　川名兼四郎『債権法要論』(1915) 707頁（名誉保護について），741頁（名誉回復処分について）。
[84]　末弘〔1918〕1039頁52)。
[85]　末弘〔1918〕1040頁53) は「大審三・七・一〇民録二〇 599, 大審三九・二・一九民録二一 226 ハ名誉ト信用トヲ混同」したものだという。
[86]　末弘〔1918〕1039頁。

第 4 節　名誉概念をめぐる学説の展開／第 2 款

2　鳩山〔1920〕・鳩山〔1924〕

このように，名誉に関して一致した定義が学説によって示されていたわけではない状況を変化させたのが，鳩山〔1920〕である。ここでは，不法行為法上の名誉を「人（自然人又ハ法人）ガ社会ヨリ受クル評価」と定義する見解が示され，この見解と〔1・1〕判決などの大審院判決や泉二新熊『改正日本刑法論』とが「同説」にあるという主張がなされた[87]。さらに，名誉と信用とを区別する末弘〔1918〕に対しては，「民法謂フ所ノ名誉ハ広義ニシテ刑法所謂名誉ト信用ト両者ヲ包含スルモノト解スルヲ正当トス」[88]という立場が明示された。このように，〔1・1〕判決によって定義された名誉概念を支持する主張は，鳩山〔1924〕でも維持され[89]，その後，他の論者の中にも明確に現れていくことになる。

3　鳩山〔1924〕に対する支持
(i)　末川＝浅井〔1934〕

名誉の多義性を意識しながらも，鳩山〔1924〕の理解およびその理解と〔1・1〕判決とを同視する立場を支持するのが，末川＝浅井〔1934〕である。ここでは，名誉を定義するにあたって，「法律の上で直接の規定を見出すことはできない」とされ，「一般社会に行はれてゐるところを考へ，また刑法や不法行為法などの名誉に関する法規の目的に照らして，適当にこれを規定するほかない」という立場が示され[90]，名誉を定義する試みがなされる。

その結果として，末川＝浅井〔1934〕は，不法行為法上の名誉を「外部的名誉」[91]，すなわち「人の属性に対して他から為される評価」[92]だと確定する。さらに，末川＝浅井〔1934〕は，このような名誉の定義に関して，鳩山〔1924〕が示した，名誉を「人格の社会的評価である」[93]とする立場や，〔1・1〕判決の

---

87)　鳩山〔1920〕873 頁，873-874 頁（註二十二）。
88)　鳩山〔1920〕876 頁。
89)　鳩山〔1924〕878 頁，878-879 頁（註二十三）。
90)　末川＝浅井〔1934〕720 頁。
91)　末川＝浅井〔1934〕720 頁。
92)　末川＝浅井〔1934〕720 頁。
93)　末川＝浅井〔1934〕720 頁，722 頁（註四）。

「名誉トハ各人カ社会ニ於テ有スル位置即チ品格名声信用等ヲ指スモノニシテ畢竟各人カ其性質行状信用等ニ付キ世人ヨリ相当ニ受クヘキ評価ヲ標準トスルモノニ外ナラス」[94]という理解を，まさに外部的名誉を意味するものだと評価するのである[95]。

(ii) **我妻〔1937〕**

我妻〔1937〕では，直接に鳩山〔1920〕も鳩山〔1924〕も参照されていないが，鳩山〔1920〕と同様に，〔1・1〕判決が援用されて，「各人ガ社会ニ於テ有スル位置即チ品格名声信用等ヲ指スモノニシテ畢竟各人ガ其性質行状信用等ニ付世人ヨリ相当ニ受クベキ評価ヲ標準トスルモノ」[96]とする立場が示された。

4　宗宮〔1939〕
(i) **名誉概念の定義**

以上のとおり，鳩山〔1920〕によって明確に示された不法行為法上の名誉概念の定義や，その定義を〔1・1〕判決以降の大審院判決が示した定義と同視する立場は，学説に定着していった。その定着を決定的なものとしたのが，名誉概念や名誉侵害事例に関するそれまでの学説・判例を網羅・整理し，不法行為法上の名誉概念を明確に示す作業を日本不法行為法上初めて本格的に行った宗宮〔1939〕である[97]。これ以降，不法行為法上の名誉概念を改めて定義しようとする試みはなされなくなる。

宗宮〔1939〕では，名誉権の内容を明確にする試みがなされ，ありうる名誉として次の三つが提示される。第一に，「人の真価」である「内的価値」あるいは「内的意義の名誉（innere Ehre）」[98]，第二に「世人の判断より外部より受くる評価，其の人に対する他人の感想」である「外的名誉」[99]，第三に，「自己自身が自己の人格に対して有する評価」である「名誉感情」[100]である。

---

94) 末川＝浅井〔1934〕721頁，722頁（註五）。
95) 末川＝浅井〔1934〕720-721頁。
96) 我妻〔1937〕137頁。
97) 宗宮〔1939〕に対する現在の不法行為学説からの評価については，藤岡〔1999〕610頁を参照。
98) 宗宮〔1939〕234頁。
99) 宗宮〔1939〕235頁。

第4節　名誉概念をめぐる学説の展開／第2款

ここでは，法律上の名誉を，「社会的評価，即ち人が性格・能力・身分・職業・資産等に対し外部より受くる声価」[101]であり「人の価値に対する世評」[102]だと解する立場が提示される。宗宮〔1939〕はこのように，名誉を，人の価値に対する社会的評価と解する立場を「評価説」と名付け，さらに，このように解する「評価説」の立場こそが，「我ガ国ノ通説」[103]だと位置づける。このとき，通説と判断するにあたって提示された「同旨学説判例」[104]の具体例が，鳩山〔1920〕などの多数の先行学説だった。

(ii)　名誉概念に対する「他の見解」に対する評価

たしかに，宗宮〔1939〕では，通説である「評価説」に対する「異説」[105]を主張するものとして，有馬〔1922〕が挙げられていた。しかしそれに対しても，その「異説」とされる原因は，「社会的評価」保護の否定や[106]，名誉と信用との区別ではなく[107]，「社会的名誉」と併存する「内部的若クハ客観的名誉」[108]の保護を例外的な場合に認める[109]という主張に求められていた。

(iii)　「評価説」の確立

以上で参照した鳩山〔1920〕から宗宮〔1939〕に至るまでの学説に挙げられた名誉概念の類似性や，宗宮〔1939〕の叙述からは，民法710条にいう「名誉」を社会的評価と解し，さらにその名誉の中に刑法の条文の構造とは異なり信用をも含める説が定着した，つまり，不法行為法上の名誉概念の定義に関しては，学説上で一致した理解が成立したということができる。

---

100)　宗宮〔1939〕236 頁。
101)　宗宮〔1939〕253 頁。
102)　宗宮〔1939〕254 頁。
103)　宗宮〔1939〕253 頁（註一）。
104)　宗宮〔1939〕253 頁（註一）。
105)　宗宮〔1939〕254 頁（註二）。
106)　有馬〔1922〕では，「外部的名誉即チ外部ノ評価ハ其実質ノ如何ニ拘ハラス第七一〇条ノ保護ヲ受クヘキモノト為スヲ正当トス」（355 頁）という主張がなされている。
107)　有馬〔1922〕368-369 頁【註九】では「民法ニハ信用ト名誉トヲ別個ノ観念ト看做シタル規定ナキヲ以テ理論上信用カ名誉ノ一種ナル以上民法ハ理論ニ従ヒ名誉ト称スル中ニ信用ヲ包含セシムルモノト為サヽルヘカラス」という主張がなされている。
108)　有馬〔1922〕350 頁。
109)　有馬〔1922〕355 頁。

第1章 不法行為法における名誉概念の成立

第3款 「評価説」の具体的内容

1 評価説の具体的内容に対する検討の必要性

　しかし，明治40年刑法により保護される名誉に関して明らかにしたとおり[110]，学説によって名誉の定義が確立・共有されたからといって直ちに，名誉毀損の成立が認められる事例について共通する理解までもが形成されたといえるわけではない[111]。名誉概念の実際の内容を明らかにするために次に必要となるのが，名誉の定義について「評価説」を支持する学説では，名誉毀損事例とそうでない事例とを明確に分ける基準が形成されていたのかということを当時の学説の主張に即して明らかにする作業である。

　ここで，その作業を行う前に，次の二点を予め確認しておく必要がある。すなわち，第一に，刑法の拘束を受けずに名誉毀損事例を解決しうる不法行為法においては，刑法の条文から離れた多様な名誉毀損事例[112]，つまり明治40年

---

110) 本書53頁以下。

111) 宗宮〔1939〕254頁でも，宗宮〔1939〕によって「通説」（同・253頁（註一））の一つと位置づけられている栗生〔1929〕65頁でも，名誉に関わる要素を挙げる際に，Specker, Die Persönlichkeitsrechte mit besonderer Berücksichtigung des Rechts auf die Ehre im schweizerischen Privatrecht, 1911, S. 97などから明らかに同一の部分が参照されている（参照頁のみならず「人としての価値」・「人類としての名誉」などの用語法も酷似している）にもかかわらず，そこから選択された要素が異なることからも，何をもって「名誉」に関わる要素と考えるのか論者ごとに差があったことを裏づけることができる。

112) 西村〔1934〕は刑法の条文に定められたよりも広範囲の事例で名誉毀損が成立することを明言する（8頁）。

113) この時期は名誉毀損行為の具体例として，評価説を支持する学説によって，「身体を殴打し，戸に泥を塗り，物を破壊する等の『暴行を伴ふ毀損』（Realinjurie, tätliche Beleidigung）」や，「暴行を伴はざる思想の表現のみによる毀損（Verbalinjurie）」までもが挙げられているというような状況にあった（宗宮〔1939〕268頁）。また，これらの具体例に対しては，「名誉」と区別される「名誉感」を侵害する侮辱の具体例であるという理解もなされている（栗生〔1929〕70頁）。

　ただし，宗宮〔1935〕では，「名誉権の侵害ありたる場合に，其の名誉の侵害と同時に，身体自由感情等の法益を俱に侵害すること」があるとして，「衆人環視の下に暴行を加ふるときは，同時に被害者の名誉と身体と感情とを侵害す」るという認識が示されると同時に，「不法行為の要件として，違法行為に因つて結果したる幾多の権利の侵害又は被害利益より，権利と名づけ得るものの一個を抽出し，之を基本として不法行為の構成要件を定めんとするは謂はれなきことにして，寧ろ愚に近きものと云ふべし」という主張がなされていた（26-27頁）。

　そのため，「評価説」を支持する学説の内実を理解するためには，不法行為の他の保護法益と

第4節　名誉概念をめぐる学説の展開／第3款

刑法のもとで認められるよりも多様な名誉毀損事例（その中にはドイツ刑法が名誉侵害として挙げている事例も含まれていた）が存在しえたという点である[113]。第二に、当時の不法行為法学説に、保護法益の点でも要件論の点でも大きな変化が生じつつあった、つまり民法710条にもその他実定法の条文にも明示されていない新たな人格権・人格的利益の保護も徐々に認められていき（名誉そのものについても、「評価説」を採る学説の内部でも、社会的評価と区別されたもう一つの「名誉」である名誉感情は保護されるのかということについて、これを否定する見解[114]と肯定する見解[115]とが存在していた）、さらにそれだけでなく、侵害された法益の類型にどこまで拘泥すべきかということに関する議論も行われるようになっていったという点である。

2　具体的事例に対する「評価説」内部での見解の相違

　名誉毀損がどのような場合に成立すると考えられていたかということに着目して「評価説」が確立されていった時期の学説の主張を参照していくならば、名誉毀損の成否について真実の事実が摘示された事例で見解が分かれていたことに気付く。既に〔1・2〕判決は端的に「人ノ信用ニ関シ不当ニ虚無ノ事実ヲ社会ニ表白シ以テ其信用ヲ害スルカ如キモ亦其人ノ名誉権ヲ侵害シタルモノト云ハサルヲ得ス」として、真実の事実が摘示された場合には名誉毀損の成立を認めないという立場を示したかのような説示を行っていた。さらに、「評価説」を支持する学説でも真実の事実が摘示されたという事例については結論が分かれていたのである。

　真実の事実が摘示された場合には名誉毀損の成立を明確に否定する栗生〔1929〕[116]は、「事実の報告は、憲法が吾人に保証する自由の一つで、もちろん

　　名誉との関係や、被侵害法益を確定することの意義を踏まえることが必要だといえるのであるが、この点については、本書66頁以下。
114)　鳩山〔1920〕873頁。
115)　栗生〔1929〕69頁、宗宮〔1939〕228頁。
116)　栗生〔1929〕は、その序に「実例を独瑞その他の判例に取り」（2-3頁）と明言しているとおり、日本の不法行為法の解釈論を直接に展開したものではない。ただし、これは、既に確認したとおり（本書62頁注111）、宗宮〔1939〕により、「評価説」を支持する見解の一つであるとされ、また我妻栄『債権法（不法行為）』（1931）により「近世に於ける人格権発達を概観せしむ

名誉侵害となら」ず，「たとへその結果，ある人の名誉に減少を来たさうとも，真実にそれが合してゐるかぎり，報告は名誉侵害とならない」[117]という[118]。これに対して，真実の事実が摘示された場合にも名誉毀損の成立を肯定する末川＝浅井〔1934〕は，「名誉毀損の成立にはその事実の真偽は関係がないと一般に見られてゐる」[119]という理解を示す[120]。

3 「評価説」による名誉毀損の保護法益の多様性

このとき注意されるべきなのが，名誉侵害の成否が判断される際には事実の真偽が問題とならないとする立場の論者は，単に名誉の定義からその結論を導いていたわけではないということである。

末川＝浅井〔1934〕は，「事実が真実である以上，それを何時いかなる方法で発表しても差支えないとするならば，到底今日の社会生活の平静な秩序は保たれ難い」[121]と主張する。また，宗宮〔1939〕は，「他人の私行の暴露は，風教を害し，善良の風俗に反する」のであり，「仏法の『私生活ハ掩ハレザルベカラズ』との原則は，多面の真理なり」[122]として，「事実上に存する名誉は，仮令其の人に価せざるにせよ，之を保護するは，法律秩序を維持する所以」だ

る好箇の資料である」（464頁）と評価されているため，日本の不法行為学説の状況を理解するには不可欠のものだといえる。
117) 栗生〔1929〕68頁。
118) 栗生〔1929〕も，真実に合致している事実が主張された場合にも不法行為責任が成立しうることを認めるが，その場合には「自由若くは権利の濫用の意味において，不法行為となるであらう」（69頁）という理由づけがなされている。
119) 末川＝浅井〔1934〕726頁。
120) 同一の論者によっても，その主張がなされた時期によって結論が異なっていることがある。団野〔1909〕では，「其陳述ニシテ真実ノ事実ニ係ルトキハ公布セラレタル者ノ社会上ノ品格タルヤ其事実ノ影響ヲ受ケタル程度ニ於テ存在スヘキヲ以テ侵害ノ結果ヲ生スルモノト謂フコトヲ得サルヘシ」（511-512頁）という主張がなされている一方で，団野新之『民事責任論』（1922）では，名誉について「社会ニ於ケル各人ノ品格」（582頁）という同じ定義が示されているものの，「一般ニ或事実ヲ公布シ依リテ以テ他人ノ名誉ヲ毀損シタルトキハ其事業ノ虚偽ナルト否トニ拘ラス犯罪ノ成立セシムルト同時ニ不法行為トナルモノト解スルヲ至当トスヘキナリ」（584頁）という主張がなされている。
121) 末川＝浅井〔1934〕726頁。
122) 宗宮〔1939〕395頁。

第 4 節　名誉概念をめぐる学説の展開／第 3 款

と主張していた[123]。

　さらに，「評価説」を支持する不法行為学説によりその名誉概念が支持されていた[124]小野〔1934〕では，事実の真偽を問わずに名誉毀損罪の成立を認めていた刑法 230 条については，現に存在する社会的評価の保護が一応は認められるものの[125]，そこでは「法律に於ける名誉保護も窮極に於ては，やはり名誉の本質を目標としなければならぬのであつて，正当なる名誉を保護することが其の窮極の意義であることを忘れてはならぬ」[126]という主張がなされていた。ここではこの主張がさらに，「此のことは具体的な法律上の問題としても重要であつて，かの名誉毀損の罪に於ける『事実の証明』の問題の如き，一に正当ならざる，即ち人の値せざる事実的名誉に対して其の保護を拒むべき場合なきかといふ根本的な法理に触るる問題なのである」[127]という指摘につなげられていた。そればかりか，小野〔1934〕では名誉保護の重要性が認識される一方で，「名誉の現象は本来名誉の本質たる客観的な人格の価値そのものではないのであるから，必ずしも之を以て最高の法益と考へることは出来ぬ」[128]という主張に加えて，「名誉毀損を以て人の人格の核心を傷くるものであるかの如く思惟し，また名誉を以て生命より重しとした封建的名誉観を想起することによつて，名誉保護のために過重の刑罰制裁を科することを慎まなければならぬ」[129]という主張も行われていたのである[130]。

---

123)　宗宮〔1939〕395 頁。
124)　末川＝浅井〔1934〕722 頁（註四），宗宮〔1939〕244 頁。
125)　小野〔1934〕217-218 頁。
126)　小野〔1934〕219 頁。
127)　小野〔1934〕219 頁。
128)　小野〔1934〕222 頁。
129)　小野〔1934〕223 頁。
　　さらに小野〔1934〕では「蓋し，治安の目的上刑法的保護を必要とするものならば，イギリス普通法に於て『真実の大なるに従つて誹謗も亦大なり』と考へられた如く，名誉の毀損は其の事実の有無を問はずして処罰すべきこと当然である」と主張されると同時に，「人の事実的な名誉を毀損するも，其の真実の名誉に反せざる場合に於ては，他の文化的理由（例へば私生活の秘密を保護する必要）なき限り，其の行為を以て必ずしも反文化的・反社会的なるものといふことは出来ぬ」と主張されていた（228 頁）。
130)　これに対して，末川〔1930〕では，「生命，身体，自由，名誉の如きは，いわば権利以上の存在であつて，人が人として法律の世界において人格を認められている以上，当然に保護される

上記のように真実の事実が摘示された場合について名誉侵害の成立を認めるべきか否かについて学説が分かれていたのみならず，その際の結論は名誉の定義から当然に導かれるものではなかったという状況にあった。ここからは，当時の学説では，名誉が保護される事例のみならず，名誉保護の根拠，名誉と他の法益との関係については論者ごとに見解の相違が存在していたという状況を読み取ることができる[131]。

第5節 「評価説」の意義と問題の所在

第1款 名誉概念の定義に関する「評価説」の意義

　鳩山〔1920〕から宗宮〔1939〕までの学説に示された名誉概念を比較するならば，そこには，名誉概念の定義について，「評価説」と称される立場が確立したことが分かる。この「評価説」には，民法典制定以来，必ずしも統一的に理解されてこなかった名誉概念に対して，〔1・1〕判決および〔1・2〕判決を踏まえて，明確な定義を与えたという意義が認められる。「評価説」が確立されたことにより，不法行為法上の名誉を「社会的名誉」と解する立場が，大審院判例および通説の支持するものだと位置付けられたのである。この説が確立されてから，名誉を人の社会的評価と解することが，名誉毀損の議論の出発点に据えられるようになったのである。

　　ものであって，寧ろ権利の発する根源でありまた権利の帰する幹流であると観なければならぬ」（501頁）とされていた。
131)「評価説」を支持する学説の一つとされる栗生〔1929〕では，他の「評価説」を主張する多くの論者によって「名誉」の中に含まれるとされていた信用について，名誉とは異なるものだという理解が示されている。すなわちここでは，「信用侵害のため利得可能を減少させられた者は，その賠償を求めうるが，慰謝料請求はできない」という主張がなされ，その根拠として「信用は，人的利益ではなくして財（Vermögensgut）であり，その侵害は財産侵害に過ぎぬからである」ということが主張される。さらに「信用を人格と見，若くは人格と財との合体（Doppelgut）と見る説は，近時大いに廃れた」という理解が示されている（79頁）。

第2款　権利侵害要件の限定的解釈と事例解決における「評価説」の意義

　ところが，〔1・1〕判決から「評価説」が確立するまでに現れた見解に鑑みるならば，成立当時の「評価説」の意義は，そこに多様な考慮要素を含みうるものであり，多様な事例を名誉毀損事例として処理しうる点に求められていたということができる。すなわち，「評価説」は，名誉と他の法益との区別を明確にするものではなく，名誉の内容を広く捉えることにより，不法行為責任の成立を広く認めることを可能にするものだったといえる[132]。

[132) 「評価説」の内容が不変であることを疑わせるのが，民法723条に定められた原状回復処分に対する宗宮〔1939〕の理解である。宗宮〔1939〕は，「名誉回復の方法は，新聞に謝罪広告を掲載せしめ，法廷に於て謝罪せしめ，詫証文を差入れしめ，組合が為したる取引停止の宣言を取消さしめ，不法に社団より除名して名誉を毀損したるとき其除名の取消を為さしめ，或ひは関係者へ取消の通知を送達せしめ，毀損したると同一方法にて事実を取消し，間違ひなりしことを宣言せしめ，又は取消を一定の場所に公告せしむるの類なり」とする（462頁）。このとき，「民法第七百二十三条は名誉毀損に対する救済方法として原状回復を認めたるが，回復の容易なるは外的意味の名誉にして，内的名誉の如きは同条の裁判所の処分によりて回復すること不可能なるを以て，民法が保護救済を目的とする名誉は，社会上の評価と解せざるべからざること，同条の趣旨より観て明かなり」という説明がなされていた（249頁）。したがって，ここでは，民法723条の原状回復処分と名誉の定義とを結びつける立場が明示されていた，すなわち「社会的声価」（250頁），もしくは「社会的評価，即ち人が性格・能力・身分・職業・資産等に対し外部より受くる声価」（253頁）を回復する方法として，法廷での謝罪なども挙げられていたことが分かる。

　このように，「評価説」を明示した宗宮〔1939〕によってもなお，社会的名誉の保護と加害者による直接の謝罪とを結びつける見解が存在していたことに鑑みるならば，単に文言上の一致のみに注目して，同一の名誉が保護されてきたと考えることの当否についてまずは検討する必要があるといえよう。

　宗宮〔1939〕で示された法廷での謝罪が実際の裁判の場で命ぜられた形跡の無いことは，幾代通「名誉毀損につき謝罪広告を命ずる判決」川島武宜編集代表『我妻先生還暦記念　損害賠償責任の研究（上）』（1957）に明らかにされている（409頁）。ただしここでも，公開法廷での謝罪が行われなかった理由について，「かかる処分が被告本人の身体的動作――しかも社会的に屈辱的な意味を有する動作――を要求するという点において，社会感情として法的強制に躊躇を感ずるという点にこれを求むべきであろう（もちろん，大衆的伝達手段の発達とともに，かかる謝罪方式よりも謝罪広告のほうがより効果的であるとの認識が一般化したため，法廷での謝罪を請求する事例もなくなったということも考えられる）」という説明がなされており（409頁），法廷での謝罪が名誉を回復する手段ではないという理解はなされていなかった。

第 1 章　不法行為法における名誉概念の成立

「評価説」としての名誉概念が確立されていった時期の学説で有力だったのが，権利侵害要件を厳格に解する立場だった。この点について，有馬〔1922〕は民法 710 条を「制限的列挙規定」[133]だと明示する。鳩山〔1924〕も，民法 710 条に列挙されていない人格的利益については，「民法ノ他ノ法規又ハ民法以外ノ法律ニ根拠アル場合」[134]にのみ人格権としての保護を認めると主張していた。このような立場が有力だった時代には，たとえ問題のある行為がなされた場合であっても，その行為が民法 710 条に明記された名誉に対する侵害に当たらない行為だと判断されるならば，その行為がなされたことを理由とする慰謝料請求も否定される可能性はきわめて高かったということができる[135]。

1　菱谷〔1912〕

権利侵害要件を重視して保護法益を限定的に解する立場に基づく事例解決の限界，およびそこで名誉という権利が有していた重要性を明確に示す学説の具体例として，菱谷〔1912〕を挙げることができる。ここでは，現在は肖像権と称される「影象権」[136]を名誉権の中に含めるという主張が示された。その主張の前提が，権利侵害がなければ不法行為が成立しない[137]とされる不法行為法のもとでは，「必ス権利侵害ノ要素ヲ具備セサレハ賠償責任ヲ発生スルコト」

---

[133]　有馬〔1922〕389 頁。
[134]　鳩山〔1924〕879 頁。
[135]　氏名権を新たに認めるか否かが争われていたことについては有馬〔1922〕392 頁および鳩山〔1924〕880 頁を参照。有馬〔1922〕は，現行法に不備があるという認識を示しつつも，「我現行法ノ解釈上氏名権ノ成立ヲ認ムルコトハ甚タ困難ナリ」とする（392 頁）。また，鳩山〔1924〕は「氏名ノ詐称ガ名誉権ノ侵害タル場合ニ於テノミ不法行為ノ成立ヲ認ムヘキト解シ」ていた立場を改めるとして，氏名権を不法行為法上保護される新たな人格権の一つだと認めているが，その際には「個人ヲ他ノ個人ヨリ区別スルハ個人ノ有スル人的利益トシテ最モ重要ナルモノヽ一ニ属スル」ことを根拠として挙げている（880 頁）。
[136]　菱谷〔1912〕56 頁。ここでは「他人ノ影象ヲ恣ニ撮影スル」（57 頁）行為によって不法行為責任が発生するかが問題とされていた。したがって，この影象権は現在の肖像権に対応するものだといえる。
[137]　菱谷〔1912〕では「不法行為トハ不法ニ対世権ヲ侵害シタルノ行為」だという定義がなされている（31 頁）。そのうえで，権利侵害なくとも不法行為責任の成立を肯定しうる構造を有するドイツ法や英米法と比較して，日本法について「局限セル思想ヲ脱却セサルノ非難ヲ免レス」という指摘がなされていた（57 頁）。

68

第 5 節 「評価説」の意義と問題の所在／第 2 款

がないために「先ツ予メ理論上権利ノ有無ヲ論定スル」作業がなされなければならないということだった[138]。そして，そこで問題とされる権利が厳格に解されていたために，名誉権と最も類似しており，新たに保護が必要とされるようになっているのだが，なお「其存在ニ付キ未タ十分ノ発達ヲ」遂げていない影象権の保護を認めるための方策として「名誉権ノ支分シタルモノトシテ権利性ヲ肯定」すべきだという主張がなされたのである[139]。

2　鳩山〔1924〕

「評価説」を提示した鳩山〔1924〕でも，「権利ノ意義ハ成ル可ク之ヲ広義ニ解スルヲ正当トス」という立場が採られていたとはいえ，その一方で，「権利ノ侵害ガ一般的不法行為ノ要件ニ属スルコトハ第七百九条ニ依リテ明カナリ」として権利の侵害がなければ不法行為責任を認めないとする権利侵害要件を重視する見解が示されていた[140]。

このように権利侵害要件を重視する鳩山〔1924〕では，肖像権の根拠となる現行法上の法規が存在しないために，「解釈上多少議論アリト雖モ其写生，撮影ノ方法ガ身体又ハ自由ニ対スル侵害トナリ又ハ名誉ヲ害スベキ場合ニアラザレバ不法行為トナラザルモノトス」[141]と主張されていた[142]。

3　成立当初の「評価説」の意義

菱谷〔1912〕および鳩山〔1924〕の見解を参照すると，権利侵害要件を重視する学説では，民法 710 条に明記された名誉の侵害を認めるか否か，もしくは名誉以外の明確な権利の侵害を認めるか否かが不法行為責任の成否の判断に決定的な影響を与えるものと考えられていたことが分かる。そのような背景が

---

138) 菱谷〔1912〕57 頁。
139) 菱谷〔1912〕56-58 頁。
140) 鳩山〔1924〕859 頁。
141) 鳩山〔1924〕881 頁。
142) 人格的利益のみに関しても，鳩山〔1920〕は，「個々人的利益ヲ目的トスル個々ノ権利（Persönlichkeitsrechte）」が「個人ノ為メニ其個人的利益ヲ保護スル上ニ於テ最モ重要ナル地位ヲ占ムベキモノニシテ之ヲ権利トシテ認ムルハ寧ロ近世法ノ特色ニ属シ文化ノ発達スルニ従ヒテ益々其数ヲ増加スベキモノト信ズ」としていた（864-865 頁）。

69

「評価説」の成立過程には存在していたために，名誉はきわめて重要な権利だとされるとともに，その反面，具体的事例について妥当な解決が行われるためには，名誉の定義に拘束されることなく名誉毀損の成立は広く認められる必要があったのである。

その中で，判例は，名誉侵害を限定的に解して不法行為責任の成立を限定的に認めるという方向に進むのではなく，多様な事例について名誉侵害を広く認めることにより，人格的利益侵害をより広く捕捉するという方向に展開していったのである[143]。

したがって，「評価説」が形成された時期に名誉概念が果たしていた機能は，未だ明確なものとはなっていない法益が侵害された事例についても名誉毀損を媒介として不法行為責任の成立を肯定することを可能とする[144]，つまり多様な事例に具体的に妥当な解決を行うことを可能とするという機能だったということができる。

第3款　権利侵害要件の変化と「名誉毀損事例」に対する評価の変化

1　権利侵害要件の変化

このように，権利侵害要件を重視するために不当な結論が生ずる，または既存の権利侵害を広く認定する状況にあった学説に対しては，周知のとおり，権利侵害要件を堅持する立場を批判し，権利侵害要件に代えて「違法性」要件を

---

[143] 名誉概念を示したリーディングケースとして扱われる〔1・1〕判決および〔1・2〕判決は，どちらも「不当な権利行使」に分類されるものであり，それは「わが国では初期より認められ，名誉毀損法の発展に貢献した」ものではあるが，「今日ではそれほど重要なものではない」と評価される事例に属する（五十嵐〔1989〕20頁）。早くから千種〔1931〕は「財産の不当差押えにより如何なる人格権が侵害されたとなすべきか」という疑問を提起していた（17-18頁）。

[144] 柳沢弘士「一般的人格権侵害の法的構成(1)」日本法学28巻3号（1962）362頁は，「具体的事例に特有な侵害すなわち特殊な法益ないし一般的人格権の侵害に対しても，ある程度無理といってよい程，法規上明確にされている既成の権利ないし法益の範疇に押し込めようとする傾向があるといってもよい」（393頁）という認識を示し，具体的には「名誉については，その内容は一段と広汎に把握され，不当な訴訟・仮差押・強制執行・告発・告訴の場合には名誉毀損に当るとし，客観的な社会的地位であると名誉感情であるとを問わぬとしているようである」（394頁註(1)）として，名誉毀損が多様な法益侵害を包括しうるものとして機能していることを示す。

主張する学説が現れるようになった[145]。

2 「名誉毀損事例」に対する評価の変化

それまで厳格に解されていた権利侵害要件に代わって新たに違法性要件を承認することは、名誉侵害の構成をとることによって解決されてきた多様な事例について、そこで実際に問題となった要因を正面から捉え直すことにつながるものでもあった[146]。そのため、この新たな不法行為の成立要件の提示は、それまで「名誉毀損」として扱われていた事例の中で実際に問題とされていた要素を再検討し、「名誉毀損」に関する大審院判決に対して批判することにつながっていくのである。それを最もよく示すのが、村八分及び貞操侵害[147]に関する学説の主張である[148]。

(i) 穂積重遠〔1922〕

早い段階から名誉侵害事例を広く捉える大審院判決の態度を批判していたのが穂積重遠〔1922〕である。穂積重遠〔1922〕は、村八分が問題となった事例を名誉権侵害として解決した〔1・5〕判決に対して、「此種の絶交が不法だと云はんが為めには、単に村落的共同絶交だと云ふだけでは不充分であつて、其

---

145) 権利侵害要件の拘束を破るために学説が「違法性」要件を重視していった過程の全体像については、山本敬三「不法行為法学の再検討と新たな展望——権利論の視点から——」論叢154巻4・5・6号（2004）292頁、302頁以下を参照。

146) 鳩山〔1924〕でも既に、新たな権利を承認することにより、名誉侵害事例として解決される事例が限定される可能性のあることが示されている。ここでは、氏名権に関して当初は、「氏名権ヲ独立ノ権利トシテ認メズ唯氏名ノ詐称ガ名誉権ノ侵害タル場合ニ於テノミ不法行為ノ成立ヲ認ムベキモノト解シタ」という立場を、「今ハ之ヲ改メテ氏名権ソノモノ、存在ヲ認ムル学説ヲ採」るという立場に変更することが示されている（880頁、鳩山〔1920〕874-875頁でも同じ主張がなされている）。

147) 貞操に関しては、早い段階からそれを名誉に含めて保護するか否かという点についても見解の相違が存在していた。団野〔1909〕では、「婦女ノ貞操ハ其名誉ノ一種ニ非スシテ之ト独立シタル法益」（585頁）とされる一方で、末弘〔1918〕では、「貞操権ハ婦人ガ自己ノ性的関係ニ付キテ有スル名誉権ノ一種ニ外ナラザル」（1039頁）とされていた。

148) その他にも末川〔1930〕は、直接に〔1・1〕判決および〔1・2〕判決を対象としたものではないが、不当な差押えが問題となった事例に対して、たしかに、実際の裁判例では名誉、信用、営業等の侵害が問題とされてはいるが、そこでは個別的にいかなる権利が侵害されたのかということよりも、執行制度の趣旨から不当な差押えの違法性を認定し、不法行為責任の成否が問われるべきだとしている（524-525頁）。

第 1 章　不法行為法における名誉概念の成立

絶交に相当の理由があるか否か，即ち相手方が絶交に値するか否か，が問題の中心でなくてはならぬ」のであって，「即ち其行為が社会的に不当なるが故に法律上も不法なのであつて，人格権自由権名誉権の侵害などゝ云ふのは畢竟社会的不当の法律的説明に外ならぬ」という批判を行う[149]。

(ii)　末川〔1930〕

末川〔1930〕は，「権利侵害を以て不法行為の不可欠の成立要件であるかのように解する見地からは，貞操の蹂躙が名誉権の侵害と観らるべきか，身体権乃至自由権の侵害と観らるべきか，というような問題がしばしば論議されているのを見るのであるが，私のように，加害行為が違法でさえあれば不法行為の成立が認められると解する見地からすれば，かかる問題の提起は無用であ」るとする。そのうえで，「刑法の規定を見ても判るように，貞操の蹂躙が違法であることは疑ないところであるから，強いていかなる権利の侵害があるかを問うことなしに，直ちに不法行為の成立を認めて差支えない」と主張し，名誉侵害を問題としないのである[150]。

また，村八分の事例についても，〔1・5〕判決に対して，自由や名誉といった「個別的な利益や権利の侵害が挙示されなくとも」，共同絶交が刑法の脅迫に関する規定や，公序良俗という観点から法律上是認されない違法な行為だと認められる限り，不法行為の成立を認めてよいと評価する[151]。

(iii)　千種〔1935〕

千種〔1935〕は，民法 710 条に挙げられた法益を単なる例示と捉え，法律上保護に値する人的利益であれば不法行為法上により保護されるとする[152]。それを踏まえて千種〔1935〕は，「慰謝料請求が許されるかどうかを決定するに

---

149)　穂積重遠〔1922〕346-347 頁。
150)　末川〔1930〕509 頁。末川〔1930〕は，そのほかに，夫が妻を婚姻後僅か二十数日で悪意を以って遺棄した事例を名誉毀損として解決した東京地判昭和 2 年 3 月 14 日新聞 2710 号 7 頁，および夫が婚姻の存続中に妻以外の者を妾として情交関係を維持した事例を名誉毀損として解決した大阪地判昭和 3 年 7 月 25 日新聞 2889 号 13 頁をとりあげ，「これらの判例においては名誉毀損の毀損があったことを掲げているけれども，それはただ妻の被った損害発生の形態の最も顕著なものを例示しているにとどまり，名誉権の侵害というようなもののみを要件としてそれだけで事件を解決しているのではないことは言を俟たぬ」と評価する（536 頁）。
151)　末川〔1930〕541 頁。
152)　千種〔1935〕28-29 頁。

第5節　「評価説」の意義と問題の所在／第3款

は，被害利益と，侵害の態様との両者より観察すべきで，その両者を相乗じたものが違法性の軽重を決定し，そうして違法性の相当重大なものに限り慰謝料の支払義務を認」[153]めるという立場を採る。そして千種〔1935〕は，このような立場に拠る限り，「害せられた人的利益が身体，自由，名誉に該当するかどうかのせんさくに汲々とする要はなく，害せられた利益がこれらと同様法律の保護に値するかどうか，及び侵害の態様の如何を考えればよい」とする[154]。

このような立場から具体的に慰謝料請求が認められる利益侵害に対する考察を千種〔1935〕は行い，「貞操侵害を身体，名誉，自由権の侵害をもって説明しようとする学説判例」に対して，「貞操侵害はこれらの利益侵害のみには止まら」ず，「独立の法益と見るのが妥当である」という[155]。

貞操のみならず，千種〔1935〕は，「村八分」に関しても，〔1・5〕判決を取り上げ，「共同絶交により侵害されるものは自由名誉のみではな」く，「これを自由名誉としなくても，保護すべき重要な利益であって，これが侵害に対しては多くの違法性が認められる」と述べる[156]。

(iv)　**我妻〔1937〕**

周知のとおり，我妻〔1937〕は，権利侵害要件を「加害行為の違法性あるこ

---

153)　千種〔1935〕32頁。
154)　千種〔1935〕34頁。千種〔1931〕も，不法行為責任の成立を判断するにあたり「必ずしも権利侵害あるを要しないとの新しい見解」（18頁）を支持し，そのうえで，「人格権とまで称し得ない人的利益も，我々の法律観念上，その侵害に対し不法行為に基づく救済を与えることを必要とすると考えられる人的利益は，権利侵害の場合と同様不法行為上保護の対象たらしめるべきであ」り，「それが権利であるかどうか，何権であるかのせんさくに腐心する必要」はないとしていた（23頁）。
155)　千種〔1935〕41頁。新たな不法行為の要件論を前提とする千種〔1935〕では，多様な事例を名誉などの既存の法益侵害を認定して解決する裁判例の状況に対して，「権利でなければ不法行為により保護されず，身体，自由，名誉でない人的利益の侵害は不法行為とならないと考え，又は用心深さより，およそ権利と称し難い人的利益までも強いて権利の名を冠らせ，何権と一言に述べ得ないものまでも，何権と釈明させずんばやまず，これを身体，自由，名誉の侵害にこじつけようとする」ものだという批判がなされている。さらに，「権利の観念を広く解しようとして，その不能に気付き，別の理論をもって不法行為を認識するようになったと同様に，身体，自由，名誉の意義を広く解し，且つこれにこじつけようとしてその不能を悟り，ここにこれ以外の人的利益の侵害による法律の救済を考えねばならなくなったのは当然のことである」と指摘されていた（34頁）。
156)　千種〔1935〕56頁。

73

とを意味する」として，その違法性は「当該加害行為の被侵害利益に於ける違法性の強弱と加害行為の態容における違法性の強弱とを相関的・総合的に考察して」判断されるべきだとする[157]。そのような立場から我妻〔1937〕では，貞操と名誉とが区別され，「貞操も名誉と併んで，これと別個の人格的利益と認められ，その侵害は違法性を帯びるとなすこと近時の通説」[158]だという評価がなされている。さらに，〔1・3〕判決が貞操侵害に関する判決だと位置づけられているのである[159]。

(v) **宗宮〔1935〕**

名誉毀損と貞操との関係について，名誉概念が成立した当時の学説の理解は動揺していたことを示すのが，宗宮〔1935〕および宗宮〔1939〕である。たしかに，名誉について詳論した宗宮〔1939〕では，〔1・3〕判決等の貞操侵害を名誉毀損として解決した裁判例が，名誉毀損の具体例として取り上げられていた[160]。

ところが，不法行為の要件について鳩山〔1924〕を批判し，末川〔1930〕を支持する立場から不法行為法全体を論じた[161]宗宮〔1935〕では[162]，同じ事例に対して異なる評価が示されている。たしかに，宗宮〔1935〕も，「女子の貞

---

157) 我妻〔1937〕125-126頁。
158) 我妻〔1937〕140頁。
159) 我妻〔1937〕は，「最初から婚姻の意思なくして内縁関係を結ぶが如きは不法行為となること疑」いがない事例として，〔1・3〕判決を挙げる（141頁）。
160) 宗宮〔1939〕268-269頁。
161) このとき，宗宮〔1935〕は，「不法行為の要件として，権利侵害を必要とする」鳩山〔1924〕などの立場を批判し（26-27頁），「不法行為は，違法に法（成法並びに実質法）の保護する利益を侵害する場合」であって，「債務不履行を除く凡ての場合を包含するもの」と解するべきだと主張していた（28頁）。さらに宗宮〔1935〕は，「違法と，法益の侵害（損害）と，故意過失と，故意過失行為と損害との間に因果関係の存在の四要件」によって不法行為が成立する立場を採り，この立場が，末川〔1930〕と「同旨」のものだと位置づけていた（28-29頁）。
162) 宗宮〔1939〕は，当然に宗宮〔1935〕よりも遅れて出版されたものだが，そのもとになった博士論文の完成自体は宗宮〔1935〕に先立っていた形跡がある（宗宮〔1935〕の中で，「一般的人格権ニ付キテハ拙著『名誉権論』第二編第一章第三節第四款第三項，第五款第二項，第四節第二款参照」という指示がある（354頁））。したがって，宗宮〔1935〕の理解が，宗宮〔1939〕で訂正されたと考えることはできない。このことは，貞操に関する宗宮〔1935〕の主張が，宗宮〔1968〕でも，接続詞等の標記が改められる他は完全に維持されていることからも明らかである。

操は，結局女子の価値を構成する根源を為す」ものであって，「斯る人の価値の総合に対する評価は即ち人の名誉」であるために，「貞操の侵害の為に，女子の性的評価が害されたるときは，名誉権の侵害あり」とする[163]。そして，宗宮〔1935〕はこのような名誉に対する考え方が，〔1・3〕判決をはじめとする裁判例の多くが，貞操の侵害を名誉権の侵害とする基礎に存在すると指摘する[164]。

しかし，宗宮〔1935〕はそのような裁判例に対して，「評価の減少は，貞操侵害の結果として，第二次的に起こる現象」として，名誉侵害のみを問題とすることを否定する。すなわち，「貞操の侵害は，名誉の侵害に尽くるものに非ずして，為に女子の内面的品位価値其のものが侵害せられ低下したる関係，若しくは其の感情を侵害する関係に於ては，所謂一般的人格権（allgemeines Persönlichkeitsrecht）」の侵害が認められるものであり，「肉体的関係より観れば身体権の侵害」があり，場合によっては「自由権の侵害をも伴ふもの」だとして，単に名誉侵害として扱うことを明確に否定するのである[165]。最終的に，宗宮〔1935〕では，「貞操は，成法上独立なる個別的人格権（einzelne Persönlichkeitsrechte）として認められざるも，其の侵害は，轢て他の個別的人格権又は一般的人格権侵害となるもの」だという理解が示される[166]。

第 4 款　新たな問題の登場

以上で参照した，大審院判決に対する学説の指摘からは，名誉毀損事例は，名誉に対する定義だけではなく，他の法益との関係によって画されることが分かる。特にそのことは，不法行為全体について論じた宗宮〔1935〕と名誉保護を中心に論じた宗宮〔1939〕では，同じ事例に対して異なる法益侵害が問題となると解されていたことから明らかとなる。

したがって，名誉概念を確立させていった時代の学説からは，不法行為の権

---

163)　宗宮〔1935〕354 頁。
164)　宗宮〔1935〕354 頁。
165)　宗宮〔1935〕354 頁。
166)　宗宮〔1935〕354 頁。

利侵害要件の変容により，名誉毀損事例，すなわち名誉概念の射程も変動するということを明らかに読みとることができる。

　そこで，権利侵害要件が堅持されなくなった後の不法行為法では，名誉の内容や名誉と他の法益との関係についての明確な理解が形成されてきたのか，名誉侵害を問題として解決される事例にどのような変化が生じたのかを検討する必要が生じてくるのである。

第 2 章
現在の不法行為法における名誉保護の課題

はじめに

　前章では，不法行為法上の名誉概念の定義が確立された過程に即して，民法典制定時に前提とされていた名誉概念は現在の名誉概念と同一のものではなかったことを明らかにした。また，現在の基礎となった名誉概念，名誉を人に対する社会的評価と解する立場についても，先行研究による指摘[1]がまさに当てはまることを明らかにした。すなわち，一見明確であるかのような社会的名誉という定義は，当時正面から承認されていなかった法益保護をも広く可能とする機能を担っていたのである。そのように名誉概念の射程を広く解する必要があった状況は不法行為の要件論が変化したことにより消滅した。その結果，名誉侵害事例として解決されてきた事例が，別個の独立の法益侵害事例として解決されるようになり，名誉毀損事例が限定されていったのである[2]。

　第二次世界大戦後，不法行為法上の名誉保護に関しては次の大きな二つの変化が生じた。第一に，不法行為法上の保護法益の多様化である。保護法益の多

---

1) 本書 7 頁以下。
2) 千種達夫「慰謝料額の算定」『総合判例研究叢書　民法(4)』(1957) は「侵害された精神的利益が権利と認められない場合でも，法律の保護を適当とする精神的利益であり，かつ，それが違法に侵害された場合には，不法行為上の救済を与えるべきであり，慰謝料の請求が許されるべきである」とし (87頁)，判例が共同絶交事例を「自由名誉の侵害だから慰謝料が請求できる」としていることに対して，「共同絶交により侵害されるものは，自由名誉だけではな」く，「特に自由名誉の侵害だといわなくとも，前に説明した理由により慰謝料の請求ができる」という批判を行う (228頁)。名誉毀損として扱われる事例の典型例については，竹田稔＝堀部政男編『名誉・プライバシー保護関係訴訟法』(2001) を参照。

第 2 章　現在の不法行為法における名誉保護の課題

様化の流れは戦前にも生じていたが，それが第二次世界大戦後になりさらに加速したのである。多様化の背景にあった事情の一つが，マス・メディアの発達である。マス・メディアの発達による新たな被害が生じたことで[3]，それに対応するために新たに多様な保護法益が認められるようになったのである[4]。第二に，刑法 230 条ノ 2 の新設である。戦前より，不法行為法上の名誉保護と表現の自由との調整を図るという課題は存在していた。しかし，戦後になって，その課題の重要性がさらに意識されるようになり，名誉保護と表現の自由との調整という課題に対応するための名誉毀損法理が，刑法 230 条ノ 2 に影響を受けて確立されていくことになったのである。

　そこで，本章では，上記の二つの変化が生じた後の学説について，次の二点を検討する。第一に，当初は広い射程を有していた名誉概念について，名誉と他の法益とを明確に区別するに足る，より明確な定義は与えられたのかという点，第二に名誉毀損の成否と不法行為責任の成否との関係，不法行為責任の成否を判断する際に考慮されるべき要素について一致した理解が形成されるようになったのかという点である。

---

[3]　五十嵐〔1965〕は，「人格を保護法益とする諸利益の多くが，今日，不法行為法によって保護され」るようになったのは，「一方では，社会の進歩に伴い，人間の尊厳性への自覚が高まったことによるが，他方では，近代的マスコミ手段の急激な発達により，人格侵害の可能性がいちじるしく増加したことにもよる」と指摘する（178-179 頁）。三島〔1965〕も，「氏名・肖像・手紙・日記・会話・固有のプライバシーなど，その他の人格権」に対する侵害が，マス・メディアの発達によって「激増の傾向」にあることや，「著書・論文でこれらの問題を取扱うものも漸く増加するに至った」ということを指摘する（251 頁）。

[4]　三島宗彦「日本民法とプライヴァシー権」法時 31 巻 6 号（1959）549 頁は，「不法行為理論の発展に伴って被侵害利益の範囲は著しく拡大した」とし，「人格権と称される領域についてみても，生命・身体・自由・名誉・貞操などのほか，肖像・氏名・精神的自由などが違法な侵害行為から保護されるべき人格権的利益として考えられるに至っている」という認識を示す（550 頁）。また，四宮〔1963〕も，民法 710 条について，かつては「本条が身体・自由・名誉の侵害に対して賠償義務を認めたのは，これらの法益を権利とし，§709 に含まれるものを注意的に掲げたのか，それとも，これらの法益は権利でないが特にこれを保護する目的で§709 の特則として規定したのか，について」見解が分かれていたが，現在の判例・学説では民法 710 条は単に人格権を例示したにすぎないと解する立場が支持され，人格権の範囲が拡張されているとして，さらに，「拡張されるもののうちには，《氏名》《肖像》なども含まれるが，《生命》と《貞操》が重要であり，さらに，近時は，われわれの《平穏な市民生活》・《私生活》そのものが侵害から保護されなければならないことがつよく意識されるようになってきた」という（247 頁）。

第 1 節　名誉毀損法理の成立と名誉毀損の変化

第 1 款　名誉毀損法理の成立

1　刑法 230 条ノ 2 の制定

　第二次世界大戦後，不法行為法上の名誉毀損に大きな影響を与える法改正がなされた。それが，昭和 22 年の刑法改正により，名誉保護と表現の自由・言論の自由との関係を適切に[5]規律するという要請のもとで[6]，名誉毀損による責任の成立が否定されるための要件を定めた刑法 230 条ノ 2 が新設されたというものである[7]。

　刑法 230 条ノ 2 第 1 項　前条第一項ノ行為公共ノ利害ニ関スル事実ニ係リ其目的専ラ公益ヲ図ルニ出テタルモノト認ムルトキハ事実ノ真否ヲ判断シ真実ナルコトノ証明アリタルトキハ之ヲ罰セス[8]

　刑法 230 条ノ 2 の意義は，それまでも名誉毀損的な事実が公表された一定の場合にその事実が真実だと証明された場合には責任が否定されることを認めていた出版法 31 条や新聞紙法 45 条と比較して，条文の適用対象と免責が認められるための要件とに関する次の二つの点で，責任の成立をより容易に否定したところにあった。すなわち，第一に，「今日では言論の自由は新聞紙等のいわゆる『公器』だけの独占物ではな」く，「私人といえどもその保護を享受すべ

---

[5]　同条に定められた免責事由のみでは表現の自由が十分に保護されないとされ，判例がさらなる免責事由を認めるようになったことについて，松井〔1983〕(1) 9 頁以下を参照。現在も「表現の自由の保障と名誉権の保護との調整として，刑法 230 条の 2 の規定で本当に十分なのであろうか」(山田隆司『公人とマス・メディア——憲法的名誉毀損法を考える——』(2008，初出 2007) 12 頁) という疑問も提起されているが，本稿は，表現の自由と名誉保護との調整について生ずる問題には立ち入らない。

[6]　中野〔1948〕167 頁。

[7]　刑法 230 条ノ 2 の法的性格をいかに解するか，つまり違法性阻却事由と解するのか，処罰阻却事由と解するのか，その他の事由と解するのか，という点については古くから争いが存在する (中森〔2003〕40 頁以下)。しかし，本稿は不法行為法上の議論に必要な限りで刑法の議論を参照するため，さしあたりこの点には立ち入らず，刑法 230 条ノ 2 については，責任の否定を認めた条文という表現を用いる。

[8]　刑法 230 条ノ 2 第 2 項および第 3 項は，名誉毀損による不法行為責任の成否の判断枠組の形成とは直接の関係はないために，ここでは第 1 項のみを参照する。

きものである」ということを理由として,「出版物又は新聞紙に掲載する行為に限ら」ずに免責の可能性を認めるとした点である[9]。第二に,「摘示された事実が公共の利害に関する」だけで足りるとして,「私行に渉らざることは必要ではない」とした点である[10]。

2 名誉毀損法理の成立
(i) 刑法230条ノ2に対する裁判例および学説の反応

刑法において名誉保護と表現の自由との調整という課題が重視されていたのと同様に,不法行為法においても名誉保護と表現の自由との調整が重要な課題とされていた。このとき,その課題に対応するために下級審裁判例[11]や学説は,新設された刑法230条ノ2の考え方を取り入れて不法行為責任の成否を判断するという立場を採るようになっていった[12]。このように名誉保護と表現の自由

---

9) 中野〔1948〕173頁。
「新聞紙法出版法の適用なき,其の他の書面又は言論によるもの」に対しても新聞紙法,出版法の規定を類推適用することによる免責を認めるべきだという主張がなされていたことについては,宗宮〔1939〕387頁以下を参照。

10) 中野〔1948〕174頁。
出版法31条(明治26年施行,昭和24年廃止)や新聞紙法45条(明治42年施行,昭和24年廃止)は,名誉を毀損する文書図画が出版された場合や新聞紙に掲載された事項が名誉を毀損するものであった場合について,その事項が「私行ニ渉」らないなどの一定の要件を充たし,かつ,真実だと証明されれば,名誉毀損行為を行った者でも,罰せられないということや損害賠償責任を免れるということを定めていた。

11) 福岡高判昭和28年1月16日高民集6巻1号1頁は,「民事上の不法行為としての名誉毀損についても,刑法第二百三十条ノ二の規定に則つて真実なることの証明があつたときは,特に人を害する目的で名誉を毀損するような事実を公表した場合の外は,不法行為上の責任はないものと解すべきであり,そして又真実性の証明がない場合においても,その事実を真実であると信ずるについて相当の理由があつたときは,不法行為上の責任を免れるものと解するのを相当とする」という判断枠組みを提示する。また,東京地判昭和30年7月11日下民集6巻7号1397頁は,問題となった記事「に扱われた事柄が公共の利害に関するものであることは疑いをいれないところである」としたうえで,「このように公共の利害に関する事実を公表することによって他人の名誉を毀損した場合においては刑法第二百三十条の二の趣旨を類推し,その行為が専ら公益を計る目的によつてされたものであり,しかも公表された事実が真実であることが証明されたときは違法性を阻却し,不法行為の責任を負わないものと解するのが相当である」と判示した。

12) 四宮〔1963〕は,「事実に反して犯罪者として取り扱う場合,公益のためでも私行にわたる醜事を報道する行為は,名誉毀損とな」るとしたうえで,「名誉を毀損する行為でも,ことがらが

との調整が大きな課題とされていった中で，この下級審裁判例および学説によって支持された立場が，最高裁の受容するところとなった。

(ii) 〔2・1〕**最判昭和41年6月23日民集20巻5号1118頁**

ここでは，新聞社であるYがその朝刊社会面のトップ欄の中で，衆議院議員選挙に立候補して落選したXについて，Xに学歴・経歴詐称を理由とする公職選挙法違反容疑がかけられていること，およびXには前科があることなどを伝える記事であり，かつ，その大部分が真実に合致している記事を掲載したという事案について，Yの行為が，Xの名誉および信用を毀損したことを理由として不法行為責任を成立させるものか否かが問題とされた。

これに対して最高裁は，名誉毀損による不法行為責任の成否に関する次のような判断枠組みを提示した。

「民事上の不法行為たる名誉棄損については，その行為が公共の利害に関する事実に係りもっぱら公益を図る目的に出た場合には，摘示された事実が真実であることが証明されたときは，右行為には違法性がなく，不法行為は成立しないものと解するのが相当であり，もし，右事実が真実であることが証明されなくても，その行為者においてその事実を真実と信ずるについて相当の理由があるときには，右行為には故意もしくは過失がなく，結局，不法行為は成立しないものと解するのが相当である（このことは，刑法二三〇条の二の規定の趣旨からも十分窺うことができる。）。」

(iii) **名誉毀損法理の成立**

〔2・1〕判決は，刑法230条ノ2の趣旨を考慮することにより，不法行為法上の名誉毀損について，その行為が一定の要件を充たす場合には，摘示された

公共の利害に関することで真実に合するかまたは真実と信ずるについて正当の理由を有する場合には——特に人を害する目的でしたのでない限り——違法性が阻却され，名誉毀損にならないとするのが（刑§230ノ2参照），近時の裁判所（下級審）の傾向である」という状況にあることを明らかにする（245頁）。五十嵐〔1965〕も，「報道の自由と人格権の保護という相対立する利益をどこで調和させるべきか」という課題が存在することを指摘し（189頁），「現行刑法230条ノ2が，公共の利害に関する事実に係り，その目的がもっぱら公益を図るに出たものと認められるときは，真実の証明があれば罰せられない旨を規定して以来」下級審裁判例では「その原理が不法行為の場合にも適用されている」とする（190頁）。その他にも，幾代〔1957〕699頁，藤原弘道「名誉毀損」林良平＝中務俊昌編『判例不法行為法』（1966）55頁以下を参照。

第2章　現在の不法行為法における名誉保護の課題

事実の真偽が問題とされ、その事実が真実であることが証明されたときには行為の違法性がなく、真実だと証明されない場合であっても行為者がその事実を真実と信ずるについて相当の理由があるときには故意もしくは過失が否定されるために、不法行為責任の成立が否定されるという判断枠組みを提示し、その判断枠組みに則って、不法行為責任の成立を否定した。

これによって示された判断枠組み、すなわち「真実性・相当性の法理」[13]と称される判断枠組みは、その後の判例・学説に定着し、次いで学説の関心は、事実の摘示による名誉毀損とは類似する事例ではあるが、「真実性・相当性の法理」の射程からは明らかに外れる事例、すなわち事実を基礎とした論評による名誉毀損がなされた事例に適用される、名誉保護と表現の自由との調整のための枠組みはいかなるものであるべきか、という課題に向けられるようになった。ここで、事実を基礎とした論評による名誉毀損が問題となる場合に適用されるべきだと主張されたのが、古くからその導入の可否が問題とされていた「公正な論評の法理」であり[14]、次第に「公正な論評の法理」の考え方は多くの論者によって支持されるようになった[15]。最終的に、最判平成元年12月21日民集43巻12号2252頁が「公正な論評の法理」に則った判断を行い、最判平成9年9月9日民集51巻8号3804頁が「真実性・相当性の法理」および「公正な論評の法理」の双方を明示的に認めた[16]。

第2款　名誉毀損の変化

1　名誉毀損事例の単一化

名誉毀損法理が確立された結果、事実の摘示による名誉毀損と事実を基礎とした論評による名誉毀損とは、一定の明確な判断枠組みにより解決されるとい

---

13)　五十嵐〔2003〕48頁。
14)　幾代通「アメリカ法における名誉毀損と Fair Comment——事実の真実性証明に関して——」有泉亨=伊藤正己=内田力蔵=矢沢惇編『英米私法論集末延三次先生還暦記念』(1963) 25頁1)。
15)　山川洋一郎「公正な論評」伊藤編〔1972〕174頁。
16)　「公正な論評の法理」が定着していく過程については、神田孝夫「『意見・論評による名誉毀損』の諸類型と免責事由」円谷峻=松尾弘編集代表『損害賠償法の軌跡と展望　山田卓生先生古稀記念論文集』(2008) 247頁、およびそこに掲げられた文献を参照。

う理解が確立された。さらに，徐々に，名誉毀損事例が限定的に解されるようになり，名誉毀損事例についての叙述がなされる際には，この確立された名誉毀損法理の射程が及ぶ事例のみが想定されることが多くなっていった[17]。その結果，現在では一部の論者によるものを除き[18]，名誉毀損に関しては，事実摘示と論評という表現行為に特化した問題を対象として議論がなされるようになっている[19]。

2　名誉毀損法理の不法行為法からの独立
(i)　〔2・1〕判決に対する当初の位置づけ

〔2・1〕判決は，たしかに，その当時の裁判例および学説に生じていた，名誉毀損に違法性が認められるのはいかなる場合なのかという問いや，不法行為としての名誉毀損と戦後に新設された刑法230条ノ2とはいかなる関係にあるのかという問いに応えるものであった[20]。しかし，〔2・1〕判決に対する学説

---

[17] 前田達明〔1980〕は，名誉侵害の具体例として，根拠のない差押え，事由のない破産申立て，告訴・告発，掲示貼紙，共同絶交を挙げるが，最も重要な類型として，マス・メディアによる報道にもとづく侵害を挙げる（98-99頁）。

能見〔1988〕では，名誉毀損類型の多様性について言及されることはなく，事実の摘示による名誉毀損類型が「真実性の証明による免責」との関係で，意見の表明ないし論評による名誉毀損類型が「公正な論評」との関係で取り上げられている（82-86頁）。広中〔1994〕では，名誉侵害の具体例は示されていないが，表現行為を前提とする記述がなされている（457頁）。

[18] 名誉毀損事例について語る際に，事実の摘示や論評といった表現行為以外も挙げる例外的な論者として，五十嵐〔2003〕および潮見〔2009〕を挙げることができる。潮見〔2009〕は，「一定の場合には，訴訟の提起が，被告との関係で名誉・人格権侵害の不法行為となる」（191頁）とし，このような事例については，名誉毀損法理とは異なる判例法理が形成されていることを指摘する。五十嵐〔2003〕は，名誉毀損法の発展に寄与した事例の中に「不当な権利行使」が存在するということを指摘する一方で，「今日では，この類型は，名誉毀損法の分野における重要性を失った」と指摘する（108頁）。

[19] 現在の不法行為法の概説書では，特に名誉毀損事例の多様性について言及されることなく，事実摘示による名誉毀損と意見表明による名誉毀損類型が圧倒的に支持されていることは，内田〔2011〕371-372頁，吉村〔2010〕49頁，前田陽一〔2010〕47頁以下，近江〔2007〕134頁以下，川井健『民法概論4（債権各論）』（2006）415頁以下，大村〔2005〕203頁以下，円谷峻『不法行為・事務管理・不当利得——判例による法形成——』（2005）71頁以下，などを参照。

[20] 奈良〔1966〕1451頁以下。

の反応を参照するならば，不法行為の要件論から名誉毀損による不法行為責任の成否を独立させることまでは意図されておらず，当該法理は重視されつつも，あくまでも違法性阻却事由の一つとして扱われていたことが分かる。

それを示すのが，加藤一郎〔1974〕に示された，名誉毀損の違法性の判断に関する見解である。〔2・1〕判決について，加藤一郎〔1974〕は，これを支持する[21]と同時に，名誉毀損の違法性の有無を左右するその他の事由を提示する。すなわちここでは，最判昭和38年4月16日民集17巻3号476頁（A学会誌が掲載許可を得ていた外国人学者の講演内容を，B学会誌が不明瞭な経緯で講演の訳文原稿を入手し掲載した行為に対する批判が行われた際に，「盗載」や「悪徳行為」等の激越な言辞が用いられたことが問題となった事例）もまた，名誉毀損の違法性の有無を判断するための考慮要素を示した先例として扱われているのである。昭和38年判決では，刑法230条ノ2によらずに，「自己の正当な利益を擁護するためやむをえず他人の名誉，信用を毀損するがごとき言動をなすも，かかる行為はその他人が行つた言動に対比して，その方法，内容において適当と認められる限度をこえないかぎり違法性を欠くとすべきものである」という判示がなされているが，加藤一郎〔1974〕ではこの判決について，相当性の法理とは異なる違法性阻却事由を示した判決だという位置づけがなされているのである[22]。

もちろん，昭和38年判決は，名誉毀損法理の基礎となった〔2・1〕判決以前の判決であり，この判決は〔2・1〕判決の出現により先例としての価値を失ったと解することは可能である。しかし，そのような理解は，〔2・1〕判決の後の学説によっても，昭和38年判決が，〔2・1〕判決とは異なる系統の違法性阻却事由を示したものと位置づけられていたことと明らかに矛盾する[23]。

現に，加藤一郎〔1974〕は，「真実性は違法性の判断の大きな要素になるが，名誉毀損についてはそのほかにも種々の形で違法性が問題となる」という認識を示したうえで，「名誉毀損の違法性の有無を相手方との対比で判断してよいか」[24]という問いに対する肯定的な解答を示した判決として，昭和38年判決を

---

21) 加藤一郎〔1974〕281-282頁。
22) 加藤一郎〔1974〕282頁。
23) なお，〔2・1〕判決に対する調査官解説（奈良〔1966〕）では，昭和38年判決との関係は明らかにされていない。

第1節　名誉毀損法理の成立と名誉毀損の変化／第2款

挙げる。つまり，刑法230条ノ2を名誉毀損による不法行為責任の成否の判断にも及ぼす法理が〔2・1〕判決によって導入されたのだが，同時代の学説では，その法理は単なる違法性阻却事由の一つとして扱われていたのであり，この法理以外にも，不法行為の一般理論に則って，名誉毀損による違法性を左右する事情の存在することが明確に認識されていたことが分かるのである[25]。このように，名誉毀損による不法行為責任の成立を否定する，〔2・1〕判決に示された以外の要因も，不法行為の要件との関係で存在するという立場は，その後も前田達明〔1980〕[26]，四宮〔1983〕[27]，星野〔1987〕[28]および，幾代＝徳本〔1993〕[29]の中でも維持されている。

たとえば四宮〔1983〕では，名誉毀損の「違法性判断に際して考慮すべき問題点や利益の内容は，侵害行為の態様によって同じではない」ことが指摘され，その具体例として，「企業の広告による場合は，営業的宣伝の自由と公序良俗規範との衝突が問題となるであろう」という認識が示されている[30]。つまり，

---

24)　加藤一郎〔1974〕282頁。
25)　三島〔1965〕では，「事実の証明のほかにも，名誉棄損の違法性を阻却する事由はかなり存する」とされたうえで，「名誉棄損の違法性阻却事由としてとくに検討すべきものに，(a)正当な論評，(b)正当な業務行為，(c)義務に基づく行為，(d)条理上是認される行為などがある」という理解が示され（277頁），その条理上是認される行為の具体例として，昭和38年判決が挙げられている（278-279頁）。また，720条に基づいて，大判昭和11年12月11日判決全集4輯1号27頁は，名誉毀損行為が自衛のためになされたことを責任成否の判断にあたって考慮している（ただし結論としては，必要な度合いを超えていると判断した）。
26)　前田達明〔1980〕112頁。
27)　四宮〔1983〕368頁。
28)　星野〔1987〕70頁。
29)　幾代＝徳本〔1993〕は，「真実性・相当性の法理」を問題とする他に（91-92頁），正当防衛の中で昭和38年判決を問題とする（103頁，注(1)）。幾代〔1988〕も，「名誉や信用を毀損するような言説によって誹謗された者が行った激越な反論活動につき，正当防衛的な理由づけで違法性阻却を肯定し，あるいはその可能性を認めた判例」の一つとして，昭和38年判決を挙げる（89頁）。
30)　四宮〔1983〕324頁。もちろん，四宮〔1983〕では〔2・1〕判決に関しても言及されており，「新聞等マス・メディアの報道による場合には，違法性の判定には，報道の自由について公序良俗規範が作用するとともに，社会的評価を低下される人の不利益と当該情報を知ることによる他人の利益」との比較衡量が必要であるとされ，そこで「刑法230条ノ2の趣旨はその基準となる」と位置づけられている（324頁）。しかし，ここでは，それは，名誉毀損による不法行為責任の成否を判断する際に考慮されるべき事情の一つという位置づけがなされているに過ぎないの

85

〔2・1〕判決を基礎として展開されてきた法理は，名誉毀損が問題となる場合に重視されてきたものではあるが，当初から，不法行為の一般理論を排除する機能まで認められてきたわけではなかったのである。

(ii) **名誉毀損法理の不法行為法からの独立**

ところが，「真実性・相当性の法理」および「公正な論評の法理」が確立されていくにつれて，不法行為法学説では，名誉毀損法理以外の不法行為の成立要件について言及されることが少なくなり，あたかも名誉毀損法理が不法行為法から独立していくかのような状態が生じていくことになった。最終的には，不法行為法上の名誉毀損が問題とされる場合，一部の例外を除いて[31]，名誉毀損法理以外の考慮要素が明示されなくなるという結果が生じたのである[32]。

である。

31) 現在でも，不法行為の成立要件全体における名誉毀損法理の位置付けを明らかにする五十嵐〔2003〕では，昭和38年判決が，「真実性・相当性の法理」とは異なる，名誉毀損の違法性阻却事由を示した具体例として引用され，かつ，この判決に類する系統の下級審裁判例の存在することが示されている（31-32頁）。そればかりか，ここでは，名誉毀損事例の多様性が明らかにされ，「真実性・相当性の法理」が適用される事例とそうでない事例との両方が存在することが明確に示されている（31頁）。

　加藤雅信〔2005〕でも，昭和38年判決が，名誉毀損における違法性の判断枠組みを具体的に示したものであるとの位置付けがなされている（303-304頁）。「真実性・相当性の法理」および「公正論評の法理」以外の免責事由が実際に適用されて解決された事例については，佃〔2008〕354頁以下を参照。

32) 斉藤〔1986〕は，「名誉につき民事法固有の議論が生成してこなかった」として，「名誉毀損への対応につき，刑法上の要件（刑法二三〇条以下）とは別個に，不法行為の成立要件の吟味がなされなければならない」と主張するほか，「近年に至ってようやく，刑法上の名誉毀損と民法上のそれとの峻別が積極的に認識されるようになった」と指摘する（35頁）。しかし，斉藤〔1986〕の指摘とは反対に，現在の不法行為の概説書では，同一の名誉概念，名誉毀損に関する真実性・相当性の法理および公正な論評の法理が前提とされて名誉毀損に関する叙述のなされることが多い。その具体例については，本書83頁注19）。橋本他〔2011〕では，名誉毀損法理が不法行為の一般理論から切り離されることを前提にしているような記述が見られる。すなわち，「判例準則上，名誉の侵害行為の違法評価（名誉の保護と表現の自由との具体的な衡量・調整）は，権利法益侵害要件よりもむしろ，名誉毀損に特有の免責事由（特別の違法性阻却事由）の次元でなされる」という指摘がなされており（127頁），かつ，違法性を阻却する事由である正当行為の具体例として「名誉毀損の表現行為における真実性の抗弁」が想定されてきたとされるものの，これについては，「他の位置づけがふさわしい」という評価が加えられているのである（163頁）。

第 2 節 「評価説」の維持とその意義の変容

　前節で示したとおり，刑法 230 条ノ 2 に大きな影響を受けた名誉毀損法理が学説に定着した。それでは，この名誉毀損法理が確立されていく過程で，名誉概念には，他の法益侵害事例と名誉侵害事例とを区別する基準を提示できるほどの，それまでよりも明確な定義が与えられるようになったのだろうか。

第 1 款 「評価説」の維持

1　最高裁による名誉概念の定義

　戦後現れた，不法行為法上の名誉概念を提示した代表的な最高裁判決は次のとおりである。

〔2・2〕最判昭和 45 年 12 月 18 日民集 24 巻 13 号 2151 頁
　「民法 723 条にいう名誉とは，人がその品性，徳行，名声，信用等の人格的価値について社会から受ける客観的な評価，すなわち社会的名誉を指すものであつて，人が自己自身の人格的価値について有する主観的な評価，すなわち名誉感情は含まないものと解するのが相当である」

〔2・3〕最大判昭和 61 年 6 月 11 日民集 40 巻 4 号 872 頁
　「人の品性，徳行，名声，信用等の人格的価値について社会から受ける客観的評価である名誉を違法に侵害された者は，損害賠償（民法七一〇条）又は名誉回復のための処分（同法七二三条）を求めることができるほか，人格権としての名誉権に基づき，加害者に対し，現に行われている侵害行為を排除し，又は将来生ずべき侵害を予防するため，侵害行為の差止めを求めることができるものと解するのが相当である。けだし，名誉は生命，身体とともに極めて重大な保護法益であり，人格権としての名誉権は，物権の場合と同様に排他性を有する権利というべきであるからである。」

〔2・4〕最判平成 9 年 5 月 27 日民集 51 巻 5 号 2024 頁

第 2 章　現在の不法行為法における名誉保護の課題

「不法行為の被侵害利益としての名誉（民法七一〇条，七二三条）とは，人の品性，徳行，名声，信用等の人格的価値について社会から受ける客観的評価のことであり（最高裁昭和五六年（オ）第六〇九号同六一年六月一一日大法廷判決・民集四〇巻四号八七二頁参照），名誉毀損とは，この客観的な社会的評価を低下させる行為のことにほかならない。」

2　学説による「評価説」の定義の維持

たしかに，上記の判決は，特に大審院判決を引用することなく名誉を定義したものである。しかし，いずれの判決に対しても，大審院判決が提示し，学説が支持していった名誉概念と連続するものであるという理解がなされていた[33]。それに加えて，最高裁により名誉が定義された後も，名誉概念に関する先例として，〔1・1〕判決などの大審院判決が挙げられる状況も存在していたのである[34]。

---

33)　〔2・2〕判決は，〔1・1〕判決以来の大審院判決によって民法 709 条および 710 条に示された名誉が「社会的名誉」であると解されていたという状況の中で，民法 723 条にいう名誉も「社会的名誉」だと明示したものだという理解がなされていた。奥村〔1971〕は，大審院時代の判決が，名誉感情を民法 710 条および 723 条の保護法益から排除する立場に立っていたものという理解を示し，民法 710 条および 723 条についての判例および学説は「名誉とは社会的名誉のみを指すものであって，名誉感情はこれに含まれないとの見解に立っている」とする（2371 頁）。五十嵐〔1994〕は，〔1・2〕判決に示された名誉の定義を引用したうえで，これに対して「今日でも通説・判例が支持している考え方である」とし，そのような支持が認められる根拠として最判昭和 45 年を挙げる（36 頁）。また，澤井〔2001〕も〔1・1〕判決と〔2・2〕判決とを並列させて名誉を定義した判決として扱っている（144 頁）。このように，〔1・2〕判決と〔2・2〕判決とを並列させるという理解は，藤岡〔2013〕218 頁にも示されている。

　〔2・4〕判決が，直接には〔2・3〕判決を引用して示した定義を，近藤〔1998〕は，〔1・1〕判決以来の判例理論による定義であるとする（1540-1541 頁）。さらに近藤〔1998〕は，〔1・1〕判決に示された「名誉とは，各人が社会に於て有する位置即ち品格，名声，信用等を指すものにして，畢竟，各人が其性質，行状，信用等に付き世人より相当に受くべき評価を標準とするものに外ならず」という定義について，学説の多くがこの定義を引用した上で，「人に対する『社会的評価』を低下させる行為が名誉毀損であるとする」という立場を示しているとする。このとき，学説として参照されていたのが，五十嵐〔1965〕，前田達明〔1980〕および幾代 = 徳本〔1993〕だった（1547 頁（注三））。

34)　斉藤〔1986〕は，〔1・1〕判決および〔1・2〕判決を参照し，名誉とは「人ノ社会上ノ地位又ハ価値」と定義する（52 頁）。また，四宮〔1983〕は，「『名誉』とは，『各人ガ社会ニ於テ有ス

第2節 「評価説」の維持とその意義の変容／第2款

したがって，上記の三つの判決に対する学説の理解からは，不法行為法上の名誉の定義については戦前の判例および学説によって確立された「評価説」[35]が支持されていた。すなわち名誉を〔1・1〕判決のように「各人カ社会ニ於テ有スル位置即チ品格名声信用等ヲ指スモノニシテ畢竟各人カ其性質行状信用等ニ付キ世人ヨリ相当ニ受クヘキ評価ヲ標準トスルモノ」と解する立場，もしくは，〔1・2〕判決のように「各人カ其品性徳行名声信用等ニ付キ世人ヨリ相当ニ受クヘキ声価」と解する立場が支持されていたことが分かる[36]。

第2款　名誉概念の定義の重要性の否定

ところが，第二次世界大戦後の不法行為法では，大審院判決および戦前の学説を基礎とする「評価説」が積極的に支持され，維持されていったわけではない。不法行為責任の成否を判断するためには，名誉という個別の法益侵害を厳密に認定する必要がなく，名誉を改めて定義する必要がなかったからこそ，名誉概念に対する疑問が提起されなかったという状況が存在していたのである。以下では，このことを示していくことにしよう。

1　刑法233条と不法行為法上の名誉との関係に関する議論の不在

不法行為法上の名誉概念を改めて定義する試みがなされなかったことを最も

ル地位即チ品格名声信用等ヲ指スモノニシテ畢竟各人カ其ノ性質行状信用等ニ付キ世人ヨリ相当ニ受クベキ評価ヲ標準トスルモノ』であり，名誉を毀損するとはこの評価を低下させることであるから，ある行為が名誉毀損行為であるか否かを決定するには，被害者の『地位ヲ観察シ殊ニ其品位身分職業ノ如キ現ニ其人ノ社会ニ於ケル位置状況等ヲ参酌シ』て個別に判断すべきものであること，一判決」の「いうとおりである」として，〔1・1〕判決を挙げる（323-324頁）。

　五十嵐〔2003〕は，〔1・2〕判決を引用し，「古い大審院の判例によれば，『名誉トハ各人カ其品性徳行名声信用等ニ付キ世人ヨリ相当ニ受クベキ声価ヲ云フモノナリ』とされる（大判明39・2・19民録12輯226頁）」（23-24頁）として，「これは，名誉毀損を，人に対しその社会的評価を低下させる行為と解する見方であり，今日でも通説・判例の支持するところである」（24頁）と解する。松坂〔1993〕296頁，鈴木〔2001〕24頁，近江〔2007〕134頁，吉村〔2010〕48頁も，同一の大審院判決を名誉の定義を示す際に引用する（24頁）。

35）　「評価説」の内容については，本書62頁。
36）　幾代〔1977〕87頁，幾代＝徳本〔1993〕，五十嵐〔1989〕13頁，およびそこに掲げられた文献を参照。

よく示すのが，信用毀損に関する刑法233条に対する学説の態度である。

刑法上は，名誉毀損と信用毀損とが明確に区別され，信用毀損に関しては刑法233条が適用されることになっている。たしかに，刑法230条ノ2が制定される以前は，名誉毀損罪に関する230条，侮辱罪に関する231条，および信用毀損罪に関する233条と，民法709条および710条との関係がとりたてて問題とされることはなく[37]，刑法と民法との相違が語られるのみで済んでいた。例えば刑法233条が「虚偽ノ風説」を流布した場合にのみ信用毀損罪の成立を認めていたのに対して，末川 = 浅井〔1934〕では，「現今の学説判例では，名誉毀損は，陳述される事実の真偽を問はないで，成立すると解するのが支配的である」とされ，同時に，信用の侵害についても真偽は問題とならないと解されているとされていた[38]。そして，末川 = 浅井〔1934〕では事実の真偽が問題とされないことに対して，「刑法において信用に対する罪は虚偽の風説を流布し又は偽計を用ひて人の信用を毀損した場合に局限されてゐるのと，大いに異なるところがある」[39]という理解が示されていた。

しかし，昭和22年改正によって追加された刑法230条ノ2は[40]，名誉毀損

---

37) 刑法233条によって保護される信用の重要性と230条によって保護される名誉の重要性との比較がなされる際にも，論者ごとに理解の相違が見られた。例えば，西村〔1934〕は，「刑法は，人の品位性行等に関する社会的評価を傷ける行為は，事の真偽に拘らず，之を犯罪として処罰する必要ありとし，人の経済上の価値が真正の事実の公表（例へば支払停止と云ふ事実の公表）に依つて傷けらる、も之を犯罪とするの要なく，只虚偽の事実を伝播し，又は偽計を用ひて経済上の価値を傷けた場合のみを犯罪とすれば足るとした」(3頁) という。したがって，刑法では信用よりも名誉のほうがより篤く保護されると考えられていたことが分かる。

　これとは反対に，宗宮〔1939〕では，「刑法の信用毀損罪は，経済上の名誉たる信用を特に重く保護し，別罪として之を別個に規定した」(261頁) という評価がなされている。

　また，小野〔1934〕では，「近世の資本主義的社会に於ては人の信用といふことは，企業経営上極めて重大の関係を有し，若し一旦信用を害せらるるときは，企業そのものの経営が危くされるのであって，其は企業一般の利益と密接に結合し，他の，より理想的な名誉よりも社会的にはいっそう重要性を有するのである」(147頁) として，信用をより重視する立場が示されている。

38) 末川 = 浅井〔1934〕726-727頁。末川 = 浅井〔1934〕は，刑法上の名誉毀損等について，「不法行為としての名誉毀損の成立要件は不法行為の成立要件を一般的に規定してゐるところの第七〇九条に基き名誉毀損の特殊性を顧慮して決定されるほかはない」(724頁) とする。

39) 末川 = 浅井〔1934〕727頁。

40) 新設された刑法230条ノ2に対応する規定は，戦前の出版法31条，新聞紙法45条にも存在していた。

による不法行為責任の成否が判断される際に援用されるようになり，一つの名誉毀損法理の確立に大きな影響を与えていったのである[41]。そのために，名誉の中に信用[42]も含めるという立場を採る不法行為法上の通説的見解と，名誉毀損に関する刑法230条ノ2および信用毀損に関する233条との関係がこの時点で改めて問われるべきだったといえる。ところが，名誉毀損法理が確立されていった際には，刑法233条に定められた信用毀損との関係が課題とされることはなく，名誉と信用という二つの法益を区別する必要性が意識されることもなかった[43]。

　　ただし，これらの条文が名誉毀損に関する不法行為学説に影響を与えた形跡は殆ど見られない。例えば，名誉権について詳細に論じている宗宮〔1939〕によっても，「新聞紙法第四十五条出版法第三十一条の免責は，私行に関するものに適用を見」ないものであり，「新聞雑誌の記事，就中社会記事の殆ど全部，其の他政治記事の或ものは，他人の私行に関するを以て，新聞紙法出版法に依りては免責せられざるを以て，違法性の一般原則に依り行為が違法なりや否やを判断すべく，新聞雑誌なるが故に，他人の名誉を犠牲にする特権あるものにあらず」という扱いがなされるのみである（362頁）。

41)　ただし，刑法230条ノ2に対しては，「評価説」を支持していた論者から，二つの異なる理解が示されていた。

　　末川〔1953〕では，刑法230条ノ2を不法行為の成否を判断するにあたって考慮した判決（福岡高判昭和28年1月16日高民集6巻1号1頁）に対して，「民事責任と刑事責任とは，その認められている根拠からいっても，従ってまたそれを認める法体系の特異性からいっても，成立要件を異にしているのであって，これを混同してはならない」（579-580頁）として，そのまま民法上の名誉毀損に持ち込むことに批判が浴びせかけられている。

　　これに対して，宗宮〔1961〕の「第七編追補名誉毀損と真実の証明再論」では，末川〔1953〕に明確に反対する立場であることが示され（523頁（註三））ているほか，同一の判決（福岡高判昭和28年1月16日高民集6巻1号1頁）に即して，「民法の名誉侵害の不法行為は，新聞，ラジオ，テレビ，映画，演説等の多数人に対する，公然たる場合のみでなく，出版によらない書面，手紙，私語でも，苟しくも他人の評価に影響する行為があらば，不法行為が成立するのであるが，その場合，加害者が刑法230条ノ2に当てはまる事実証明を為しうる限り，不法行為の違法を阻却」し，「不法行為は成立しないと解される」という見解が主張されている（522-523頁）。

42)　ここまで，名誉の多義性のみを指摘してきたが，それに含まれてきた信用も多義的であり，信用を名誉と区別して解するのであれば，信用の内容についても検討が必要であることについては，西村〔1934〕2頁を参照。

43)　四宮〔1963〕では，次のように信用と名誉とを分けた主張が存在する。四宮〔1963〕は，氏名，肖像，信用など「人格的利益も，その侵害は一般に違法性を帯びるが，これらの場合には，特にその侵害行為の態様が考慮されなければならない」と述べ（251頁），かつ，信用を毀損する行為を名誉毀損類型ではなく「刑法の信用毀損業務妨害罪を構成する（刑§233）から不法行

第 2 章　現在の不法行為法における名誉保護の課題

ここからは，戦後，名誉毀損法理が確立され，名誉毀損事例が限定される一方で，名誉と他の法益との関係についての議論や名誉概念を明確化するための議論が特に必要と考えられていなかったということが分かるのである。

2　名誉概念の定義の重要性の否定

信用と同様に，名誉の定義が重視されていなかったことを示すのが，「名誉感情」に対する学説の理解である。名誉について，「評価説」が確立され，名誉毀損法理が定着していく時期の学説に生じた問題として，社会的評価としての名誉のみでなく，名誉感情もまた不法行為法により保護されるのかというものがあった[44]。

しかし，名誉感情も保護されるべきだとする主張は，「評価説」に対して直接影響したものではない。なぜならば，名誉感情の保護が認められる際には，社会的評価としての名誉と並列的に名誉感情の保護が認められており[45]，社会的評価としての名誉を保護することが否定されることはなかったからである。

このとき学説の背景にあったのは，原状回復処分を定めた民法 723 条に関しては名誉概念を定義する意義はあるが[46]，損害賠償責任の成否を考えるにあた

為となる」とし，「その際，被侵害法益たる信用ないし業務が権利として認められるか否かを強いて問題とする必要はない」とする（194 頁）。しかし，ここでもやはり信用を名誉の中に含めている大審院判決の名誉概念が維持され（243 頁），かつ，企業間で行われる広告による非難応酬も名誉毀損の問題として扱われている（246 頁）。

44)　五十嵐〔1965〕は，主観的な名誉感情の侵害のみでは名誉毀損にならないとするのが，大審院の判例および通説の立場だと指摘するが，「今日では，名誉感情の侵害もプライバシーの侵害として救済される可能性があると思われる」とする（185 頁）。

ただし，名誉感情の侵害を特にプライバシーに含める立場は，五十嵐〔1989〕により明確に否定された（五十嵐〔2003〕27 頁注 9）でも，五十嵐〔1965〕の主張は否定される）。五十嵐〔1989〕では端的に，「民法上では，侮辱により名誉が毀損されれば（場合によっては，名誉感情の侵害だけでも），いずれにせよ法的保護の対象となる」と示される（14 頁）。

45)　幾代〔1977〕87 頁，平井〔1992〕47 頁。

46)　能見〔1988〕では，〔2・2〕判決が名誉を社会的名誉と定義した一方で，名誉感情が侵害されたに過ぎない場合にも不法行為責任の成立を認めた下級審裁判例があることが指摘される。このような裁判例の状況について「判例の立場は，名誉回復措置の請求が認められるためには被害者の人格的価値に対する社会的評価の低下が必要であるが，慰謝料を請求するためには社会的評価の低下がなくてもよく，単なる名誉感情の侵害があるだけでもかまわないという立場と理解することができるであろう」という立場が示される（81 頁）。

っては，他の人格的利益の侵害を認めて不法行為責任の成立を肯定することができるために，特に名誉概念を明確に定義する意義は小さいと解されていたという事情である[47]。

第3節　名誉毀損法理の射程に関する問題

第1款　名誉毀損法理の射程の縮小

ここまで，名誉概念が，不法行為の要件論の変化，つまり保護法益の増加と連動して変化したものでも，名誉毀損法理の成立に合わせて変化したものでもなかったことを確認した。ここからは，不法行為法の構造の変化が，名誉概念の内容に直接の影響を及ぼすことはなく，名誉概念は従来のように広い名誉毀損事例を含みうる概念のままで維持されてきたということができる。

それに加えて，名誉毀損事例が限定される過程に関しては，次の点を明らかにした。すなわち，名誉毀損事例の限定は，名誉概念の内容が限定されることを通じてなされたのではなく，行為類型，より厳密にいうならば，刑法230条および230条の2に定められた行為類型に依拠してなされたという点である。

つまり，名誉毀損事例に関する学説の議論の状況からは，名誉毀損事例は，他の法益侵害事例と明確に区別されて形成されたものではなかったことが分かるのである。したがって，名誉毀損事例が限定され，それを前提とした名誉毀損法理が形成された状況が存在する一方で，名誉毀損事例と他の法益侵害事例との明確な区別が存在しない状況が存在していたということができる[48]。

---

47)　本書23頁，五十嵐〔1994〕37頁，内田〔2011〕370頁。

48)　民法723条の名誉を社会的評価と解する立場を明示した最判昭和45年12月18日民集24巻13号2151頁に対する評釈の中でも，名誉毀損事例と名誉概念との間には齟齬の生じうることが指摘されていた。三島宗彦「民法723条にいう名誉の意義」民商65巻6号（1972）966頁（最判昭和45年12月18日民集24巻13号2151頁に対する評釈）は，名誉が社会的評価と解されている状況が存在すると認識する一方で，「『あの男は泥棒根性をもっている』」などという発言がなされた場合について，「とくにそれが他の言明・評価などとの関連でいわれたような場合には（間接的には事実の摘示がなされたことになる）客観的名誉の侵害を付随することがある」とする一方で，「それらの場合でも右のごとき表現行為そのものは主として名誉感情の侵害というを妨げないであろう」としていた（972-973頁）。

第 2 章　現在の不法行為法における名誉保護の課題

　実際に，名誉毀損事例と他の法益侵害事例との関係が不明確であることを明瞭に示す最高裁判決が現れたのである。それが，〔2・1〕判決で問題となった事例と類似した事例に名誉毀損法理を適用せずに解決した最判平成 6 年 2 月 8 日民集 48 巻 2 号 149 頁（後掲〔2・6〕判決）である。

1　最判平成 6 年 2 月 8 日民集 48 巻 2 号 149 頁
(i)　〔2・5〕最判昭和 56 年 4 月 14 日民集 35 巻 3 号 620 頁

　問題となったのは，A 弁護士による照会に応じて，Y 政令指定都市の B 区長が，X の前科および犯罪履歴を報告した事例である。

　これに対して最高裁はその法廷意見で，「前科及び犯罪経歴（以下「前科等」という。）は人の名誉，信用に直接にかかわる事項であり，前科等のある者もこれをみだりに公開されないという法律上の保護に値する利益を有する」と判示した。

　この法廷意見で示された法益の理解に対して，伊藤正己判事は補足意見の中で[49]，「他人に知られたくない個人の情報は，それがたとえ真実に合致するものであつても，その者のプライバシーとして法律上の保護を受け，これをみだりに公開することは許されず，違法に他人のプライバシーを侵害することは不法行為を構成するものといわなければならない」という理解を示した。

(ii)　〔2・6〕最判平成 6 年 2 月 8 日民集 48 巻 2 号 149 頁

　問題となったのは，Y が自著のノンフィクション作品の中で，X の実名を使用してその前科を公表したという事例である。

　最高裁は，問題となった法益について，「ある者が刑事事件につき被疑者とされ，さらには被告人として公訴を提起されて判決を受け，とりわけ有罪判決を受け，服役したという事実は，その者の名誉あるいは信用に直接にかかわる事項であるから，その者は，みだりに右の前科等にかかわる事実を公表されないことにつき，法的保護に値する利益を有するものというべきである（最高裁

---

[49]　本判決には，環昌一判事による反対意見も付されている。しかし，環判事の反対意見は，「前科等は人の名誉，信用にかかわるものであるから，前科等のある者がこれをみだりに公開されないという法律上の保護に値する利益を有する」という点で多数意見と一致しているために，ここでは取り上げない。

昭和五二年(オ)第三二三号同五六年四月一四日第三小法廷判決・民集三五巻三号六二〇頁参照)」とし，さらに，「その者が有罪判決を受けた後あるいは服役を終えた後においては，一市民として社会に復帰することが期待されるのであるから，その者は，前科等にかかわる事実の公表によって，新しく形成している社会生活の平穏を害されその更生を妨げられない利益を有するというべきである」と判示した。

　ただし，最高裁は上記の法益に対する侵害が許容される場合もあるとして次のように述べる。「もっとも，ある者の前科等にかかわる事実は，他面，それが刑事事件ないし刑事裁判という社会一般の関心あるいは批判の対象となるべき事項にかかわるものであるから，事件それ自体を公表することに歴史的又は社会的な意義が認められるような場合には，事件の当事者についても，その実名を明らかにすることが許されないとはいえない。また，その者の社会的活動の性質あるいはこれを通じて社会に及ぼす影響力の程度などのいかんによっては，その社会的活動に対する批判あるいは評価の一資料として，右の前科等にかかわる事実が公表されることを受忍しなければならない場合もあるといわなければならない（最高裁昭和五五年（あ）第二七三号同五六年四月一六日第一小法廷判決・刑集三五巻三号八四頁参照）。さらにまた，その者が選挙によって選出される公職にある者あるいはその候補者など，社会一般の正当な関心の対象となる公的立場にある人物である場合には，その者が公職にあることの適否などの判断の一資料として右の前科等にかかわる事実が公表されたときは，これを違法というべきものではない（最高裁昭和三七年(オ)第八一五号同四一年六月二三日第一小法廷判決・民集二〇巻五号一一一八頁参照）。そして，ある者の前科等にかかわる事実が実名を使用して著作物で公表された場合に，以上の諸点を判断するためには，その著作物の目的，性格等に照らし，実名を使用することの意義及び必要性を併せ考えることを要するというべきである。」

　最終的に最高裁は，「要するに，前科等にかかわる事実については，これを公表されない利益が法的保護に値する場合があると同時に，その公表が許されるべき場合もあるのであって，ある者の前科等にかかわる事実を実名を使用して著作物で公表したことが不法行為を構成するか否かは，その者のその後の生活状況のみならず，事件それ自体の歴史的又は社会的な意義，その当事者の重

要性，その者の社会的活動及びその影響力について，その著作物の目的，性格等に照らした実名使用の意義及び必要性をも併せて判断すべきもので，その結果，前科等にかかわる事実を公表されない法的利益が優越するとされる場合には，その公表によって被った精神的苦痛の賠償を求めることができるものといわなければならない」という不法行為責任の成否の判断にあたって依拠すべき枠組みおよび考慮要素を示した。

(iii) 〔2・6〕判決の特徴

〔2・6〕判決で最高裁は，前科が「名誉あるいは信用に直接にかかわる事項」だという理解を示した。その一方で最高裁は，前科の公表が問題となった事案について，「真実性・相当性の法理」にはよらず，新たに示した判断枠組みに沿って不法行為責任の成立を肯定したのである。

2 名誉毀損法理の排除に関する学説の議論

通説は，〔2・6〕判決が既存の名誉毀損法理に依拠しなかった原因を，最高裁が実際に問題とした法益が，名誉と区別される，プライバシーだったことに求める[50]。滝澤〔1997〕では，「本判決も，本件をいわゆる『プライバシー』の問題として捉えているものとみて差し支えないように解される」とされ，「本判決をもって，前科等の公表による名誉毀損の成否を判断したものという評価は正確でない」という理解が示される[51]。

このとき，〔2・6〕判決で保護された法益を名誉とは区別される法益だと論拠として挙げられたのが，第一に，〔2・6〕判決が保護法益を明らかにする際

---

50) 滝澤〔1997〕およびそこに掲げられた評釈を参照。
51) 滝澤〔1997〕499 頁。
　　山本〔1997〕は，「最高裁が『プライバシー』という言葉を使わなかったのは，その内容がまだ確立していないことを考慮したからにすぎず，前科を公表されない利益がプライバシーに属することを否定する趣旨ではない」(636 頁) と解し，このように理解する立場が学説では多数を占めるとしている。また，前田陽一「名誉毀損・プライバシー侵害訴訟」川井健＝田尾桃二編集代表『転換期の取引法——取引法判例 10 年の軌跡——』(2004) も，この判決が「『新しく形成している社会生活の平穏を害されない利益』という『プライバシー』にほぼ相当する意味付けを与え，名誉毀損とは別の新たな判断枠組みを呈示しながらも，『プライバシー』侵害という形で判示しなかった」原因の一つに，「プライバシー概念に関する議論がまだ十分に固まっていないことが影響した」ということを挙げている (460 頁)。

に，〔2・5〕判決を挙げたという事情，第二に，この〔2・5〕判決が保護した法益はプライバシーと名付けられるものと解されていたという事情である[52]。

3　名誉毀損法理の射程の縮小
(i)　問題の所在
a　〔2・1〕判決および〔2・6〕判決の事例の共通性

ところが，なぜ〔2・6〕判決が「真実性・相当性の法理」を適用しなかったのか，という疑問は，この判決が保護した法益は名誉なのか，それともプライバシーなどの名誉以外の法益なのか，という点を決定することにより氷解する性質のものではない[53]。なぜならば，「真実性・相当性の法理」を提示した〔2・1〕判決と，それを適用しなかった〔2・6〕判決とでは，前科の公表による不法行為責任の成否が問題となっていたという共通点が存在していたからである[54]。現に，〔2・6〕判決自体が，前科等にかかわる事実の公表が許される場合に関する先例として〔2・1〕判決を挙げている。類似の事例に対して同一の法理が適用されなかった理由として，問題となった法益の相違を挙げるのみでは足りないことは明らかである[55]。

b　名誉毀損法理によるプライバシーの保護

〔2・1〕判決と〔2・6〕判決との関係については，事案の類似性の他にも，そこで問題とされた法益の実質的な内容に対する理解についても類似性が認められる。そのことを示すのが，〔2・1〕判決が提示した法理，「真実性・相当性

---

52) 滝澤〔1997〕は「前科照会事件に関する前掲最三小判昭和56年4月14日も，前科の秘匿につき，これがプライバシーの権利として法的保護の対象となることを認めたと理解するのが一般的である」とする（500頁）。
53) 〔2・6〕判決が「名誉」について言及したことを重視する立場を採る山口〔1994〕では，当然に，名誉毀損法理が適用されなかった理由が検討されることについては，本書99頁。
54) 北川〔2003〕は，「前科等にかかわる事実が著作物で実名を使用して公表された場合，その事実を公表されない法的利益がこれを公表する理由に優越するときは，その者は，公表によって被った精神的苦痛の賠償を求めることができる（最判平6・2・8民集48・2・149）」という説明を，「名誉侵害」の表題のもとで行っている（294-295頁）。ここでは〔2・6〕判決が名誉侵害に関する判決であって，プライバシー侵害に関する判決ではないと解されていることは明らかである。
55) 山口〔1994〕は，〔2・1〕判決と〔2・6〕判決との事案が極めて類似したものだとする（145頁）。

の法理」が，プライバシーを保護する役割を果たしていたとする論者の指摘である[56]。

五十嵐〔1988〕は，〔2・6〕判決の第一審判決をプライバシー侵害事例に関する判決として位置づけ，「『逆転』でのプライバシーの侵害は，Xの前科を公表した点にある」[57]とする。さらに五十嵐〔1988〕では，「いま一つ前科を問題とした最高裁判例は，相当性理論を民事の名誉毀損法に初めて適用した昭和四一年六月二三日の判決（民集二〇巻五号一一一八頁）である」[58]とされ，〔2・5〕判決，〔2・6〕判決の第一審判決，および〔2・1〕判決が同じ「前科」を問題とした判決だと位置づけられる。そればかりか，〔2・1〕判決について，「この結果は，新聞報道の場合だけでなく，ノンフィクションの場合にも異論のないところであり，前科の公表のすべてがプライバシー権の侵害となるわけではない」[59]という評価が示され，〔2・1〕判決が名誉のみならずプライバシー保護にも関連する判決として位置づけられていたのである[60]。

---

56) 戒能通孝『戒能通孝著作集第Ⅱ巻 人権』（1977，初出1959）は「刑法第230条ノ2が，『公共ノ利害』に関しないことがらである以上，たとえ写真の報道であろうとも名誉毀損罪を構成するとしていること」が「プライヴァシイ権」を保護する目的のもとにあるとする（129頁）。また，前田達明〔1980〕も，「刑法230条ノ2に該当する行為でプライバシー侵害の結果を生じても『違法性阻却』が認められるべきであろう（『著名人の法理』とか『公共の利益の法理』といってもよいであろう）」という（103頁）。
57) 五十嵐〔1989〕201頁。
58) 五十嵐〔1989〕202頁。すでに，五十嵐＝田宮〔1968〕では「前科がプライバシーの領域に属するとしても，その公表がかなり一般的に許されることもありうる」という理解がなされ，そのように許される場合として，「いわゆる公人の場合」がそれにあたるという主張がなされ，かつ「最高裁昭和41年6月23日判決……の一審（東京地裁昭33・12・24判決）は，この点についても注目される」という評価が示されている（94-95頁）。
59) 五十嵐〔1989〕202頁。
60) 竹田〔1982〕も，「名誉毀損とは異なり，公開されたプライバシーが真実であることを証明しても違法性は阻却されないが，政治家，公務員のプライバシー公開は，国民の知る権利との関係で一定の限度において違法性を阻却され，学者・教育者・宗教家等の文化人，大衆小説作家・歌手・俳優・スポーツ選手など大衆の人気に支えられる職業を選択している者のプライバシー公開は，それぞれの地位，立場などからみて社会生活上相当と認められる限度で違法性を阻却される」（8-9頁）とし，さらに，〔2・1〕判決を次のように評価する。すなわちこの判決は，「衆議

第 3 節　名誉毀損法理の射程に関する問題／第 1 款

(ii)　**名誉毀損法理の射程に対する再検討**
　　a　山口〔1994〕

　〔2・6〕判決に対する評釈の中でも，本判決により，既存の名誉毀損法理の射程が問題となることが指摘されている。それを最も明瞭に示すのが，〔2・6〕判決で問題となった事例が，既存の名誉毀損事例と類似したものであることを前提とした山口〔1994〕である。山口〔1994〕は，〔2・6〕判決が，前科等に関わる事実を名誉あるいは信用に直接関わる事項だと明示している点を重視し，それにもかかわらず最高裁が「真実性・相当性の法理」を適用しなかった理由についての考察を行う。その際に重視されたのは，〔2・6〕判決が，「犯罪者は新しく形成している社会生活の平穏を害されその更生を妨げられない利益を有する」[61]としていたことである。山口〔1994〕では，このような利益を最高裁が提示したのは，「名誉を侵害し信用を低下させる行為の中から，犯罪者の更正を妨げる結果をもたらす行為だけを分離して，それを名誉毀損とは別個独立の不法行為とする趣旨」によるものだとする[62]。さらに，そのような趣旨であることを前提とするならば，「表現の自由との調整についても，一般の名誉毀損における相当性理論にしたがわず，それとは別内容の調整法理を定立する余地も生じてくる」[63]と指摘する。

　以上を踏まえて山口〔1994〕は，〔2・6〕判決が既存の名誉毀損法理に拠らなかった理由を，「有罪判決確定後あるいは服役後における更生を妨げられた犯罪者を，一般の名誉毀損における被害者よりも厚く保護することを可能とするような，表現の自由との調整法理を求めた，つまり，従来の相当性理論では犯罪者の社会復帰の利益を保護するに十分ではない」という考慮がなされていたからだと主張するのである[64]。

　　院議員候補者の殺人前科などの報道につき，『公務員の選定，罷免は，国民固有の権利であるから，主権者たる国民は，その候補者の適否の判断に殆ど全人格的判断を必要とする』という理由で損害賠償請求を棄却した原判決を支持し，『本件記事については，違法性を欠くか，または故意もしくは過失を欠くものであって』不法行為は成立しないと判断した」ものであり，「実質的に著名人の法理を適用した判決といえよう」(11 頁，注(17)) というのである。
61)　山口〔1994〕145 頁。
62)　山口〔1994〕145 頁。
63)　山口〔1994〕145 頁。

第 2 章　現在の不法行為法における名誉保護の課題

b　前田陽一〔1996〕

　前田陽一〔1996〕は，山口〔1994〕を〔2・6〕判決で問題となったものが名誉毀損の一類型と解する点で批判する[65]。ここでは，〔2・6〕判決に対して，たしかに名誉，信用について言及した判決ではあるが，「単なる『名誉』とは異なる『プライバシー』に近い新たな意味付けを与えた」判決だという理解が示されている[66]。

　そして，〔2・6〕判決が示した判断枠組みに対して，「一般的・原則的な考え方に立ち戻り相関関係説的に不法行為の成否を判断するという本判決のとったアプローチは，今後，同じくプライバシー（的なもの）と表現の自由との調整が問題となる他の場面においても，妥当していくものと思われる」と指摘する[67]。

　ところが，ここでは，本判決によって完全に名誉侵害事例とプライバシー侵害事例とが明確に区別され，後者には全く異なる法理が適用されるという結論が即座に導かれるわけではない。その前提となるのが，〔2・1〕判決と〔2・6〕判決で問題となった事案の類似性である。前田陽一〔1996〕では，〔2・6〕判決の先例として，〔2・1〕判決が挙げられて，同じ前科が問題とされた，つまり〔2・6〕判決が，〔2・1〕判決の示した法理を適用できたにもかかわらずそれを拒否したことの当否が問われる[68]。その結果，〔2・6〕判決の態度は正当だと評価され，それについて二つの根拠が挙げられる。第一に，〔2・6〕判決で問題となった法益は，名誉とは異なる新たな人格的利益として認められるべきだった法益であること，第二に，報道の自由とは異なる著作物による表現の自由が問題となった〔2・6〕判決の事案には，既存の「相当性の法理」が適合的でないということである[69]。

---

64)　山口〔1994〕145 頁。
65)　前田陽一〔1996〕352 頁。
66)　前田陽一〔1996〕352 頁。
67)　前田陽一〔1996〕356 頁。
68)　前田陽一〔1996〕354 頁。
69)　前田陽一〔1996〕354 頁。

しかし，このように，〔2・1〕判決と〔2・6〕判決との関係を問う前田陽一〔1996〕では，名誉には相当性理論，プライバシー（またはそれに類する新たな法益）には〔2・6〕判決のような比較衡量の枠組みを適用すれば足りるという単純な結論は示されない。ここでは，「本件のように社会的評価の低下を伴うため名誉毀損にもなりうる事案で，原告が名誉毀損を請求原因とした場合は問題になろう（昭和四一年判決の方をなお妥当させるべきか，それとも，名誉にかかわる事項としつつ，プライバシー侵害的な意味を個別に与えて，相関関係説的に不法行為の成否を判断していくべきか）」[70]とされ，〔2・1〕判決の射程に関する問題が生ずることが指摘される。そして，「本判決が，いわゆる相当性理論を採用しなかったことで，名誉毀損固有の領域においても，相当性理論を再検討していく一つの契機となるかもしれない」[71]という理解が示されるのである[72]。

(iii)　**名誉毀損法理の射程の縮小**

　以上のような，〔2・6〕判決によって問題とされた法益について行われていた議論のみならず，〔2・6〕判決の評釈によって問題とされた〔2・1〕判決の射程に関する議論からは，「真実性・相当性の法理」とそれに則って保護されるはずの名誉との関係を次のように理解することができるのである。

　すなわち，「真実性・相当性の法理」は名誉概念とは直接に関係のない考慮から必要とされ，さらにそれが適用される事例の範囲は名誉とは別の観点から画されてきたものであるために，社会的評価としての名誉概念は名誉毀損法理の適用される事例を画定する機能を有するものと認識されてこなかった。その結果，新たな法益保護が認められたときに，名誉毀損法理の射程はどのように縮小されるべきなのかということが問題になるのである。

---

70)　前田陽一〔1996〕356頁。
71)　前田陽一〔1996〕356頁。
72)　山本〔1997〕は，〔2・6〕判決がプライバシー侵害に関するものだという立場を支持する（635-636頁）。ところが，同時に山本〔1997〕では，「本件最高裁判決の理解としてはそうだとしても，およそ前科の公表が名誉侵害とまったく無関係かどうかは別問題である」という指摘もなされている。過去の前科が指摘された事例を「プライバシー侵害を問題とするか，名誉侵害を問題とするかは，結局のところ，被害者の選択にゆだねられることになる」というのである（642頁注(14)）。

第2款　名誉毀損法理の射程に関する議論の存在

〔2・6〕判決に対する学説の中ですでに，名誉毀損法理の射程を検討する必要性を主張する論者が存在していたことは，前述のとおりであるが，より明確に，既存の名誉毀損法理の射程について再検討する必要性があることが主張されるようになってきている[73]。

1　信用毀損と名誉毀損法理に対する修正

名誉と他の法益との区別を明確にし，名誉侵害事例から一定の法益侵害事例を独立させて考えるべきだという問題意識は，名誉毀損と信用毀損とに関しては既に学説の中で一定程度定着しているといってよい。

名誉毀損と信用毀損との区別が主張されるようになった背景には，信用毀損の場合には，名誉保護と表現の自由との調整のみならず，信用毀損によって発生した損害も重視されるべきだという認識が生じてきたという事情が存在する。既に，名誉毀損事例について慰謝料の高額化を主張する見解が見られるようになり，慰謝料額，すなわち精神的損害に対する賠償額が上昇してきていることは先行研究により明らかにされているところである[74]。しかし現在では精神的損害が発生した場合に高額の金銭賠償を認めることの可否でなく，損害が発生した場合に，それについていかにして適切な賠償額を算定することができるか[75]，ということが正面から問題とされるようになった。そのため，いわゆる信用毀損事例を名誉毀損から独立させるべきではないかという点が問題とされるようになったのである[76]。

---

73) 現在でも下級審裁判例の中には，名誉毀損事例に対して，真実性・相当性の法理を適用せずに解決した事例は存在する。その具体例として，東京地判平成9年12月24日判タ987号222頁（社会的評価の低下が認められないことを主な理由として名誉毀損の成立を否定した判決である。ただし，それと同時に本判決では，問題となった行為を行った者について，その行為を行った経緯および目的が検討されており，それによって当該行為が「社会的相当性を逸脱した違法なものであるということはできない」ということが成立を否定するための論拠として挙げられている），東京地判平成12年10月16日先物取引裁判例集30号79頁，東京高判平成21年6月17日判時2065号50頁などを挙げることができる。

74) 佃〔2008〕216頁。

75) 現在までの議論については，京野〔2007〕(2) 77頁以下を参照。

さらに、名誉毀損と信用毀損との区別を踏まえ、名誉毀損法理の射程を再検討する試みを行っていたのが、浦川〔1996〕である。ここでは、商品テストが問題となった事案を名誉毀損法理に則って判断した東京地判平成7年2月16日判時1546号48頁について、次のような指摘がなされている[77]。すなわち、「商品テストによる商品の製造・販売業者の営業に関わる名誉・信用の毀損においては、その基準に修正が必要になる」[78]という指摘である。そのうえで、「公益性・公益目的性」[79]ではなく、「テストの中立性」[80]がより重要な基準になるのではないかという疑義が提起されるのである[81]。

また、前田陽一〔2004〕は、信用が名誉に含まれることには、信用毀損が名誉毀損法理により解決されることで信用保護と表現の自由との調整が図られるという意義が存在していたことを認める。すなわち、「名誉毀損の判例法理を借用する形で『信用』毀損に関する判断がなされることには一定の合理性が認められよう」[82]というのである。しかし、それに続けて「後で検討する損害論

---

76) ただし、中村〔1993〕bによって、裁判例の中では「名誉毀損法が、人格的名誉とは異なった取引・業務上の信用の侵害に必ずしも一律に適用されているわけではない」（503頁）という状況が存在するという指摘がなされている。

77) また、中村哲也「非競争行為による営業妨害について——不法行為法の機能の整理のために——」法政理論27巻2号（1994）1頁では、裁判例の中で信用毀損が非財産的な人格的名誉の問題として捉えられている状況が存在することが指摘され、それに対して「競争法を含めて、損害概念の検討という課題が残されている」という問題意識が示されている（25頁）。これらの研究の特徴は、単に名誉と信用との分類が問題とされているのではなく、実際に、その射程が明確でないことから生ずる課題が明らかにされている点にあることは明らかである。

78) 浦川〔1996〕57頁。

79) 浦川〔1996〕58頁。

80) 浦川〔1996〕58頁。

81) このように、中立性を重視すべきだという立場からの疑義が提起される根拠には、ある特定の業者に加担して商品テストが行われる場合には「当該商品テストは特定業者を市場の競争関係で利する意図で実施されたものであるといえるため、客観性を装った商品テストの形で消費者を欺いて結果を発表することは、他の製造・販売業者に対する関係で不正競争をおこなうものとして、不法行為になるものと解されよう」という、公益目的とは異なる性質の考慮が存在する（浦川〔1996〕58頁）。

山田卓生『損害賠償法　山田卓生著作選集第3巻』（2010、初出1996）は、商品の評価毀損による不法行為の要件として、「①商品の評価を低下させること　②評価が誤っていること（誤っているとしても真実と信じた場合を除く）　③評価言動によって損害が生じたこと」の三つを挙げる（220頁）。

第 2 章　現在の不法行為法における名誉保護の課題

を含めて，今後の向かうべき方向としては，『信用』毀損に即した判例法理の展開が求められるべきだろう」[83]という主張がなされるのである。同様に，平野〔2013〕でも，「信用毀損が，法人も含めて非財産的な人格的名誉の問題として理解されてきた」[84]という状況が指摘される一方で，それについては，「名誉毀損の基準を財産的利益の侵害に適用するのは妥当ではなく，個人の場合も含めて，信用毀損については名誉毀損とは別の損害また別の不法行為の問題として考えるべきであろう」[85]という主張がなされるのである[86]。

2　名誉毀損事例の被侵害法益と名誉毀損法理に対する修正

名誉毀損事例で不法行為責任の成否の判断にあたり考慮されるべき事情および被侵害法益の内容を再検討し，既存の名誉毀損法理の射程を明確にするとともに，その射程を及ぼすべきではない事例が存在すると指摘し，そのような事

　潮見〔2009〕では，「評価機関が公表した商品テスト・格付け（レイティング）のために売上減・信用低下が生じた結果として事業者に営業上の損失が生じた場合」が名誉毀損とは区別され，「競業者以外の者による営業権侵害」が問題となる類型の中に位置づけられている（108 頁）。さらに，この営業上の損失が生じた場合を名誉毀損法理を適用して解決した下級審裁判例が存在することが紹介されたうえで，ドイツ不法行為法における商品テストによる不法行為責任の成否を判断するための枠組みに対する言及がなされている（108 頁注73）。

82)　前田陽一〔2004〕89 頁。
83)　前田陽一〔2004〕89 頁。
84)　平野〔2013〕106 頁。
85)　平野〔2013〕106 頁。
86)　升田純「名誉毀損・信用毀損の実務の変貌（3・完）」NBL 787 号（2004）47 頁でも同様の方向性が示されている。
　不正競争防止法 2 条 1 項 14 号に定められた信用毀損と民法上の名誉毀損法理との関係を問うのが，高部眞規子「知的財産権を侵害する旨の告知と不正競争行為の成否」ジュリ1290 号（2005）88 頁である。ここでは不正競争防止法 2 条 1 項 14 号に定められた「信用毀損行為」を，既存の名誉毀損法理に即して解決する可能性が探られているが，それと同時に，そのような事例を既存の名誉毀損法理によって解決することの限界も明らかにされている（96 頁）。また，畑郁夫＝重冨貴光「不正競争防止法 2 条 1 項 14 号の再検討——近時の東京高裁・地裁の新傾向判決を考える——」判タ1214 号（2006）4 頁でも，同号によって処理される「競業者の取引先に対して，その取引先が販売する競業者製品は権利者の知的財産権を侵害している旨を告知・流布する」行為が問題となる場合には，「権利者 Y の正当な権利行使をする利益と，競業者 X の営業上の信用を保護すべき利益が微妙に交錯することにな」るとされている（4-5 頁）。

第 3 節　名誉毀損法理の射程に関する問題／第 2 款

例に対する新たな判断枠組みを提示するのが，京野〔2007〕(1)〜〔2008〕(5・完) である[87]。

　まずここでは，実際の名誉毀損事例の被害者となる者には，大きく分けて「公人」と「私人」という二種類の者が存在するということが指摘される[88]。そのうえで，「被害者が公人・私人によりその受ける侵害の質・量についても類型的な特徴の差異を考える必要がある」[89]とされ，その類型ごとに，名誉毀損事例の中で問題となりうる法益の具体的な内容に対する再検討が行われている。この検討の結果，「私人」に関して新たに保護されるべき利益として示されたのが[90]，「イッシュー化されない権利」，すなわち，「私的な領域に属する事柄が，真実としてであれ虚偽としてであれ，意に反して公衆に素材・イッシューとして知られたり，好奇心の対象とされたり，またいわゆるプロファイリングされたり，論じられうる状態や評価空間に置かれない法的利益」[91]である。

　この新たに提示した「イッシュー化されない権利」を，京野〔2007〕(3)は，「社会的評価の低下とは別に（多くの場合は重層的に），生ずる利益侵害を独立の法益侵害と捉える必要性は大きい」[92]とする。その根拠として挙げられるのは，既存の「真実性・相当性の法理」によっては，犯罪事件等に巻き込まれた

---

87)　ここでは，同時にプライバシー侵害訴訟についても検討されているが，本書では，名誉毀損に関する議論のみを取り上げる。
88)　京野〔2007〕(1) 34 頁。当然に，京野〔2007〕(1)自身も，単純な「公人」・「私人」の二分法で具体的な事例をすべて解決しようとするのではない。まず，ここでは，二つの類型を分ける五つのメルクマールが提示される〔①自らその地位・立場に就いたか否か（自発性）　②その地位・立場に何らかの権限が伴うか否か（権限性）　③その地位・立場にあることにより何らかの利益を受けているか否か（受益性）　④反論しうる力やアクセスがあるか否か（反論可能性）　⑤普通の市民も容易にその地位・立場に立つことがありうるか否か（立場の相互性）〕。そして，これら五つのメルクマールにあてはめて考え，典型的な公人・典型的な私人，その他に分類し，緩やかな類型化を図るべきだとされているのである (48-49 頁)。
89)　京野〔2007〕(1) 50 頁。
90)　京野〔2007〕(1)は，私人に関する報道については，「表現の自由と個人の私的利益」と捉えることは妥当でなく，「それを表現したい，それを知りたいという公衆一人一人の関心・利益と，そのような私的なイッシューを世間に晒されたら被害を受けて暮らしていけないという被害者の人格権とが対立するというのが事の実質」だと指摘する (45 頁)。
91)　京野〔2007〕(3) 60 頁。
92)　京野〔2007〕(3) 61 頁。

単なる被害者の私的領域に関する事項に関してまで，それが名誉毀損と構成される可能性があることにより，真実性の証明が要求されることにつながるということである[93]。最終的に，名誉毀損事例で問題となりうるこの新たな法益を踏まえて，「純粋な私人」に関して，既存の名誉毀損法理を基礎とした新たな基準が提示される。まず，名誉毀損の公共利害性については，「表現自体の客観的内容並びに原告の立場及び表現内容と原告の立場との関連性」に加えて，「その時期にその表現行為を行う必要性」が問われるべきだとされる[94]。さらに，「公益目的性」については，「私人類型では，『専ら公益目的であること』を字義どおり厳格に審査する」[95]という立場が提示されるのである。

3 真実の事実の摘示と「真実性の法理」の放棄

以上で挙げた，信用毀損や私人に関する主張は，既存の名誉毀損法理を維持しつつ，それが適用されるべき事例と適用されるべきでない事例を画する立場からなされたものだった。ところが，さらに名誉侵害事例そのものに対する検討を踏まえ，名誉毀損法理を放棄する試みまでもがなされるようになっている。

名誉毀損事例を限定的に解する立場を主張し，そこから，「真実性の法理」が不要となるとする立場を採るのが潮見〔2009〕である[96]。すなわち，ここでは，「『名誉』という観点から捉えたときには，『虚名』は709条にいう『権利』・『法益』には該当せず，名誉毀損は成立しない」という立場によれば，そ

---

[93] 京野〔2008〕(4)では，「無名の，何の落ち度もないのに犯罪に巻き込まれた私人がメディアの餌食とされて侵害訴訟を提起した場合を想定すると，このような場合にも，真実性・誤信相当性基準によりつつ，犯罪に関する事実は公共の利害に関する事実にカテゴリカルに該当するとの解釈を採った場合には，被害者は容易に真実証明に晒されてしまう」ことが指摘され，さらにこのような場合には，「被害者の属性や事情によっては，真実証明の審理自体が被害者の利益を侵害するので，かかる法益侵害を正当化する事情が認められない限り安易に真実証明を許すべきではない」という主張がなされている（96頁）。さらに，その場合に，真実証明が許されるか否かの判断は，「当該事案における表現者の主観的目的や，個々の被害者の属性や事情をも考慮要素として比較衡量の方法によって判断せざるをえないと思われる」という，考慮されるべき具体的な新たな事情が示されている（96頁）。

[94] 京野〔2008〕(5・完) 52頁。

[95] 京野〔2008〕(5・完) 53頁。

[96] 潮見〔2009〕では，「真実性の抗弁」と表現されている（179頁）。

もそも真実の事実が摘示された場合には名誉毀損の成立する余地がなくなる，とされる[97]。そのために，真実性の証明の前提である，摘示された事実が公共の利害に関する事実であるのか，もっぱら公益を図る目的でなされたのか，という点に対する検討は不要となるというのである[98]。

第4節　名誉毀損事例の「名誉」に関する問題

　ここまで見たとおり，名誉毀損法理に対しては，その射程やそこで問題とされるべき法益の内容が具体的に問題とされるようになっている。それに加えて，名誉毀損事例そのものを変容させることで，名誉毀損法理を否定する試みもなされるようになっている[99]。
　ところが，その前提となる「名誉」そのものについても，実際にはその内容が定義ほど明確なものではないということを示す判決が現れたことも，既に指摘されるようになっているのである。

第1款　最判平成9年9月9日民集51巻8号3804頁

1　〔2・7〕最判平成9年9月9日民集51巻8号3804頁
　問題となった事例は次のとおりである。Y新聞社はその発行する新聞に，妻Aを殺害しようとしたとして殺人未遂事件で逮捕勾留されて取調べを受けていたXに関する記事（以下，「本件記事」という）を掲載した。本件記事では，Xの知人と称するBがXを「極悪人」，「死刑」と評していることや，元検事と称するCがXを有罪判決を受ける可能性が高いと考えていることが示され

---

[97]　潮見〔2009〕178頁。およびそこに掲げられた文献を参照。
[98]　潮見〔2009〕175頁注191。窪田〔2007〕も，虚名が保護に値する名誉ではないという立場を採った場合，真実の事実が摘示されて社会的評価が低下したとしても，そもそも名誉毀損としての不法行為が成立する余地がなくなるために（もちろん，他の法益侵害を認定する道が完全に閉ざされるわけではないが），真実性・相当性の法理についての検討を行う必要がないことを指摘する（113頁）。
[99]　ただし，潮見〔2009〕が，名誉毀損事例の中に，名誉に該当しない法益侵害事例も含まれている可能性があると認識していることについては，本書1頁。

ていた。なお，「本件記事」が公表された当時，Xについては，上記殺人未遂事件の嫌疑に加えて，その犯行後に妻Aを殺害したとの嫌疑等についても，数多くの報道がなされていた。Xは本件記事によって名誉が毀損されたとして，Yに対して損害賠償を請求した。

最高裁はまず，「新聞記事による名誉毀損の不法行為は，問題とされる表現が，人の品性，徳行，名声，信用等の人格的価値について社会から受ける客観的評価を低下させるものであれば，これが事実を摘示するものであるか，又は意見ないし論評を表明するものであるかを問わず，成立し得るものである」という名誉の定義を示した。

そのうえで最高裁は，本件について「真実性・相当性の法理」または「公正な論評の法理」が適用されて解決されるべきだとしたが，摘示された事実を「真実と信ずるについて相当の理由」の存否について次のような判断を示した。

「ある者が犯罪を犯したとの嫌疑につき，これが新聞等により繰り返し報道されていたため社会的に広く知れ渡っていたとしても，このことから，直ちに，右嫌疑に係る犯罪の事実が実際に存在したと公表した者において，右事実を真実であると信ずるにつき相当の理由があったということはできない。けだし，ある者が実際に犯罪を行ったということと，この者に対して他者から犯罪の嫌疑がかけられているということとは，事実としては全く異なるものであり，嫌疑につき多数の報道がされてその存在が周知のものとなったという一事をもって，直ちに，その嫌疑に係る犯罪の事実までが証明されるわけでないことは，いうまでもないからである。」

2 「社会的評価」の実態に対する疑問の提起

この判決に対して瀬川〔1998〕では，「最高裁は，被害者の社会的評価が現実に低下したか否かを問わないで，名誉侵害を認めている」という指摘がなされ，「これらの判決が何を保護法益と考えているのか明確でな」いが，「その者が受けるべき社会的評価ではなくて，その者に関する現存の情報環境のような利益を考えているのであろう」という理解が示されている[100]。

---

100) 瀬川〔1998〕620-621頁。
　　瀬川〔1998〕では，他に〔2・4〕判決，最判平成9年5月27日民集51巻5号2009頁も取り上

さらに、窪田〔2004〕は考察を進め、〔2・7〕判決が「相当の理由」の有無を判断する際に先行する報道が存在することを考慮しないとする立場を示したことに対して、「先行する報道は、むしろ名誉の存否の判断に関わることが十分に考えられる」[101]とする。

　もちろん、窪田〔2004〕は先行する報道があれば常に不法行為責任の成立が否定されるべきだと主張しているのではない。そうではなく、先行する報道がある事例を、単純に名誉毀損の成否、すなわち社会的評価の低下の有無を判断するのみで解決することには限界があることを指摘するのである。したがって、窪田〔2004〕は、「客観的な社会的評価という保護法益も、単純に事実の問題というわけではなく、いずれの時点を基準時として採用するかという点で、一定の規範的な判断を伴わざるを得ないという側面が潜んでいるように思われる」としたうえで、「何らかの規範的評価が入り込む余地があるとすれば、『名誉毀損における名誉とは何か？』」という問いが出てくる可能性があるという結論を導いている[102]。

　このように既に、社会的評価の低下を名誉毀損と解する最高裁判例の中でも社会的評価の低下に解消しきれない事例までもが名誉毀損事例として扱われていること、社会的評価の低下の有無が判断される際に、社会的評価が現実に低下したか否かに関する判断とは異質な要素までもが考慮されていることが指摘されているのである。

第2款　最判平成15年10月16日民集57巻9号1075頁

1　〔2・8〕最判平成15年10月16日民集57巻9号1075頁

　問題となった事例は次のとおりである。Y放送は、テレビジョン放送した

　　げられている。しかし、両判決とも、被害者の社会的評価が現実に低下したか否かを問わない判決の具体例として挙げられているものであるため（620-621頁）、この点には立ち入らない。
101)　窪田〔2003〕41頁。
102)　窪田〔2003〕42頁。このとき、「先行する報道がある場合には、後続の同種の報道は法的責任を伴わないという判断が単純には容認できない」こと、「その後、有罪判決や無罪判決があれば、その時点で、あらためてそれが基準時となることも考えられる」ことが、規範的判断の例として挙げられた（41頁）。

ニュース番組内のダイオキシン問題に関する特集番組の報道(以下,「本件報道」という)で,ほうれん草をメインとするA市産の葉っぱ物のダイオキシン類汚染の深刻さや,その危険性について取り上げた。

A市内で農業を営み,ほうれん草等の野菜を生産・販売している農家であるXらは,A市産野菜の安全性に対する信頼が傷つけられXらの社会的評価が低下したと主張し,Y(「本件報道」に関わっていたその他の者も被告とされていたが省略する)に対し,不法行為に基づき,謝罪広告を求めるとともに,本件報道により生じたXらの精神的損害,野菜の価格の暴落および播種できなかったことによる経済的損害等の賠償を請求した。

最高裁は,本件では名誉毀損の成否が問題となっているとして,本件報道がXらの社会的評価を低下させるか否かを判断するための基準として次のような基準を提示した。

「新聞記事等の報道の内容が人の社会的評価を低下させるか否かについては,一般の読者の普通の注意と読み方とを基準として判断すべきものであり(新聞報道に関する最高裁昭和29年(オ)第634号同31年7月20日第二小法廷判決・民集10巻8号1059頁参照),テレビジョン放送をされた報道番組の内容が人の社会的評価を低下させるか否かについても,同様に,一般の視聴者の普通の注意と視聴の仕方とを基準として判断すべきである。」

2 〔2・8〕判決の保護法益

〔2・8〕判決が重視していたのは明らかに,テレビジョン放送がなされた報道番組による社会的評価の低下を判断するための基準,およびその報道番組によって摘示された事実の内容を確定するための基準である。したがって,〔2・8〕判決で問題とされた法益を名誉と解するのが,判旨の文言のみならず,それまでの判例および学説に最も即した立場だといえる[103]。実際に,判決に対

---

103) ただし,前田陽一〔2004〕は,商品に対する批判が行われそこから生じた減収も問題とされていた事案であった〔2・8〕判決に対して,名誉と信用との区別を重視し,「これは,本件の原告XらがXらの『名誉』を毀損されたと主張し,裁判所もこれに対応した形で判断したことによるが,Xらの多くが精神的損害とともに経済的損害(財産的損害)を請求していることからも,『信用』毀損の側面が強いといえよう」と評価する(89頁)。

する評釈でもテレビジョン放送の特殊性と従来の名誉毀損事例との関係を重視した議論がなされている[104]。

3 名誉概念と名誉毀損事例との乖離

しかし，その一方で，〔2・8〕判決で名誉毀損の成否が問題とされた報道番組内での批判には次のような特徴があった。すなわち，A市内で生産された商品というきわめて概括的な集団の生産した商品に向けられた批判であり，特定の個人の生産する商品に向けられた批判でもなければ，集団員を特定できるような集団の生産する商品に向けられた批判でもなかったという特徴である。すでに，この点を重視して紙谷〔2004〕は，「本件の事実関係からすると，確かに，本件放送はA市産のほうれん草等の安全性に対して信頼を失わせたということはできる」としたうえで，「しかし，そのことがA市内においてほうれん草等各種野菜を生産，販売する農家の社会的評価を低下させたと直ちに認定できるかどうか，それで名誉毀損が成立すると判断してよいのか，疑問ではある」と指摘している[105]。

たしかに，それまでに最高裁は法人に対する名誉毀損行為が行われた場合に，その対象となった法人に対する不法行為責任の成立を肯定するだけでなく[106]，法人格を有しない集団に対する名誉毀損行為が行われた場合にもその集団に属する者に対する不法行為責任の成立を肯定しており[107]，かつこの最高裁の判断を学説も支持してきた[108]。現に，〔2・8〕判決の第1審判決では「不法行為としての名誉毀損が成立するための要件としては，本件放送のようにA市内において野菜を生産する農家といった程度に相手方が特定されていれば十分で

---

104) 松並〔2004〕1039頁およびそこに挙げられた評釈を参照。その後も，平野〔2013〕では，この判決がテレビ放送の特殊性が問題となった判決だという位置づけが明確になされている（101頁）。ただし同時に平野〔2013〕は，実際に問題となったのは「信用毀損」だと評価する（101頁）。
105) 紙谷〔2004〕868-869頁。
106) 最判昭和39年1月28日民集18巻1号136頁。
107) 最判昭和31年7月20日民集10巻8号1059頁（ある集団に対してなされた批判が，その集団を構成する者に対する名誉毀損にあたるとして，不法行為責任の成立を認めた原審判決を維持した）。
108) 森泉〔1972〕116頁以下，五十嵐〔2003〕36頁。

ある」[109]という判示（ただし，不法行為責任の成立は否定）がなされている。

しかし，これまで法人・集団に対する名誉毀損による不法行為責任が成立するための要件について行われてきた議論では，「集団が比較的小さく，かつ集団員が特定している場合には，かかる集団に対する誹謗により，集団員に対する名誉毀損の成立する場合がある」[110]とされていた。つまり，批判の対象が一義的に明確なものであることが要求されていたのである。

そのため，従来の法人・集団に対する名誉毀損が問題となる場合について行われてきた議論に即して，〔2・8〕判決の事案について考えるのであれば，ここで問題となったA市内で生産された農産物全般に対する批判は，集団員に対する名誉毀損による不法行為責任を成立させるものではないとされたと考えられるのである[111]。それにもかかわらず，この〔2・8〕判決の事案の特徴として，集団に対する名誉毀損の成否が問題となる事案だったという特徴よりも，テレビジョン放送の特性が問題となる事案だったという特徴が重視されている[112]。このことからは，やはり，既存の名誉概念と名誉毀損事例との関係が不明確になっていることが分かる。

---

109) さいたま地判平成13年5月15日民集57巻9号1111頁。
110) 五十嵐〔1965〕187頁。また森泉〔1972〕もこの考え方を支持し，「組合でもなく，また結集性がなく団体を構成しない小集団に対して名誉毀損が成立するであろうか」という問題について，「団体としての独立性がないから，集団自体に対する名誉毀損は成立しないと考えるべきであ」り，「集団が比較的小さく，かつ集団員が特定している場合には，集団による誹謗により，集団員に対する名誉毀損が成立する場合があるとされる」という（137頁）。
111) 刑法上の信用毀損罪が，集団自体に対して成立することが認められているが，そこでも，集団は特定されている必要があるとされている。坪内利彦＝松本裕「信用毀損及び業務妨害」大塚仁他編〔2003〕は，「組合等法人格なき団体については，実質的にみて一個の独立の組織体として社会的・組織的活動を営み，信用の帰属主体たりうる団体は，本罪の客体となりうる」（78頁）という。
112) 本書110頁注104)。

第5節　不法行為法における名誉概念の意義と限界

第1款　名誉概念の意義および限界

　本章では，不法行為法上の保護法益が拡大されるとともに，名誉毀損事例が限定されていった時代の学説を対象として，名誉毀損事例の限定と名誉概念の定義とはどのような関係にあったのかという点を検討した。

　この検討を通じて，名誉毀損事例が限定されていった背景には，名誉概念をより明確に定義するという作業が存在しなかったということを明らかにした。たしかに，名誉毀損事例に多様な事例を含める立場は徐々に消滅し，名誉毀損は表現行為によるものに限定されていった[113]。しかし，そのように事例が限定される際に，不法行為法上の名誉概念を厳密に定義する必要性が主張されることはなかった[114]。名誉毀損事例は，不法行為法上の法益である名誉概念をより明確に定義する作業を通じてではなく，刑法230条および230条の2という不法行為法に外在的な事情を通じてなされていったのである[115]。

　ここからは，不法行為法上の新たな保護法益が広く認められるようになった時代の名誉概念には，次のような意義が存在していたということができる。すなわち，刑法と不法行為法とに共通する名誉という用語を媒介として，刑法230条の2の趣旨を不法行為としての名誉毀損にも取り込むことを容易にし，名誉保護と表現の自由の保護とを適切に調整するという問題に対処することを可能とする意義である。

　ところが，名誉概念は，名誉毀損事例に他の法益侵害事例を含める必要があった時代に形成されたものであり[116]，それが現在でも維持され続けているものである[117]。したがって，名誉以外の法益も新たに認める現在の不法行為法のもとでは，名誉概念について次のような限界があると指摘することができる。

---

[113]　本書82頁以下。
[114]　本書89頁以下。
[115]　本書80頁以下。
[116]　名誉概念が形成された時代の，保護法益に関する議論については，本書66頁以下。
[117]　維持されていることについては，本書88頁以下。

すなわち，名誉概念は，名誉毀損事例と他の法益侵害事例とを截然と区分する基準を提示する機能を果たすものではなく，名誉概念に依拠するのみでは，名誉侵害事例と他の法益侵害事例とを明確に区別することはできないという限界である。このような限界が存在することは，現在も名誉毀損事例の具体的内容について学説の理解が分かれていることから[118]，より一層明確なものとなる。

第２款　名誉保護に関する不法行為法の課題

不法行為法上の名誉概念には，それに依拠するのみでは名誉毀損事例は一義的に明確にならないという限界が存在する。そして，このような名誉概念に対し，学説は，次の三つの問題が生ずることを明らかにしてきた。第一に，名誉毀損法理が適用されるべき事例と他の法理が適用されるべき事例とを区分する基準が不明確なものとなっているという問題である[119]。第二に，名誉毀損事例と構成されてきた事例の中には，信用など他の法益侵害を問題としなくては適切な解決が図れない事例が含まれているという問題である[120]。第三に，現在の裁判例には，名誉概念の定義からは名誉毀損事例に含まれないような事例

---

[118]　真実の事実を公表することと名誉毀損の成否との関係については，本書18頁以下。

[119]　本書93頁以下。

大村敦志『不法行為判例に学ぶ　社会と法の接点』（2011，初出2010）は，〔２・６〕判決を名誉に関する判決と解する山口〔1994〕の立場（この内容については，本書99頁以下）が，少数説にとどまっていると評価する（188頁）。

しかし，ここでは同時に，前科の公表を名誉毀損と構成する余地があると解する山本〔1997〕の立場（この内容については，本書101頁注72））が支持される（188頁）。そのうえでさらに，〔２・６〕判決を契機として，当該判決で問題となったような事例について，名誉毀損の場合の判断枠組みを変更させる必要性や，名誉毀損かプライヴァシー侵害かという二分法を用いることの是非を問う必要性が生ずる可能性のあることが指摘されるのである（188頁）。

[120]　名誉と信用との関係について例えば，中村〔1993〕bでは，「名誉毀損判例のなかには営業に関する事実摘示・批判を扱ったものが少なくない」ことにより，「一方では，名誉毀損法がこの種の事件をもその範囲とすることによって，一般化困難な問題を背負い込み，人格権法の一部としての明晰性を低め，他方では，個々の判決の結論はともかくとしても，営業利益侵害事件として設定さるべき判断規準および論点の明確化という点で検討さるべき問題が生じている」という指摘がなされている（479頁）。

その他の論者については，本書102頁以下。

をも，名誉毀損として解決する例が現れているという問題である[121]。

　以上のように，現在では，名誉毀損事例と他の法益侵害事例との区分が不明確なために問題の生ずることが，学説によって指摘されているのである。このような学説の状況を踏まえるならば，不法行為法上の名誉保護に関して，名誉を単に「社会的評価」と解する立場を所与のものとして論ずることは，もはや妥当でない。つまり，現在の名誉概念について，その定義および射程が可変的なものであることを自覚して，不法行為法上の名誉保護に関する検討を行わなくてはならないのである。そして，現在の名誉概念に関する議論の状況を前提とするならば，不法行為法上の名誉保護について，まずはじめに，次の二つの検討の視点からいずれかを選択するという課題に取組む必要がある。第一の視点は，名誉概念をより明確に定義し，名誉毀損法理の射程を限定するとともに，名誉毀損法理を不法行為法から独立させるべきだというものである。第二の視点は，名誉毀損事例を他の法益侵害事例から独立させるに足るほどに名誉概念を明確に定義しようと試みることは不可能かつ実益のない作業であって，同一の事例について，名誉侵害と他の法益侵害とが常に競合しうることを認めたうえで，名誉侵害のみならず他の法益侵害をも射程に含めた法理を構築する方向を採るべきだというものである。

---

121)　本書108頁以下。

第3章
ドイツ法　不法行為法の変容と名誉概念の変容

はじめに

　本章の目的は，現在の日本の不法行為法における名誉保護に関する課題を検討するための視点を，ドイツ不法行為法学説から得ることである。そのために本章では，第二次世界大戦後のドイツ不法行為法学説により名誉保護が支持されていたこととは対照的に，その内実に関する議論に立ち入ってみれば，学説の見解には相違が見られたという点を明らかにする。

　さらに，それを踏まえて，不法行為の成立要件に関する一般条項を有し，新たに多様な保護法益を取り込む構造をとる不法行為法のもとでは，新たな法益と既存の法益との関係が問われなければならず，その結果として既存の法益が問題とされる事例の範囲が縮小したり，その法益そのものが消滅してしまったりする事態が生じることを，明らかにする。

　ドイツ不法行為法のもとでは，上記のような事例の範囲の縮小，法益の消滅という事態が，まさに名誉に関する議論との関係で認められる。つまりドイツ法では，不法行為法上の具体的な保護法益に関する議論が進展するに伴い，名誉保護の重要性が低下し，名誉保護の必要性を疑問視する論者が登場するという事態が生じているのである。この名誉保護の否定は，不法行為法上の保護法益を限定する立場と結びつくものでは全くない。現在の論者は，多様な権利が保護されることを承認したうえで，それでもなお名誉保護を否定するのである。つまり，現在の学説の中で名誉の保護を否定する論者の主張を理解する際には，一定の事例に対して名誉と代替されるべき新たな権利による解決の主張が含意されている可能性を考慮しなくてはならないと考えることができるのである。

第3章　ドイツ法　不法行為法の変容と名誉概念の変容

第1節　本章の課題

第1款　ドイツ不法行為法における「名誉」保護の構造

1　名誉保護の根拠条文

　ドイツ民法典（以下，BGBと表記する）には，日本民法典とは異なり，不法行為に関する三つの基本的要件を定めた条文が定められている。

823条1項　故意又は過失によって他人の生命，身体，健康，自由，所有権又はその他の権利を違法に侵害した者は，その他人に対してそれによって生じた損害を賠償する責任を負う。

2項　他人の保護を目的とする法律に違反した者も前項と同様の責任を負う。過責がなくとも違反が成立すると当該法律に定められている場合であっても損害賠償責任は過責が存在する場合に限り成立する。

826条　良俗に反する方法で故意によって他人に損害を与えた者はその他人に対してそれによって生じた損害を賠償する責任を負う。

　以上のBGB 823条1項，2項および826条すべてが，名誉保護の根拠となりうる条文であり。そればかりか，BGB 824条もまた，名誉保護に関連するものとされている[1]。

824条1項　真実に反して他人の信用（Kredit）を危険にさらす，又は他人の営業（Erwerb）若しくは将来の収入（Fortkommen）に対してその他の不利益をもたらすに足る事実を主張し又は流布した者は，その他人に対してこれによって生じた損害を，その虚偽であることを認識していなくとも認識すべきであった場合には賠償する責任を負う。

2項　虚偽であることを知らずに情報伝達がなされ，情報の伝達者又は情報の名

---

[1]　BGB以外にも，旧不正競争防止法，現行の不正競争防止法などに名誉保護に関連する規定が存在することについては，三島〔1965〕25頁以下，中田邦博「ドイツ不正競争防止法の新たな展開──新UWGについて──」立命館法学298号（2004）1558頁，1575頁を参照。
　　また，性的関係を強要された女性に損害賠償請求を認めたBGB 825条（2002年改正前）が性的名誉（Geschlechtsehre）保護に関する条文と解されていた時代があった（Enneccerus〔1900〕S. 769）。ただし，性的関係が強制されることにより侵害される性的名誉と他人の表現行為によって侵害される名誉との関係が特に問題とされることはなかったため，性的名誉に関する議論の内容については立入らない。

宛人がその情報が伝えられることに正当な利益を有する場合には，情報の伝達者はその情報を伝達したことによる損害を賠償する責任を免れる。

2　根拠条文の変遷

ところが，名誉侵害による不法行為責任成立の根拠として考えられるBGBの条文としてどれを挙げるのかということについては，時代および論者によって相違がある[2]。

BGBが制定された当初は，名誉侵害による不法行為責任成立の根拠となるものとして挙げられていた条文は主に，BGB 823条2項，824条および826条であった[3]。BGB 823条2項は名誉保護を直接に認めたものではないが，同項の「他人の保護を目的とする法律」に，名誉侵害について定めたドイツ刑法典（以下，StGBと表記する）185条以下が該当し，同条以下に定められた要件が充たされた場合には不法行為もまた成立すると解されていたのである[4]。

これに対して，第二次世界大戦後は，BGB 823条1項による名誉の保護が認められるようになり，BGB 823条1項による名誉保護の重要性が増していくことになった。

そのような変化が生じた原因は，第二次世界大戦後に，同項の「その他の権利」に一般的人格権（das allgemeine Persönlichkeitsrecht）も含まれることを連邦通常裁判所（以下，BGHと表記する）1954年5月25日判決（BGHZ 13, 334）をはじめとするBGH判決が認めたことに求められる[5]。BGB 823条1項の「その他の権利」に一般的人格権が含まれた結果，名誉もまた同項により保護されると考えられるようになったのである[6]。

---

2)　五十嵐＝松田〔1962〕がこのことを既に明らかにしている（158頁）。
3)　Enneccerus〔1900〕は，名誉などに対する侵害は「823条2項，824条，826条の要件を充たす限度で損害賠償義務を発生させる」と明示している（S. 765）。ただしOertmann, Recht der Schuldverhältnisse, 3. und 4. Aufl., 1910は，「名誉侵害（Ehrverletzung）を理由とする損害賠償請求権は，824条および825条に定められた場合並びに侵害行為が823条2項の要件を充たす場合にのみ発生する」と解している（S. 1055）。
4)　BGB 823条2項による名誉保護の在り方については，三島〔1965〕18頁以下を参照。
5)　BGB 823条1項による一般的人格権を認めるようになった戦後初期のBGH判決の具体的な内容については，五十嵐＝松田〔1962〕159頁以下，斉藤博「人格権法の発展に関する一考察」論叢78巻5号（1966）64頁，89頁以下を参照。

第3章　ドイツ法　不法行為法の変容と名誉概念の変容

第2款　本章の課題と検討の計画

1　検討対象の限定

　このように，ドイツ不法行為法上は，名誉保護の根拠となりうる BGB の条文が複数存在するために，ドイツ法上の名誉保護に関する議論を参照する際には，条文の構造自体に日本法とドイツ法とでは相違があることを踏まえて，検討を進めなくてはならない。つまり，名誉保護について行われている議論の中でも特に BGB のどの条文について，さらに，どの権利保護の枠組みの中で問題とされる名誉保護を前提として行われている議論に的を絞って参照するのか（一般的人格権保護なのか，営業権なのか），ということを明確にする必要がある[7]。

---

6)　Hager〔1996〕は，「そうこうするうちに BGH が一般的人格権を承認し，通説がこの点に関して BGH を支持した後は，この一般的人格権の一部として名誉が BGB 823 条 1 項によっても保護されるようになった」とする（S. 172）。

7)　現在のドイツ不法行為法上の「名誉」保護の全体像を理解しようとするならば，一般的人格権以外の権利保護の枠組みでも BGB 823 条 1 項による名誉の保護が問題とされていることに注意しなくてはならない。BGB が制定された後に，BGB 823 条 1 項の「その他の権利」に含まれると考えられるようになった一般的人格権以外の権利としては，「設立され且つ稼働中の営業に関する権利（das Recht am eingerichteten und ausgeübten Gewerbebetrieb）」（以下では，単に「営業権」と略す。この権利の訳語の多様性については，吉田邦彦『債権侵害論再考』（1991）491 頁注(191)を参照）というものがある。この権利が BGB 823 条 1 項により保護されるようになっていく過程については，錦織〔1977〕2 頁以下，和田〔1989〕(1)188 頁以下によって明らかにされている（このような権利を承認することに対して，「営業権保護としてではなく，行態規範の形式で採用されるべきであ」るという批判が存在していることについては，浦川〔1988〕571 頁を参照）。

　たしかに，営業権は，不法行為法上は一般的人格権とは区別されて論じられる権利である（Kötz/Wagner〔2013〕S. 74, Fuchs〔2009〕S. 61, Deutsch/Ahrens〔2009〕S. 89）。しかしその一方で，一般的人格権とは別のこの権利保護の枠組みの中で，特定の形態の名誉が保護されると解する論者も存在するのである。たとえば，Erman/Ehmann〔2008〕では，「経済上の名誉（die wirtschaftliche Ehre）が意見の表明により侵害されたのであれば，営業権（das Recht am eingerichteten und ausgeübten Gewerbebetrieb）に対する侵害をも意味する」とされている（R. 294）。

　したがって，ドイツ不法行為法上の名誉保護を理解するためには少なくとも，BGB 823 条 1 項の一般的人格権保護の枠組みの中でなされる保護だけではなく，StGB 185 条以下と BGB 823 条 2 項による保護（Schlechtriem〔2003〕も，一般的人格権に名誉が含まれることを認めつつ（S. 354），「人格権に対する侵害は 823 条 1 項に基づく単一の請求権の発生原因となるだけではなく，個々の人格についての詳細が特に規律され保護されている限りにおいて，その個別の請求権

以上のような状況の中で本書は，ドイツ不法行為法上の「名誉」に関連するすべての条文を対象とするのではなく，次のように限定した検討を行う。すなわち，第二次世界大戦後の学説がBGB 823条1項による一般的人格権保護の枠組みの中で問題となる名誉に関して行ってきた議論を対象として，名誉概念の内容および名誉毀損事例の変遷を明らかにしていくことにする。その際には，名誉との関係が論じられるような一般的人格権に含まれる権利・法益の有無や，名誉侵害事例との関係が論じられるような一般的人格権侵害事例に含まれる行為類型の有無も検討の対象とする。

したがって，本書は，BGB 823条1項による一般的人格権保護の枠組み以外で名誉が保護される場合や，不法行為責任の成立要件全体[8]，さらに名誉侵害の場合に認められる効果も検討の対象から外す[9]。しかし，このように限定的な検討を行うことによって，名誉概念の定義や，他の法益との関係を厳密に

の発生原因にもなる」として，その具体例としてBGB 823条2項と保護法規であるStGB 186条に基づく請求権の発生を挙げている（S. 354-355）），BGB 824条による信用保護（Schlechtriem〔2003〕は，「824条は商業上の名誉（geschäftliche Ehre）を保護している」という（S. 375）），BGB 826条の故意による良俗違反の行為からの保護に加えて（ただし，BGB 823条1項により保護される権利が増大した現在では，BGB 826条の意義は低下したとされている（Kötz/Wagner〔2013〕Rn. 250, Erman/Schiemann §826〔2011〕Rn. 53）。），さらにBGB 823条1項による営業権保護の枠組みの中でなされる保護の実情を併せて把握しなくてはならないことが分かる。

しかし，本書は，BGB 823条1項による一般的人格権保護の枠組みの中で，新たに承認された法益と名誉とがいかなる関係にあるのかという点を検討対象としているため，上記の点には立ち入らない。

8) Deutsch/Ahrens〔2009〕では，「表現行為による不法行為により侵害される法益には，権利侵害あれば違法性ありというような絶対権に認められる性質は認められず，また，人格や営業に対する一定限度の侵害は許容されなくてはならないために，正当な利益の擁護という正当化事由（StGB 193条以下，BGB 824条2項，UWG 4条8号に定められているような）が問題となる」とされている（Rn. 408）。

9) 名誉が侵害された場合の効果およびその根拠にもドイツ法と日本法との間には相違がある。例えば，名誉侵害の場合に不法行為法上以外の救済方法が戦前から認められてきたことについては，藤原弘道「ドイツ判例法における名誉毀損的言説の取消を求める訴（Die Klage auf Widerruf einer Beleidigung）について――名誉毀損とその現状回復処分に関する研究の一環として――」中西彦二郎＝中野次雄＝高木一＝各務勇＝大塚喜一郎編『司法研修所創立十五周年記念論文集上巻』（1962）110頁以下，安次富哲雄「ドイツ法における名誉毀損的主張の取消請求権について」琉大法学25号（1979）1頁以下を参照。

考えることが可能となる。そして，本書でのドイツ法検討を通じて，多様な保護法益が認められる不法行為法の中で，保護法益の代表例として名誉を取り上げることには，重要な人格的利益は保護されるべきだというスローガンとしての意味はある一方で，名誉という一つの法益に限定した法理を構築する意義はないということを示していけると考える。

2　検討の計画

本章では戦後のドイツ不法行為法の議論を，戦後から1950年代までの議論，1960年代・1970年代の議論，および1980年代以降の議論に分ける。そして，これらの時代区分ごとにBGB 823条1項による一般的人格権保護の枠組みの中で問題となる名誉について行われていた議論の中から，名誉概念の内容や，名誉概念が実際の事例解決に際して果たす機能を，名誉侵害類型とされる具体的な行為類型に着目して明らかにする作業を行っていく。ただし，この作業を行う際には，そもそもBGB 823条1項による名誉保護を支持しない，名誉概念による事例解決を否定する論者が現れてくる可能性があることにも注意する必要がある。また，それとともに，そのような論者が名誉の代わりに提示する新たな権利の有無についても明らかにする必要がある。したがってこの作業を行う際に，一般的人格権保護の枠組みにより保護される権利が増加したことにより，学説によって名誉との関係が問題とされるべきだと考えられるような新たな権利や，名誉侵害類型との関係が問題とされる具体的な事例が出現したのであれば，名誉および名誉侵害類型とそれらとの関係についても明らかにしていくことにする[10]。

---

10) Ehmann, Zur Struktur des Allgemeinen Persönlichkeitsrechts, JuS, 1997, 193 では，名誉と関連する新たな権利が次のように提示されている。

「名誉保護と似通っているのが，人格の同一性の保護（der Identitätschutz der Persönlichkeit）である。これは人格像が虚偽の事実の主張によって歪曲されることからの保護を意味する。ただし，論評は同一性を侵害しえないものである。何人も『誤った光の中におかれる』ことがあってはならない。何人も，自分の発言でないものを自分のものとされることがあってはならない。何人も自分の行っていない行為を行ったとされることがあってはならない。何人も誤った引用がなされることがあってはならない。作品が歪曲されることもあってはならない（著作権法14条）。それゆえに，他人に関する虚偽の事実の主張もしくは他人の人格に関するその他の虚偽の叙述はいかなるものであっても，たとえ，その虚偽の内容が名誉侵害的なものでないとしても，原則と

第3款　先行研究と本章の課題との関係

ドイツ不法行為法上の一般的人格権保護に関しては，既に五十嵐＝松田〔1962〕，三島〔1965〕および斉藤〔1979〕によって詳細に紹介されている[11]。そこで，まず本章の検討はこれらの先行研究とどのような関係にあるのか，本章の検討によって先行研究に何を加えようとするのかということを簡単に明らかにする。

1　先行研究の状況
(i)　五十嵐＝松田〔1962〕

五十嵐＝松田〔1962〕によって明らかにされた，BGB 823条1項と一般的人格権との関係に関する解釈の変容は次のとおりである。まず，第二次世界大戦前の状況について，次の二つのことが指摘される。第一に，BGBの制定当初は，BGB 823条1項により保護される法益はきわめて限定的に解されてお

して一般的人格権の違法な侵害とみなされるのである。」（S. 198-199）

11) 古くは平井〔1971〕が，一般的人格権に関する詳しい文献として，五十嵐＝松田〔1962〕を挙げる（353頁注(86)）。能見〔1988〕では，名誉侵害に関するドイツ法についての文献は多いとされる中でも，斉藤〔1979〕が挙げられている（80頁注(4)）。現在でも，五十嵐〔2003〕は，「(西)ドイツの一般的人格権の発達について」の参考文献として，斉藤〔1979〕，五十嵐＝松田〔1962〕および五十嵐〔1989〕を挙げる（6頁注11）。このうち，五十嵐〔1989〕に示されたドイツ法研究の部分は，五十嵐＝松田〔1962〕を基礎として執筆されたものである（五十嵐〔1989〕122頁）。また，大塚直〔1997〕は，斉藤〔1979〕および三島〔1965〕（512頁注(7)）や，五十嵐＝松田〔1962〕（512頁注(10)）を挙げる。さらに，窪田〔1997〕は，斉藤〔1979〕および五十嵐〔1989〕を挙げる（560頁注(3)）。また，潮見〔2009〕は，ドイツ不法行為法に限定せず，人格権の全容についての先行研究として，三島〔1965〕，斉藤〔1979〕，五十嵐〔1989〕などを挙げる（194頁注240）。

そのほかに，ドイツ民法における人格権保護に関する最近の業績として，木村〔2004〕(1)，(2・完)を挙げる論者も存在する（山本敬三「人格権」内田貴＝大村敦志編『民法の争点』(2007) 47頁，石井智弥「人格権侵害に対する損害賠償の史的考察」茨城大学政経学会雑誌78号（2008) 136頁注(21)）。しかし，木村〔2004〕(1)では，「ドイツにおける人格権概念の形成過程を解明する」ことが目的に据えられている（693頁）。また，そこで参照されている文献に照らす限り，ドイツ不法行為法により一般的人格権保護が認められた背景，その動機に重点が置かれており，現在のドイツ不法行為法学説における一般的人格権保護の具体的な内容を明らかにしたものではない。

り，同項にいう「その他の権利」とは，「所有権と同性質を有する権利であり，何人によっても尊重されるべき絶対権」だと解されていたこと，第二に，第二次世界大戦前には，一部の学説の例外を除いて，BGB 823 条 1 項の「その他の権利」に一般的人格権を含める立場は支持されていなかったことである[12]。

さらに，第二次世界大戦後，1949 年にボン基本法（以下，GG と表記する）[13]が制定されたことから，上記の状況が大きく変容したことが明らかにされる[14]。すなわち，BGB 823 条 1 項にいう「その他の権利」に一般的人格権を含めるという解釈が，反対説の存在にもかかわらず，判例および学説に定着していったことが明らかにされるのである[15]。

最終的に BGB 823 条 1 項による一般的人格権保護は，それに関する明文の規定が必要だという立場が強く主張されたことによって，民法改正作業が行われ，1959 年には「私法上の人格保護および名誉保護に関する新秩序のための草案」が連邦議会に提出されたことまでが，五十嵐 = 松田〔1962〕では扱われている[16]。

(ⅱ) 三島〔1965〕

三島〔1965〕では，BGB 823 条 1 項の「その他の権利」に一般的人格権が含まれるまでの過程が，五十嵐 = 松田〔1962〕と同様に扱われるほか，当初は一般的人格権の BGB 823 条 1 項による保護を否定していた Larenz の見解に Larenz〔1962〕では変更が加えられ，BGH 判例の変化を受容せざるを得なかったことが指摘される[17]。

また，三島〔1965〕では，人格権保護の中で具体的に問題となる法益，特に

---

12) 五十嵐 = 松田〔1962〕158 頁。
13) 憲法という名称ではなく基本法という名称が使用されている理由，および基本法が憲法としての地位を維持し続けていることについては，初宿正典「Ⅳ章ドイツ」阿部照哉編『比較憲法入門』(1994) 315 頁を参照。
14) 五十嵐 = 松田〔1962〕180 頁。
15) 五十嵐 = 松田〔1962〕181 頁以下。
16) 五十嵐 = 松田〔1962〕194 頁。五十嵐 = 松田〔1962〕では，この草案が連邦参議院の同意を得て連邦議会に提案されたが，連邦議会を通過しないまま，会期が終了したことまでが明らかにされる (195 頁)。その後，1959 年草案が議会に提出されないまま，法改正が実現しなかったことについては，三島〔1965〕53 頁，および斉藤〔1979〕145 頁を参照。
17) 三島〔1965〕57 頁注(4)。

名誉を対象として具体的な定義およびその法的保護の枠組みが示されている。まず，法的に問題となる名誉としては「客観的な名誉（われわれ自身の価値に関する他人の意見）と主観的な名誉（かかる意見に対して抱くわれわれの心配）」との二つが区別され，これら二つの名誉が法的保護の対象となるとされる[18]。そのうえで，これら二つの名誉について，StGB 185 条以下と結びついた BGB 823 条 2 項，BGB 824 条および BGB 826 条による保護が図られているとされるのである[19]。

(iii) 斉藤〔1979〕

斉藤〔1979〕は[20]，五十嵐＝松田〔1962〕および三島〔1965〕で紹介された BGB 823 条 1 項による一般的人格権保護の状況を踏まえ，さらに，ドイツ不法行為法学説では，時代ごとに次のように議論の焦点が変化していることを明らかにする。すなわち，斉藤〔1979〕によれば，戦後初期の学説では BGB 823 条 1 項によって一般的人格権やそれに含まれる具体的な権利を保護することの可否そのものがきわめて重要な争点となっていたが，1960 年代から 70 年代にかけての学説では同項によって一般的人格権が保護されることを前提として，さらにその保護の具体的な在り方を検討することに焦点が置かれていたというのである[21]。この争点の変更に対応して，斉藤〔1979〕では，BGB 823 条 1 項による一般的人格権保護の中で具体的に問題となる法益の内容が詳細に扱われる[22]。

それだけでなく，斉藤〔1979〕では，五十嵐＝松田〔1962〕および三島〔1965〕には見られない，一般的人格権の性質について新たな立場を主張する Fikentscher〔1965〕が現れたことも紹介されている[23]。斉藤〔1979〕によれ

---

18) 三島〔1965〕22-23 頁。
19) 三島〔1965〕30 頁以下。
20) 斉藤〔1979〕では，人格権侵害に対する救済方法も取り上げられている。この点にも，それまでの先行研究との相違が認められるが，本書の検討とは無関係であるために省略する。
21) 斉藤〔1979〕では，「一般的人格権は『承認』の段階を過ぎ，今や『具体化』の時代に入っている」（100-108 頁）とされている。また，BGB 823 条 1 項の「その他の権利」や一般的人格権の性質についての新たな立場が示されていることが明らかにされている（192 頁）。
22) 斉藤〔1979〕219 頁以下。
23) 斉藤〔1979〕で直接扱われているのは，Fikentscher〔1971〕だが，ここで示された主張は，Fikentscher〔1965〕で初めて示されたものである。

ば，Fikentscher〔1965〕以前の学説では，BGB 823 条 1 項により保護される他の権利と一般的人格権とを同じ性質のものと解することが，BGB 823 条 1 項による一般的人格権の保護を認めるための前提となっていた。これに対して，Fikentscher〔1965〕は，一般的人格権を，BGB 823 条 1 項により保護される他の権利と明確に区別し，それを Rahmenrecht であると説いて，その特性に適した BGB 823 条 1 項による保護のための枠組みを構築すべしと主張していたというのである[24]。

2　先行研究の意義と時的限界
(i)　ドイツ不法行為法学説の主張の変化

以上では，BGB 823 条 1 項による一般的人格権保護について，先行研究によって明らかにされた内容を簡単に確認した。これによって，五十嵐＝松田〔1962〕をはじめとする先行研究によって，第二次世界大戦終結以降，不法行為法学説の中では，BGB 823 条 1 項による一般的人格権保護の可否が大きな争点となり，BGH 判例の支持を受けて，一般的人格権の保護を主張する立場が勝利していった過程は，詳細に明らかにされていることが分かる。

しかし，不法行為法の代表的な論者として先行研究によって参照されてきた文献である，Esser や，Larenz による債権各論の概説書[25]の立場には，一般的人格権に関する議論が進展するにつれて，改版のたびに明確な修正が加えられてきている[26]。そのため，一時期の概説書までに示された見解を，出版年を捨象して，各論者の見解として取り上げることは妥当でないことは明らかである。

(ii)　ドイツ不法行為法の課題の変化

また，BGB 823 条 1 項による一般的人格権保護が定着した後は，斉藤

---

24)　斉藤〔1979〕192-194 頁。
25)　一般的人格権に関して Esser や Larenz の見解を参照するものとして，五十嵐＝松田〔1962〕189 頁，190 頁注(一)，斉藤〔1979〕190 頁や，大塚直〔1997〕523 頁注(5)および注(6)がある。Larenz の見解を参照するものとして，三島〔1965〕46 頁がある。また，不法行為法上の保護法益を明らかにする際に Esser や Larenz の見解を主張するものとして，たとえば平井〔1971〕343 頁注(62)および(63)がある。
26)　本書 149 頁以下，および 206 頁以下。

〔1979〕に指摘されているとおり，一般的人格権保護の可否を離れた，新たな課題が生ずること[27]，ドイツ不法行為法の課題が変化していくことも分かる[28]。

ドイツ不法行為法における一般的人格権保護に関しては，時代ごとにその課題が異なることを最もよく示す主張が，Baston-Vogt〔1997〕に示されている。Baston-Vogt〔1997〕は，Hubmann〔1953〕および Hubmann〔1967〕に対して，「一般的人格権に関して学説に課される課題は，Hubmann の先駆的なモノグラフィーが上梓されたときから変化している」という評価を行う。さらに，「Hubmann の優れた詳論が，過不足のない人格保護を築き上げること，疑義を呈する者を人格概念に熱狂させること，人格の有する無形的な価値について裁判所を敏感にさせることをなお目的としていたのに対して，今日の学説には，一般的人格権を用いて事例解決を行い一般的人格権の保護を作りあげていく判例に対して批判的に対応していくという，よりずっと散文的な課題が課せられている」と指摘する。つまり，今日の学説に課せられている課題としては，「具体的事例の解決に即した諸々の判決を整理配列して分析するだけではなく，判例の展開に誤った箇所があればそれを指摘し，具体的かつ実務により資するような改善策を提示する」というものがあるというのである[29]。

(iii) BGH 判決に対する学説の評価の変化

一般的人格権に関するドイツ不法行為法学説が変化し，新たな課題が提示されているということの他に，先行研究の時的限界を端的に示すのが，BGH 判決に対する学説の理解が変容してきたという事態である。

具体的な法益の内容および問題となる具体的な事例に対して議論が進展した結果，現在では，ある同一の BGH 判決についてそれを名誉保護に関する判決と解するか否かについて論者による相違が見られる。そのような判決の具体例として，BGH 1954 年 5 月 25 日判決[30]を挙げることができる。この判決は

---

27) 本書 125 頁以下。
28) 斉藤〔1979〕自身は，Fikentscher〔1965〕の立場を「その内容において大いに特異であり，問題点も含んでいるように思われる」と評価する（194 頁）。ただし，その評価は，斉藤〔1979〕が参照した他のドイツ不法行為法学説との比較によってもたらされるものであるために，やはり，Fikentscher〔1965〕の見解がその後のドイツ不法行為法学説によって受容されたのか，拒否されたのかという点を検討する課題が現在は存在するといえる。
29) Baston-Vogt〔1997〕S. 3.

BGH が BGB 823 条 1 項による一般的人格権保護を初めて認めた判決であるが[31]，実際に問題となった具体的な法益について，名誉保護に関する判決だという理解を示す論者が存在する[32]。しかし，この判決が出現した当時は，この判決は名誉保護に関する判決だという理解はなされておらず[33]，かつ，その後の学説および現在の学説では，この判決によって新たな権利が保護されたことを明示的に主張する論者も存在するのである[34]。このように，名誉侵害事例と分類されうる事例について判断したある一つの判決に対しても，その中で問題とされた権利について一致した理解が存在しているわけではない。このことから，BGB 823 条 1 項による一般的人格権保護が定着した後は，名誉保護に影響を及ぼし，名誉侵害事例の再編成を促すような新たな権利が出現しているか否かにも注意して検討を進める必要があるということができる。

(iv) 先行研究の意義と時的限界

たしかに，これまで BGB 823 条 1 項による一般的人格権保護に関する詳細な先行研究が公表されてきた。しかし，やはり，それらが公表された年や，それ以降のドイツ不法行為法に現れた問題に着目するならば[35]，五十嵐 = 松田

---

30) この判決の内容については，本書 167 頁。
31) 五十嵐 = 松田〔1962〕160 頁，三島〔1965〕22 頁，斉藤〔1979〕109 頁。
32) Stegmann〔2004〕S. 150.
33) Enneccerus/Lehmann〔1958〕では，「個人的な秘密領域に対する権利，私信が公開若しくはその他の方法により流布されることから保護される権利，一定の記録および録音が公表されない権利，端的に言えば人間の尊厳を侵害するようないかなる秘密の漏洩からも保護される権利」の保護という類型に属する判決だとされている（S. 938）。Enneccerus/Nipperdey〔1959〕では，「秘密領域に対する権利，つまり信書もしくは文書（個人的な性格の記録，内密にしておくべき内容を含む業務上の文書）に含まれる内密にしておくべき内容の秘密を維持する権利ならびに，明確に個人的な秘密を維持する利益が存在するようなその他の秘密に対する権利」の保護という類型に属する判決だと解されている（S. 591, Fn. 54）。
34) 本書 172 頁以下。
35) BGB 823 条 1 項により一般的人格権が保護されるようになった結果として BGB 823 条 1 項について生じた変化を指摘する v. Caemmerer〔1960〕の見解は既に紹介されている。たとえば，これに対しては，「本論文を抜きにして今日のドイツ不法行為法を語ることはできない」（五十嵐清「紹介（ドイツ）私法」比較法研究 23 号（1962）183 頁）という紹介や，「秀れた判例分析と比較法的考察が，全編に輝く白眉の論文である」（前田達明〔1978〕124 頁注(1)）という紹介がなされている。

平井〔1971〕では，BGB 823 条 1 項による一般的人格権や営業権保護は，新たな法益保護を

〔1962〕などの先行研究をそのまま，戦後初期のドイツ不法行為法学説ではなく，現在のドイツ不法行為法学説における一般的人格権保護，およびそれによる名誉保護の在り方を理解するために参照することは妥当でない。つまり，これらの先行研究によって明らかにされた時代の議論を踏まえたうえで，そこからの変化を明らかにするために，ドイツ不法行為学説を再検討する姿勢が必要だといえるのである[36]。

このような再検討の必要性は，三島〔1965〕によって紹介された名誉保護の在り方についてもあてはまる。たしかに，三島〔1965〕では，Helle〔1957〕が主に参照されて[37]，当時のドイツ不法行為法上の名誉保護の状況について詳

実現させるために認められた，個別的不法要件を崩壊・解体させるものであるという理解がv. Caemmerer〔1960〕の中で示されていることが指摘されている（353頁注86)。また，前田達明〔1978〕でも，v. Caemmererによって「一般的不法行為構成要件（allgemeiner Deliktstatbestand）を採用していないドイツ不法行為法は，不法行為法的保護に欠けることが少なくないが，判例は，企業活動に関する権利の承認と一般的人格権の承認，そして一般的社会生活上の義務（allgemeine Verkehrspflicht）の承認によって，この欠缺を埋め，事実上，一般的不法行為構成要件主義を採用したのと同じ結果に至っている」という評価がなされていることが紹介されている（118頁）。

v. Caemmerer〔1960〕の後も，BGB 823条1項による一般的人格権保護が承認されたことによってドイツ不法行為法の構造変化があったと評価されていることも既に先行研究によって指摘されている。例えば，浦川〔1988〕では，一般的人格権が不法行為法上保護されることは認められている一方で，「民法823条1項の下にこれを理論的に整除することは困難」だとされていることが指摘されている（563-564頁）。

そればかりか，BGB 823条1項による一般的人格権保護が認められたことなどによってドイツ不法行為法が「個別的要件の体系から一般条項へ」変化したという論者が存在することは，増田〔1996〕1121頁を参照。

しかし，このBGB 823条1項について生じた変化を踏まえて，その後の一般的人格権保護の枠組みの中で具体的に保護される法益に関する学説の議論がどのように変化したのかということを明らかにする論稿は未だ日本不法行為法学説には現れていない。

36) 須加憲子「プライバシー権の保護法理の統一について」松久三四彦＝藤原正則＝須加憲子＝池田清治編『民法学における古典と革新 藤岡康宏先生古稀記念論文集』(2011) は，BGB 823条1項の「その他の権利」に一般的人格権を含める方法に対して，「この方法は消極的評価つまり人格的利益に相応しくない法体系に人格的利益の保護を組み込んだ，という評価をも受けるものとなっていることに留意しておくべきである」と指摘する（441頁）。本書は，BGB 823条1項の「その他の権利」に，一般的人格権が含まれたことによりドイツ不法行為法学説は変容を遂げたこと，またその変容が名誉保護に影響を与えたことを明らかにするものである。

37) 三島〔1965〕40頁注(1)。

述されている。ところが，Helle〔1957〕は，BGB 823条1項による名誉の保護を否定する立場から著されたものであり[38]，三島〔1965〕でも具体的には，BGB 823条2項，824条，および826条に拠る名誉保護の具体的な状況が明らかにされているのである[39]。そのため，BGB 823条1項による一般的人格権保護の枠組みの中での名誉保護の在り方を検討するためには，やはり，Helle〔1957〕に依拠した三島〔1965〕を参照するだけでは足りないことが分かる[40]。

3　先行研究と本章の課題との関係

以上のとおり，これまでの先行研究には時間的限界があり，現在のドイツ不法行為法を理解するためには，それに依拠することは妥当でない。つまり，先行研究の後のドイツ不法行為法学説では，名誉に関するいかなる議論が展開されたのかを検討しなくてはならないのである。そのため，本章では，必要な限度で1950年代の議論も参照するが，先行研究によって参照されることが不可能だった時期の学説に示された名誉保護に関する理解の変遷を明らかにしていくことにする。

---

38) 本書132頁。
39) 三島〔1965〕では，「名誉の私法的保護に関していえば，名誉に関する絶対権はまだ明確には承認されるに至っていないが，その承認は一般的人格権（allgemeine Persönlichkeitsrecht）から導き出してくることが可能と考えられる」(19-20頁) という Coing, Ehrenschutz und Presserecht, 1960 に示された見解が紹介されていると同時に，この Coing の見解に反対して名誉 (Ehre) を絶対権として認めない見解が Coing と同時代の学説にかなり存在していたことが指摘されている (24頁)。そして，三島〔1965〕は，名誉の保護の具体的内容を明らかにするにあたり，Coing に反対の立場を採る Helle〔1957〕に依拠するのである。
40) 五十嵐〔2003〕では，ドイツの名誉毀損法に関する文献として三島〔1965〕が挙げられるほか，その現状に関する文献として Hager〔1996〕が挙げられている (22頁注1)。本章では，三島〔1965〕が明らかにした時代のドイツ不法行為法上の名誉保護が，Hager〔1996〕の明らかにする名誉保護とどのように異なるのかということを検討の対象としている。

第2節　第二次世界大戦後から1950年代までの議論

第1款　BGB 823条1項による一般的人格権保護の可否をめぐる議論の存在

　先行研究によって明らかにされているとおり[41]、第二次世界大戦後のドイツ法学説では、1949年にGGが成立するなどの大きな変化が生じたことを受けて、BGB 823条1項による一般的人格権保護を認めるか否かが激しく争われるようになった[42]。

　また、BGB 823条1項による一般的人格権保護を認めるBGH判決が次々と現れ、学説でも同項による一般的人格権保護を認める見解が徐々に優勢な地位を占めていった[43]。

---

41)　本書123頁以下。
42)　BGB 823条1項による一般的人格権保護が主張される際には、GG 1条および2条が論拠の一つとされていた。例えばEnneccerus/Nipperdey〔1952〕では、人格の保護を限定的にのみ認めていた戦前の判例・学説は「その法的状況が異なるものになったために、維持されえないものである」という主張がなされ、その根拠として「基本法が人間の尊厳を不可侵のものだと明示した」ことが挙げられていた（S. 293）。

　　また、BGB 823条1項による一般的人格権保護を初めて承認する際にBGHは「個人の尊厳が尊重されるという権利（GG 1条）および、他人の諸権利を侵害せず又は憲法に適合的な秩序若しくは道徳律に反しない限りで個人の人格を自由に展開させる権利（GG 2条）を私法上の、何人からも尊重されるべき権利としてGGが今や承認したからには、一般的人格権は憲法上保障される基本権とみなされなくてはならない」（BGHZ 13, 334, 338）としていたが、このときGG 1条および2条に依拠して一般的人格権保護を認めるNipperdey等の立場を参照していた。
43)　第二次世界大戦後のBGB 823条1項による一般的人格権保護の可否をめぐる議論について、1960年ころまでの議論については、三島〔1965〕16頁以下、五十嵐＝松田〔1962〕153頁以下、五十嵐〔1989〕122頁以下、1970年代初頭までの議論については、斉藤〔1979〕99頁以下を参照。第二次世界大戦後、一般的人格権保護が認められた背景には、資料には明確に現れない法律家の動機が存在していたと考えられるとする見解が現在のドイツ法学説に存在することについては、木村〔2004〕（2・完）1043頁以下を参照。

第2款　BGB 823条1項による名誉保護の可否をめぐる学説の変容

1　名誉保護の可否に関する議論の存在

1950年代には，BGB 823条1項による一般的人格権の保護がBGH判例および学説に定着していくとともに，同項による名誉の保護も認められるようになっていった。たしかにこの時期には，BGB 823条1項による名誉の保護を否定する立場がEsser〔1949〕[44]や，Helle〔1957〕[45]などによって示されていた。

しかし，Enneccerus/Nipperdey〔1952〕[46]，Hubmann〔1953〕[47]や，Coing〔1957〕[48]では，BGB 823条1項による一般的人格権保護のみでなく，同項による一般的人格権の具体例としての名誉の保護も認められるべきだということが主張されていた。

2　名誉保護の承認の拡大

(i)　Larenz〔1956〕

この時期に名誉保護が重視されていたことを示すのが，Larenz〔1956〕に示された名誉保護に対する態度である。Larenz〔1956〕では，BGB 823条1項による一般的人格権保護を否定する立場が明示されていたにもかかわらず[49]，

---

[44]　Esser〔1949〕では，BGB 823条1項にいうその他の権利について問題となっているのは「全ての第三者からつまり，絶対的に保護される諸権利の保護を補完すること」だとされており，「スイス民法28条およびスイス債務法49条と異なりBGBは一般的人格権に関する規定をおいていないために，名誉（ただし特別法としての刑法上の保護規定および824条によって保護される場合を除く——原注），秘密領域（Geheimsphäre），宗教上の感情（religiöses Empfinden）などが一般的に保護されることはない」とされていた（S. 468）。

[45]　Helle〔1957〕は，「個人的名誉および経済上の名声は，絶対的な諸権利の対象となるものではなく，単なる法益に過ぎないということが確認されるべきである」とし，「法律が一定の侵害行為を，自由な思想表現に対する権利の濫用に該当するがゆえに禁止することによってのみ，その保護は可能である」とする（S. 6）。

[46]　Enneccerus/Nipperdey〔1952〕S. 365.

[47]　Hubmann〔1953〕S. 224.

[48]　Staudinger/Coing〔1957〕Rn. 28.

[49]　Larenz〔1956〕S. 337.

名誉の保護のみが肯定されていた。ここで Larenz は，充分に限界を画された権利のみに対して BGB 823 条 1 項による保護を認めていたのだが[50]，それでもなお同項によって保護される権利に名誉権が含まれるとした[51]。さらに，「この権利は通説によって不可解なことに常に否定されてきた」ことを批判し，「名誉が 823 条 2 項や，824 条，826 条という特則によってのみ保護されるというのであれば，一般的には故意による名誉侵害がなされた場合のみ損害賠償請求権の成立が認められることになる」が，それは「充分でない」と主張した[52]。その批判の根拠として Larenz が挙げたのは「人間がその名誉を傷つけられるということはいわばその倫理的存在の核心が傷つけられるということであ」り，「人間の尊厳が不可侵であると明確に宣言している（GG 1 条——原注）法秩序が名誉に対して所有権に対するよりも僅かな私法上の保護のみを認めるということは許されない」ということだった[53]。

(ii) **Lehmann の改説**

さらにこの時代には，BGB 823 条 1 項による名誉保護を当初は認めなかった論者が，その立場を変化させ，名誉保護を認めるようになっていく事態も生じた。それを示すのが，Lehmann の主張の変化である。

Enneccerus/Lehmann〔1950〕では BGB 823 条 1 項による一般的人格権保護を否定していた Lehmann も[54]，Enneccerus/Lehmann〔1954〕では「GG 2 条が各人に，他人の権利を侵害することのない，また，憲法適合的な秩序もしくは良俗に関する法律に違反することのない限度において，自分の人格を自由に発展させる権利を保障した今となっては，一般的人格権は憲法適合的だと承認された基本権と評価されなくてはならない」[55]と主張するようになっていた。

---

50) Larenz〔1956〕は「そのような場合（BGB 826 条に基づき故意による侵害行為から不法行為責任が成立する場合——引用者注）を越えて，過失による侵害行為の場合にも損害賠償義務が BGB 823 条 1 項によって基礎付けられるのは，基本権が個別かつ充分に限定的な人格権に具体化されている場合に限られる」と主張していた（S. 337）。
51) Larenz〔1956〕S. 338.
52) Larenz〔1956〕S. 338.
53) Larenz〔1956〕S. 338.
54) Enneccerus/Lehmann〔1950〕S. 882.
55) Enneccerus/Lehmann〔1954〕S. 908.

第 3 章　ドイツ法　不法行為法の変容と名誉概念の変容

ただしこのとき Lehmann はそれでもなお，Enneccerus/Lehmann〔1950〕で採っていた見解を維持し，BGB 823 条 1 項によって名誉が保護されることは認めなかった。

　Enneccerus/Lehmann〔1950〕では，「個人に対する侵害の全てが 823 条 1 項の規定に定められているわけではな」く，823 条 1 項が保護を定めているのは四つの侵害類型のみであって，「それとは反対に名誉に対する侵害は，823 条 1 項に定められてはいない」という理解が示される[56]。さらに Enneccerus/Lehmann〔1950〕では名誉保護が BGB 823 条 1 項に定められていない理由として，「法律に列挙された四つの人格的利益は全て直接に，その完全性若しくは自由な活動が保障されるべきものである身体に関わっている」ことが挙げられ，「したがって，単なる精神的な人格的利益に（如何なる侵害に対しても一般的な法的保護を認めることを目的として――原注）拡大して適用することは法意に反するものである」という主張がなされていた[57]。この主張が Enneccerus/Lehmann〔1954〕によっても維持され[58]，さらに，「単なる精神的な人格的利益の侵害，特に名誉に対する侵害，それのみならず信教の自由，思想表現の自由，投票権の自由な行使に対する侵害は，823 条 2 項，824 条，826 条の適用範囲に含まれる限度で損害賠償責任を生じさせる」[59]という主張がなされていたのである。

　しかし上記のように名誉保護を否定する主張は，Enneccerus/Lehmann〔1958〕では，「GG 1 条および 2 条によって一般的人格権が原則として承認された以上，名誉権や秘密領域に対する権利のように，そこから演繹され，十分に具体化された個別の人格権は 823 条 1 項にいうその他の権利として承認されなくてはならないだろう」[60]という主張に置き換えられることになった。それと同時に Enneccerus/Lehmann〔1958〕では，BGB 823 条 1 項による保護を認めることは，「単なる概念操作を行い，名誉権をその他の権利に含めること

---

56)　Enneccerus/Lehmann〔1950〕S. 887-888.
57)　Enneccerus/Lehmann〔1950〕S. 888.
58)　Enneccerus/Lehmann〔1954〕S. 914-915.
59)　Enneccerus/Lehmann〔1954〕S. 915.
60)　Enneccerus/Lehmann〔1958〕S. 945.

で規範を不当に手に入れるというのではなく，GG 1条および2条によって名誉に認められている本来的な現実の価値に応じて名誉という法益を正当に評価分類すること」[61]だという主張がなされた。その根拠としてLehmannが挙げたのは，「GG 1条によって人間の尊厳が不可侵であると認められているにもかかわらず，所有権に認められているよりも僅かな法的保護しか認められないというのは矛盾している」ということおよび，「人は，その名誉が侵害されることによって『その倫理的な存在の核心（Kern seiner sittlichen Existenz）』が侵害される」ことであった[62]。

第3款　名誉概念および名誉侵害事例の具体的内容

1　学説による名誉概念の定義

ここまで参照した学説からは，第二次世界大戦終結後から1950年代までの学説では，名誉が重要かつ法的保護に値する法益だと強く認識されてきたことが分かる[63]。

それでは，このように不法行為法上の重要な保護法益と認められていた名誉の内容について，この時期の学説はどのような理解を示していたのだろうか。また，直接にBGB 823条1項による名誉の保護を新たに認めたことによって，学説は実際に名誉侵害として解決されるべき事例にも変化を生じさせたのだろうか。当時の学説の中から名誉概念について言及していた論者の見解を比較し，

---

61)　Enneccerus/Lehmann〔1958〕S. 937.
62)　Enneccerus/Lehmann〔1958〕S. 937.
63)　Hubmann〔1953〕は，名誉をBGB 823条1項によって保護することが，「憲法および個人的名誉権について明示的に言及しているGG 5条2項によって，人間の尊厳および人格権が承認されたこと」によっても必要不可欠となったとする（S. 225）。
　　Enneccerus/Nipperdey〔1959〕では，名誉が保護される根拠として，「名誉が侵害されることによって，人間の倫理的な尊厳（die sittliche Würde des Menschen）が軽視される，つまり人格それ自体（seine Persönlichkeit als solche）が侵害される」という根拠が挙げられていた（S. 589）。また，ここでは，Lehmann〔1958〕に示された「権利という地位が，財産的利益のためには疑いなく承認されているにもかかわらず，名誉という人格的利益と人間との関係には拒絶されるというのは不十分である」（S. 403）という見解が，正当なものだと評価されていた（S. 589, Fn. 42)。

第 3 章 ドイツ法 不法行為法の変容と名誉概念の変容

この点を明らかにしていくことにしたい。

(i) Larenz〔1956〕

Larenz〔1956〕は，明確に限界づけられる権利に限って BGB 823 条 1 項による保護を認め[64]，そのうえで名誉の保護を認めていた。このとき Larenz は BGB 823 条 1 項による保護が問題となる名誉を端的に「社会の中で人間が有する信望（die soziale Geltung eines Menschen）」[65]と言い換えていた。

(ii) Lehmann〔1958〕

Larenz〔1956〕と同様の名誉に対する理解を示していたのが Lehmann〔1958〕である。ここでは，BGB 823 条 1 項によって保護される名誉が，「社会的な信望（soziale Geltung）」[66]だと言い換えられていた。

(iii) Hubmann〔1953〕

ところが，Larenz〔1956〕や Lehmann〔1958〕とは異なり，名誉とは何かをいうことを示す際に，この「信望」という表現を使用しない論者も存在していた。例えば，Hubmann〔1953〕は，「名誉とは個人の有する価値の総体，つまり個人に付着している諸価値の総和を代表するもの」[67]だとし，さらに名誉は二つの構成要素から成立しているという。それによれば，名誉を構成する第一の要素が「各個人に生来付与されており，他のすべての人と等しい人間の尊厳」であり，第二の要素が「個人が自身を展開させ成熟させる過程の中で各自の行跡（Leistung）を通じて獲得していく，個人的，人格的な価値があること」だという[68]。また，Hubmann〔1953〕によれば，「名誉とは，周囲との関係で，つまり世間の中で個人に価値があることを意味するが，名誉は周囲から個人に授けられるものではなく，その一部は生得のものであり，その一部は個人の行跡により獲得されるもの」であり，「鏡に映った像が映されたものの本質ではないように，他人の意見の中でこの価値が反映しているということは，名誉の本質ではない」という[69]。

---

64) Larenz〔1956〕S. 337.
65) Larenz〔1956〕S. 333.
66) Lehmann〔1958〕S. 403.
67) Hubmann〔1953〕S. 224.
68) Hubmann〔1953〕S. 224.
69) Hubmann〔1953〕S. 226.

第 2 節　第二次世界大戦後から 1950 年代までの議論／第 3 款

(iv)　Coing〔1957〕

　Hubmann〔1953〕と同様に，単なる「信望」という定義を名誉概念に与えないのが Coing〔1957〕である。ここでは，「名誉権とは，人間として尊重されることを求める請求権（普遍的な人格の尊厳および人間の尊厳——原注）と，個人それぞれの行跡および生き方によって獲得される，尊重を求める請求権との両方を含むもの」[70]だという理解が示されている。

2　名誉概念に対する一致した理解の不在

　ここまで，Larenz〔1956〕，Lehmann〔1958〕，Hubmann〔1953〕，Coing〔1957〕に示された名誉概念を明らかにした。これらの四人の論者の見解を参照しただけでも，BGB 823 条 1 項により保護される名誉の内容については，学説に一致した理解は形成されていなかったことが分かる。

　Larenz や Lehmann のように名誉を限定して，信望と解する立場が存在していた一方で，Hubmann や Coing のように，信望と解さない立場が存在していた。また，それは単に名誉を信望と言い換えるか否かという問題に尽きるものではなかった。Hubmann や Coing は単に，個人がその行動等を通じて得ていく価値に加えて，人間であるがゆえに認められる価値も広く名誉の内容に含んでいたのである。

3　名誉侵害事例の類型化の基準

　次に問題となるのが，このように名誉概念の内容について単一の理解が存在しない状況の中で，学説はある一定の名誉侵害事例を類型化するための基準を共有していたのだろうかという点である。

(i)　Hubmann〔1953〕

　Hubmann〔1953〕が，BGB 823 条 1 項による名誉の保護が否定されることを批判する際に問題としていたのは，「名誉が過失による侵害から保護されないままにされる」[71]という帰結が生ずることであった。

---

70)　Staudinger/Coing〔1957〕Rn. 28.
71)　Hubmann〔1953〕S. 224.

第3章　ドイツ法　不法行為法の変容と名誉概念の変容

(ii)　**Enneccerus/Lehmann〔1958〕, Lehmann〔1958〕**

Enneccerus/Lehmann〔1958〕は，「823条1項にいう権利として名誉が認められることにより，それ（戦前に予防的不作為の訴えという救済手段が認められていたことを指す——引用者注）を超えて，単なる過失による名誉侵害の場合にも，加害者の側に特に定められた正当事由が存在しない限り（StGB 193条——原注），各人に損害賠償請求権が付与されることになる」[72]という点に名誉保護を承認する意義を認める。それに加えて，Lehmann〔1958〕では「権利の内容は，StGB 185条以下およびBGB 824条以下並びにこれらの諸規定からの適切な類推による，明白に実定法で定められた侵害の禁止から導かれる」[73]とされている。

(iii)　**Enneccerus/Nipperdey〔1959〕**

Enneccerus/Nipperdey〔1959〕でも，名誉侵害事例に関してはStGB 185条以下に対応した，「名誉侵害が成立するのは，軽蔑もしくは侮蔑が告知されることによって他人の名誉が攻撃された場合（侮辱（Beleidigung）——原注），並びに他人について真実と証明されない，その他人を軽蔑されるものにするか，その他人の世評を低下させるに足る事実が摘示若しくは流布された場合（誹毀（übel Nachrede）——原注）である」[74]という説明がされていた。この事例がStGB 185条以下に従って提示されたと考えられるのは，用語法の類似性のみからではない。Nipperdeyがこのとき参照すべきだとしていたのが，BGB 823条1項による名誉保護を否定してStGB 185条以下およびBGB 823条2項などに依拠した従来の名誉保護の枠組みを維持するHelle〔1957〕およびStGBのコンメンタールであった[75]。したがって，NipperdeyはStGB 185条以下に定められた名誉侵害事例が民法でも問題となると考えていたということができる。

(iv)　**名誉侵害事例の類型化の基準**

当時の学説は，名誉侵害事例を類型化する機能を名誉概念に担わせていたの

---

72)　Enneccerus/Lehmann〔1958〕S. 937.
73)　Lehmann〔1958〕S. 403.
74)　Enneccerus/Nipperdey〔1959〕S. 589.
75)　Enneccerus/Nipperdey〔1959〕S. 589, Fn. 43.

かという点を明らかにするために，Hubmann の主張と Lehmann の主張とを比較してみよう。そうすると，Hubmann と Lehmann との間には名誉概念に対する明らかな理解の相違があったにもかかわらず[76]，BGB 823 条 1 項による名誉保護を認める意義については，理解が一致していたということに気づく。Hubmann も Lehmann も，BGB 823 条 1 項による名誉保護を認める意義を，名誉保護が認められる不法行為法上の類型を創設し，名誉保護が問題となる事例を拡大させることに求めるのではなかった。そうではなく，両者ともに，StGB 185 条以下に定められた名誉侵害に関する規定を前提としたうえで，過失による名誉侵害の場合にも責任が成立する可能性があることに不法行為法上の名誉保護を認める意義を求めていたのである。また，このように名誉侵害事例の具体的内容については StGB 185 条に依拠するという立場は，Nipperdey も共有するものだった。

したがって，当時の学説は，StGB 185 条以下に定められた類型を名誉侵害類型としていたのであって，BGB 823 条 1 項による名誉保護を基礎として独自の名誉侵害類型を形成する段階になかったということができる。つまり，この時期の学説は，名誉侵害事例を類型化する基準として名誉概念を用いなかったといえるのである。

第 4 款　私法上の人格保護および名誉保護に関する新秩序のための草案

ここまで，1950 年代の議論に即して，BGB 823 条 1 項による一般的人格権保護の枠組みの中での名誉保護に関する主張を比較，検討してきた。それによって，名誉保護は重視されていた一方で，名誉概念の一致した定義は存在していなかったことや，名誉侵害事例を類型化するための不法行為法上の基準は存在していなかったことが明らかとなった。

以上のような状況の中で，1959 年に連邦議会に提出された「私法上の人格保護および名誉保護に関する新秩序のための草案」（以下，「1959 年草案」とい

---

76)　本書 136 頁以下。

う）には，名誉に関するいかなる立場が示されていたのだろうか。たしかに1959年草案は，現実のBGB改正につながることはなかったが[77]，この草案は，判例および学説が発展させてきた一般的人格権保護の具体的な在り方を示すものと評価されているのである[78]。また，1959年草案の立法理由の中には，具体的な法益に関する説明がなされ，それとともに，名誉保護との関係が問題となる事例が明示されることになった。

そこで，1959年草案の中でどのような名誉概念が前提とされていたのか，それによって名誉侵害事例を明確にすることが期待されていたのか，さらに，名誉保護との関連が問題となるどのような事例が扱われていたのかということを明らかにしていくことにしたい。

1 条　文
(i) 人格の違法な侵害の要件に関する改正案

1959年草案は（本款で草案〇条と示したものは，1959年草案の条文である），一般的人格権保護を認め[79]，草案12条に，人格侵害からの広い保護を認めた「一

---

[77] 1959年草案の訳は，五十嵐＝松田〔1962〕197頁以下を参照した。1959草案の成立過程，条文および立法理由の全体像については，五十嵐＝松田〔1962〕194頁以下，三島〔1965〕52頁以下，斉藤〔1979〕112頁以下を参照。

[78] 立法理由の中で1959年草案の目的について，「この草案の使命は新たな法観念を発展させることにあるのではなく，むしろ私法上の人格保護に対して明確な法的基礎を与えると同時にこの保護の限界を明確なものとして，したがってこの領域においてプレス，ラジオ・テレビ放送および映画産業のために強固な法的基礎を形成することにある」（BR-Dr. 217/59, S. 7）という説明がなされている。

　また，当時の学説によっても，この草案が新たな法創造を行ったものではないものと受け止められたことは明らかである。例えば，Coing, Ehrenschutz und Presserecht, 1960では「連邦政府によって提出された，私法上の人格保護および名誉保護に関する新秩序のための草案に関していえば，この草案は既にそれまで判例によって発展させられてきた法的状況に対して根本的な革新をもたらすものではなかった」という理解が示されていた（S. 29）。その他にEsser〔1960〕でも，「この草案は何ら新たな法観念を発展させようとしたものではなく，それまでの民法上の人格保護に関する法創造に依拠してある明確な根拠を形成し，それによって同時に人格保護に対する制約を明確にすることを試みたものである」が，「もっともこの草案は完全にBGHの裁判例の上に成り立っていた」という理解が示されていた（S. 847）。

[79] 1959年草案に定められたいずれの条文の中にも，「一般的人格権」という表現はなされていないが，立法理由は，草案が「もっとも人格権という用語を用いてはいないが，判例と一致して，

般条項」[80]を置いた。

　さらに1959年草案は，「人格に対する違法な侵害」と評価される具体的な行為類型を，草案13条から19条までの各条文に定めた[81]。

　草案12条から19条までの条文の中でも，名誉保護との関係が問題とされたのは，12条，14条，および15条である。

- **草案12条1項**　違法に他人の人格を侵害した者は，被害者に対してその侵害を排除する責任を負う。この責任は特に13条から19条までに規定する場合に生ずる。新たな侵害が更に生ずるおそれがあるときには，被害者は侵害行為の不作為を請求し得る。ただし，人間の共同生活において社会通念上受忍されるべき侵害の場合にはこの限りでない[82]。
- **草案14条1項**　第12条に規定する違法な侵害は，ある者が軽蔑を告知すること（Kundgabe von Mißachtung）によって他人を侮辱した場合に成立する。ある者が他人について真実だと証明できない名誉侵害的な事実（eine ehrenrührige Behauptung）を，第三者に摘示しまたは流布した場合も同様とする[83]。
- **草案15条1項前段**　第12条に定められた違法な侵害は，他人の私生活または家庭生活に関する事実が権限なくして公然と摘示または流布された場合に成立する[84]。

(ii)　**人格の違法な侵害の効果**

　1959年草案には，人格の違法な侵害の具体的な要件のみでなく，その効果を規定する条文も用意されていた。それが，反論請求権に関する草案20条で

一般的人格権を承認した」（BR-Dr. 217/58, S. 9）ことを明らかにしている。
80)　BR-Dr. 217/58, S. 10.
81)　1959年草案では，草案13条から19条までに定められた場合にのみ違法な人格侵害が成立するとされていたのではなかった。草案13条から19条までの規定が定められたのは，次の理由から一般条項を補充する必要があるとされたことによる。すなわち，「他人の人格（die fremden Persönlichkeit）を尊重することを法意識一般の中でより強く推進するということが，草案の主要な課題であるため，草案の規定が，このように必然的に抽象的かつそれゆえに精彩を欠く一般条項のみになることは許され」（BR-Dr. 217/59, S. 10）ないという理由である。
82)　BR-Dr. 217/59, S. 2. 同条2項以下は，死者の保護について定めているため，本稿では省略する。
83)　BR-Dr. 217/59, S. 2. 同条2項以下は，名誉侵害の違法性阻却事由について定めているため，本稿では省略する。
84)　BR-Dr. 217/59, S. 2. 同項後段は，違法性阻却事由について定めているため，本稿では省略する。

ある。

a 反論請求権

草案 20 条 1 項 公然と他人の人格を侵害する事実を摘示または流布した者は，その他人による請求に基づいて，事実が摘示または流布された方法と同様の方法で，またはそれが不可能な場合にはその他の適当な方法によりその他人による反論を直ちに公開する責任を負う。反論は事実関係の主張に限られ，内容と範囲は適切でなくてはならない。反論について同時に意見を述べようとする者は，事実に関する主張に限らなくてはならない[85]。

b 損害賠償請求権

さらに，草案 12 条以下に基づいて人格に対する違法な侵害の成立が認められた場合には[86]，損害賠償請求が認められるよう，BGB 823 条 1 項が次のように改正されることになっていた。

草案 823 条 1 項 故意もしくは過失によって他人の人格を違法に侵害した者，または故意もしくは過失によって他人の所有権もしくはその他の権利を違法に侵害した者は，それによって生じた損害を賠償する責任を負う[87]。

この草案 823 条 1 項に対しては，一定の名誉侵害事例の場合には財産的損害の発生を推定するという特則が草案 252 条 a に定められた。

草案 252 条 a 14 条 1 項に定められた性質の真実だと証明されない事実が摘示または流布されることにより人格が侵害されたとき，その侵害により財産的損害が生ずる蓋然性があると，通常または特別の事情により認められる場合には，財産的損害が生じたものと推定する[88]。

2 二つの名誉侵害類型

(i) 二つの名誉侵害類型

草案 14 条 1 項は，「私法上の名誉保護のために必要な法的基礎を用意する」[89]ために置かれたものであり，直接に名誉保護を定めたものである。

---

85) BR-Dr. 217/59, S. 3. 同条 2 項以下は，反論請求権の成立を阻却する事由や，時効等を定めているため，本稿では省略する。

86) 草案 823 条 1 項は，「12 条以下に規定された人格保護の拡張から生ずる帰結を取り入れた」規定だと立法理由の中で説明されている（BR-Dr. 215/59, S. 27）。

87) BR-Dr. 217/59, S. 4.

88) BR-Dr. 217/59, S. 4.

条文の文言から明らかなとおり，草案14条1項は，二つの異なる名誉侵害類型，「軽蔑を告知することにより成立する名誉侵害」と「真実だと証明されない名誉侵害的な性質を有する事実を摘示または流布することにより成立する名声に対する侵害（die Beeinträchtigung des Rufs）」とについて定めている[90]。この二つの類型について立法理由では，草案14条1項前段に定められた「軽蔑の告知」が「人格侵害」と判断されるのは，問題となった表現が「『侮辱的（beleidigend）』，つまり他人の名誉を侵害する場合」[91]のみだとされていた。さらに，この「名誉」侵害の成否が判断される際には，「軽蔑の告知」が「被害者本人に対して（gegenüber dem Beleidigten selbst）行われたのか，それとも第三者に対して（gegenüber einem Dritten）行われたのか，という点は些細な問題」だとされていた[92]。これに対して，草案14条1項後段が「名声に対する侵害（Rufbeeinträchtigung）」を定めていることについては，「ある者が名誉を侵害するような（ehrenrührig）事実を摘示するかまたは流布したこと」，「その事実が真実だと証明されないこと」，および「第三者に対してその事実が告げられたこと」が「名声」に対する侵害の成立要件だとされていたのである[93]。

さらに，1959年草案では性質の異なる二つの名誉侵害事例が定められていたといえる根拠は草案252条aにも求めることができる。

草案252条aは，名誉侵害を理由とした不法行為責任が成立した場合であっても，被害者が損害を立証できないために十分な賠償を得られなくなることを回避することを目的として置かれた，被害者の証明責任を軽減する規定である[94]。

しかし，草案252条aは，草案14条に規定された名誉侵害事例のすべてに

---

89) BR-Dr. 217/59, S. 15.
90) BR-Dr. 217/59, S. 15.
91) BR-Dr. 217/59, S. 15.
92) BR-Dr. 217/59, S. 15.
　　草案14条は「名誉侵害（Ehrverletzung）」に関する規定だとされており，「名誉（Ehre）」が，「名声（Ruf）」を含む意味で使用されている場合と，含まない意味で使用されている場合とがあることに注意が必要である。
93) BR-Dr. 217/59, S. 15.
94) BR-Dr. 217/59, S. 26-27.

適用されるものではない。その文言からも明らかなとおり，この条文は草案14条に規定された名誉侵害の場合に広く財産的損害が生ずることを推定しているのではなく，同条１項後段に規定された名誉侵害が問題となる場合，つまり「真実だと証明されない，名誉侵害的な性質を有する事実が摘示されることにより人格が侵害された」[95]場合に限定したものである。このような限定がなされていることからも，やはり，1959年草案は性質の異なる二つの名誉侵害事例を定めたといえる。

　(ⅱ)　**名誉概念に関する学説との関係――広義の名誉概念の採用**

　それでは，1959年草案は，名誉概念に関するいずれの学説と親和的な立場を採用したのだろうか。前款で，Larenz〔1956〕等の主張を比較して明らかにしたとおり，1950年代の学説の中には，名誉概念の内容について，大きく分けて二通りの論者が存在していた。すなわち，社会的な信望（soziale Geltung）という意味にのみ名誉を解する論者と[96]，そうではなく，人に個別に認められる価値のみならず，人であること自体に認められる価値を基礎とするのが名誉だと解する論者である[97]。

　このような同時代の学説の見解と1959年草案が前提とした名誉との関係を考えるならば，1959年草案は，少なくとも，名誉を社会的な信望とのみ限定的に解する立場を採用したのではないということができる。つまり，二つの異なる名誉を，社会との関係が問題とならない場面と問題となる場面との双方で保護するために，草案14条１項のような規定が定められたと考えられるのである。

3　名誉侵害事例と関係する他の法益侵害事例

　ところが，1959年草案に示された名誉と実際の事例解決との関係を考えるにあたっては，直接に名誉保護を定めた草案14条のみを参照するだけでは足りない。なぜならば，1959年草案の条文および立法理由の中では，名誉侵害との関係が問題となる他の法益侵害の類型が存在することも認められていたか

---

95)　BR-Dr. 217/59, S. 27.
96)　本書136頁。
97)　本書136頁以下。

（i）　**私生活の保護**

具体的な人格侵害の類型を定めた 13 条から 19 条までの中でも，立法理由により，名誉保護との関係についての言及がなされているのは，草案 15 条である。

草案 15 条は，草案 14 条 1 項後段と同様に，一定の事実が公表されることによって人格侵害が成立することを認めたものである。双方の条文はともに事実の公表について規定しているが，名誉保護に関する草案 14 条 1 項後段は公表された事実の真偽を問題としている。これに対して，「私生活または家庭生活を，それに関わる事実が暴露されることから保護する」ために規定された草案 15 条は，流布された事実の真偽を問題としていない[98]。その理由は，「私的領域の保護，『静謐の中におかれる』権利（『放っておかれる権利』，『プライバシーの権利』──原注）は，他人の私生活または家庭生活に関する主張の真偽についての検討がなされない場合にはじめて保障される」[99]ということに求められている。つまり，「他人の私生活に関する真実の事実を広めることが禁止されるにとどまり，真実だと証明されない私生活に関する事実が主張されることからの保護は，その事実が名誉侵害的である限りにおいて 14 条により，それに加えて一般条項である 12 条により行われるのだとすれば，他人の私生活を原則として不可侵のものとするという目的は，全くもしくは殆ど不十分にしか達成されないことになる」[100]というのである。ここからは，従来ならば名誉侵害の成否を問題として解決されざるをえなかった事例が，新たな法益の承認の後は，他の法益侵害を問題として解決されるようになったことが分かる。

（ii）　**虚偽の主張からの保護**

草案 15 条で定められた私生活の保護の他にも，草案 13 条以下の明文では定められていなかったが，名誉侵害との関係が問題となる人格侵害類型の存在することが立法理由の中で明らかにされていた。そのような類型が問題とされたのは，草案 12 条を根拠として人格に対する違法な侵害が認められる場合であ

---

98)　BR-Dr. 217/59, S. 20-21.
99)　BR-Dr. 217/59, S. 20.
100)　BR-Dr. 217/59, S. 20.

第3章　ドイツ法　不法行為法の変容と名誉概念の変容

る。

　もちろん条文の文言から分かるとおり，具体的な人格侵害の類型を草案12条は定めるものではない。しかし，立法理由では，「例えば，名誉を侵害するものではないが，世間がある個人に対して形成している像に影響を与えるような虚偽の主張（unwahre Behauptungen, die, ohne ehrverletzend zu sein, das Bild beeinflussen können, das sich die Öffentlichkeit von einer Person macht）が，人格に対する違法な侵害であるとどの程度評価されるかという点も同様に，一般条項にしたがって判断されるべきである」[101]とされていたのである。

　このように，事実が主張された場合に問題となる保護法益が名誉のみではないということは，事実の摘示または流布がなされた場合に反論請求権が成立することを認めた草案20条にも次のように影響を及ぼしていた。

　草案20条は，条文の文言から明らかなとおり，「公然と他人の人格を侵害する事実が摘示または流布された」[102]ことのみを要件として反論請求権の成立を認めたものであり，そこでは名誉侵害は要件となっていない[103]。また，立法理由では草案20条のような規定を定めた目的について，「何者かが世間に向けて，他人の人格を，とくに名誉を侵害するに足る事実を摘示または流布した場合には，被害者の名声に著しく重大な損害がもたらされるかまたは世間が被害者について形成している像（das Bild, das sich die Öffentlichkeit von ihm macht）が侵害されることにな」るが，草案20条に定めた反論請求権により「そのような公開がなされることによって生ずる危険を減少させる」ことができるとしていた[104]。この草案20条に対する立法理由の説明によってもやはり，事実の主

---

101)　BR-Dr. 217/59, S. 10.
102)　BR-Dr. 217/59, S. 25.
103)　草案20条では，さらに，問題となった事実が虚偽のものであることや，反論の内容が真実であることも要件とはならないとされているが，これはプレス法により長い間認められてきた，維持されるべき原則とされている（BR-Dr. 217/59, S. 25）。その理由は，「争いの対象となっている事実の真偽について争うことが許されるならば，反論請求権の実効性が，現実には，ほとんど乗り越えることのできない障害に突き当たることになる」（S. 25）ということによるものだった。また，立法理由では草案20条と14条との関係について次のような説明がなされている。すなわち，「反論権は，被害者の名誉回復に資するものでも，真実の伝達に資するものでもな」く，「それは，妨害除去や撤回，もしくは不作為の訴え，特に草案14条を基礎とする訴えによるものだ」というのである（S. 25）。

張がなされた場合に侵害されうる法益として名誉が取り上げられてはいるが，そこでも名誉に限られないことが，明らかにされているのである[105]。

4　1959年草案における名誉保護の位置づけ

ここまで，1959年草案の条文および立法理由を参照したことにより，名誉保護の状況については，次の二点を明らかにすることができた。すなわち第一に，多様な法益の保護が認められるようになる中でも，名誉は保護法益の一つとして維持され，かつその侵害態様が明確に定められていた点である。第二にその一方で，名誉侵害の成否を考えるうえで基準となるべき名誉の定義については何ら言及されることがなく，その内容については論者が多様な見解を形成しうる状況が維持されていたという点である。

なぜならば，草案14条に名誉の定義規定が定められることも，立法理由で名誉の具体的な内容に関する説明がなされることもなかったからである。つまり，草案14条1項前段に定められた「軽蔑の告知」に該当する具体的な事例も，同項後段に定められた「名誉侵害的な事実」に該当する具体的な事実も不明なままにされているのである。そのため，草案14条が前提とする名誉が，単なる社会的信望よりも広いものであることは明らかであるが，その厳密な内容は明らかにされないままであり，実際の事例における名誉侵害の成否については，未だ画一的な判断基準が示されていないということができる。

さらに，実際の事例解決との関係で名誉が有する機能について考えるならば，不法行為法による一般的人格権の保護が正面から認められ，保護法益が拡大されたことにより，それまで名誉侵害を理由として解決するしかなかった事例について，名誉のみならず他の法益の侵害も問題とされうるようになったという

---

104)　BR-Dr. 217/59, S. 24.
105)　BR-Dr. 217/59, S. 24. 事実が主張される場合に問題となる法益について，安次富哲雄「ドイツ法における反論請求権(1)」琉大法学28号（1981）189頁では，ドイツ法上で認められている撤回（Widerruf）も反論文掲載請求権もともに名誉（Ehre）保護とは関連が深いものではあるが，名誉保護のみを目的とする制度ではないことが明らかにされている。ここでは，「反論請求権と名誉毀損的事実主張の取消請求権」について，その「目標もまた類似する」ものであって，「原報道により読者等のもとで生じる人格権侵害（人格像の変造，名誉・信用毀損）的な印象の除去がその主たる目的」だということが指摘されているのである（211頁）。

ことも重要である。まず，立法理由から明らかなとおり，他人の私生活もしくは家庭生活に関する虚偽の事実が公表された場合には，名誉保護に関する草案14条のみならず，私生活の保護に関する草案15条が同時に適用されうる。さらにより一般的に，私生活に関する事実に限らず，虚偽の事実が主張された場合には，草案14条により解決されることもあれば，草案12条により解決されることも予定されていたのである。草案12条により保護されうる，名誉侵害と重なる領域を有する新たな法益侵害に関しては[106]，その法益の具体的な定義や内容が立法理由の中で明らかにされることはなかった。しかしながら，この法益は，1959年草案の立法理由から明らかなとおり，虚偽の事実が主張された場合に，名誉侵害の成否が問われる場合および問われない場合の双方で，広く問題となりうるものである。

したがって，かりに名誉侵害と重なる領域を有する新たな法益侵害類型が定着するのであれば，草案14条で認められた二つの名誉侵害類型のうちの一つ，名誉を侵害する虚偽の事実が主張された場合がすべてその射程の中に含まれてしまう可能性が生ずるのである。つまり，名誉と関連する法益侵害類型が重視されるようになるのであれば，実際の事例解決がなされるにあたって名誉の有する重要性が相対的に低下することも十分に考えられるのである。

第3節　1960年代および1970年代の議論

前節では，名誉保護が主張されつつも，その具体的な内容について学説には

---

[106] 立法理由中で参照されている判決からは，虚偽の事実が主張された場合に，草案12条により問題となりうる「像（Bild）」が，単なる机上の空論に過ぎないものではなく，実際のBGH判決の中でもすでに問題とされていたことを明らかにできる。立法理由で「草案に定められた個別規定には該当しない人格侵害の例」を示す裁判例として挙げられていたのが，「BGHZ 24, 72（Krankenpapiere）」，すなわちBGH 1957年4月2日判決であった。これは，医師の診断書が，患者の同意なくして公表されたことが問題となった事例であり，具体的な事案との関係では「秘密領域」の保護について検討されていた（BGHZ 24, 72, 79）。その一方で，このBGH判決は，BGH 1954年5月25日判決（BGHZ 13, 334）が「出版社が著者の同意なくして書簡に変更を加えて公開したことによって，著者に認められる人格権によって保護される固有領域が侵害され，その変更によって著者の有する人格像（Persönlichkeitsbild）が歪曲されて表現される可能性が生じた」ことについて判示したと解していた（BGHZ 24, 72, 79）のである。

見解の一致が見られなかったこと，および保護法益の具体的な内容に関する議論がされることにより，名誉保護との関係が問題となる法益が現れたことを明らかにした。本節では，1960年代および1970年代の学説の中では，新たな法益が生じていく中で，名誉はその意義が明らかにされていったのか，名誉侵害事例と他の法益侵害事例とが明確に区別され，名誉侵害の成否が不法行為責任の成否の判断に決定的な役割を果たすものだと考えられていったのかという点について検討していくことにする。

第1款　一般的人格権保護に関する議論の変化

この時期には，名誉保護に関する議論の前提が，1950年代と比較して大きく変化した。1960年代には，1950年代にはBGB 823条1項による一般的人格権の保護に対して批判を加えていた論者も[107]，BGB 823条1項による一般的人格権保護を認めたBGH判例が積み重ねられていったことを受けて，一般的人格権の保護を承認するようになったという状況が生じた[108]。それによって，BGB 823条1項による一般的人格権保護が確立され，多様な法益の保護を可能とする「一般条項」が成立するという結果が生じたのである。

1　Esserの改説
(i)　一般的人格権保護の承認

1950年代から1960年代の学説の変化を明瞭に示すのが，Esserの改説である。たしかに，Esser〔1949〕では，BGB 823条1項による一般的人格権保護が明確に否定されていた。しかし，Esser〔1969〕では，BGB 823条1項による一般的人格権保護を認めるBGH判例が確立したことを受けて，「BGB制定当初に予期されていた可能性を超えて人格保護を拡大することが不可避となっているという点について広く見解の一致が見られる」という主張がなされるようになった[109]。その結果Esser〔1969〕では，一般的人格権保護を否定する主張は消滅した。

---

107)　Larenz〔1956〕S. 337, Helle〔1957〕S. 5.
108)　Larenz〔1964〕S. 390, Helle〔1969〕S. 71, 80.

第 3 章　ドイツ法　不法行為法の変容と名誉概念の変容

(ⅱ)　多様な保護法益の承認

また，Esser の見解の変遷を追い掛けていくと，具体的に不法行為法で保護される法益を限定的に解する立場が徐々に放棄され，多様な保護法益が認められるようになっていったことも明らかになる。

　a　Esser〔1949〕

Esser〔1949〕では，BGB 823 条 1 項にいう「その他の権利」について問題となっているのは「全ての第三者からつまり，絶対的に保護される諸権利の保護を補完すること」だとされた上で，「スイス民法 28 条およびスイス債務法 49 条と異なり BGB は一般的人格権に関する規定をおいていないために，名誉（特別法としての刑法上の保護規定および 824 条によって保護される場合を除く——原注），秘密領域（Geheimsphäre），宗教上の感情（religiöses Empfinden）などが一般的に保護されることはない」という主張がなされていた[110]。ここで Esser が 823 条 1 項にいう「その他の権利」に含まれるとしたものは「物権」の他「無体財産権」，さらに「氏名権や肖像権といった，不作為の訴えにより絶対的なものとして保護される性質を有する個別の人格的諸権利」であった[111]。

　b　Esser〔1960〕

Esser〔1949〕で主張された，BGB 823 条 1 項により保護される権利をきわめて限定的なものと解する立場は Esser〔1960〕で変更が加えられた。ここでは，明確なものに限って保護される権利を拡大させる立場が示されたのである。

まず Esser は，「GG が施行されて以来，実務および学説を席巻したのが，GG 1 条及び 2 条に基づいて，存在すること，不可侵であること，尊厳が尊重されること，および人間の個性を発展させることについての憲法上保障される基本権だと一般的人格権はいまや評価されるべきであり，したがって 823 条 1 項にいう『その他の』権利とみなされるべきだという見解である」[112]と述べた。ただし Esser は，BGB 823 条 1 項により一般的人格権が保護されるという見解を，実務および学説を支配した見解として挙げたが，それを支持する立場を

---

109)　Esser〔1969〕S. 400-401.
110)　Esser〔1949〕S. 468.
111)　Esser〔1949〕S. 468.
112)　Esser〔1960〕S. 846.

採るのではなかった。Esser は，その支配的な見解に対して，「一般条項的な射程およびそのような一般的人格権に伴う不確実性を考慮せず，ここでは『その他の』権利が問題になっているという帰結が GG から不可避的に導かれるというのである」としたうえで，「このように保護が拡大されることに対して，正当にも反論がなされている」ということを挙げ，否定的な立場を採ることを示したのである[113]。

Esser は，「それぞれの人格的利益が 823 条 1 項によって保護される他の法益および権利と同様に，具体的に限定された意味内容を持つものでなくてはなら」ず，それによって「侵害の構成要件に該当すれば違法であるという枠組みが維持され，かつ 823 条 1 項という限定列挙の規定が体系から外れる一般条項に変化しないようになる」と主張していた[114]。このように Esser〔1960〕では，BGB 823 条 1 項による一般的人格権保護が肯定されることはなく，そこで保護される権利の類型を限定的に拡張する立場がとられていた。

ところが，ここではすでに，BGB 823 条 1 項により保護される法益の増加自体は認められていたことが分かる。なぜならば，Esser〔1960〕が「異議なく次の権利をその下位概念とすることはできよう」と述べたものの中に，Esser〔1949〕とは明らかに異なる，「氏名が尊重される権利」，「名誉が尊重される権利」，「個人の肖像に対する権利」，「個人の声が録音されることまたはその録音が公開されることを自身で決定することについての権利」が含まれていたからである[115]。

c　Esser〔1969〕

さらに Esser〔1969〕では，BGB 823 条 1 項による一般的人格権の保護が叙述の前提とされるようになった。そのうえで，ここでは，BGB 823 条 1 項により具体的に保護される権利についても，その内容が明確なものに限定されるという Esser〔1960〕でとった立場が放棄された[116]。その結果，Esser

---

113) Esser〔1960〕S. 846-847. このとき，Esser は BGB 823 条 1 項による一般的人格権の保護を否定する Larenz, Das „allgemeine Persönlichkeitsrecht" im Recht der unerlaubten Handlungen, NJW 1955, 501 の立場を「正当」と評価していた。
114) Esser〔1960〕S. 847.
115) Esser〔1960〕S. 847.
116) Esser〔1969〕S. 401-402.

〔1969〕では，それまでのBGH判例によって保護が認められた類型が具体的に挙げられている一方で，それに限定して不法行為法上の保護を認めるという主張がなされなくなったのである[117]。

2 一般的人格権保護に関する争点の変化

1960年代には，Esser〔1949〕からEsser〔1969〕までに示された主張の変化からも明らかなとおり，BGB 823条1項による一般的人格権保護が確立されたのであるが，それによって，新たな課題が学説に生ずるようになる。まず生ずるのが，BGB 823条1項による一般的人格権保護の枠組みの中で，具体的に保護される法益の中にはいかなるものが含まれるのかということを明らかにすることである[118]。

さらにそれだけでなく，BGB 823条1項にいう「その他の権利」に一般的人格権を含め，新たな法益の保護を拡大させることを実質的な理由から認めたとしても，果たしてそれが理論的にも妥当なのか，という課題が生じたのである。つまり，妥当な結論を導くためにはBGB 823条1項による一般的人格権保護を認める必要があったとしても，明確な権利・法益を前提としていたBGB 823条1項にそのまま一般的人格権を取り込むことが果たして，理論上も妥当なのか，という課題が生ずるようになったのである。

(i) v. Caemmerer〔1960〕

BGB 823条1項による一般的人格権の保護が承認されたことは，BGB 823条1項により保護される法益が多様化するという結果につながっていった。v. Caemmerer〔1960〕は，この当時の状況を，「一般的人格権が承認されたこと

---

117) Esser〔1969〕S. 401-402.
118) 1967年には，戦後初期から一般的人格権が保護されるべきことを主張していたHubmann〔1953〕の第2版であるHubmann〔1967〕が公表された。Hubmann〔1967〕の序文では，「判例および学説上に一般的人格権保護に関する多様な見解が存在していたことに鑑みて，第1版はその目的を第一に，一般的人格権の基礎を作り上げることを課題としなければならなかった」のに対して，「第2版では，保護される人格的諸利益（Persönlichkeitsgüter）を明確に記述すること，人格侵害の諸構成要件を定立すること，および保護領域を限界づけることを主な目的としている」とされており，時代の流れに応じて，一般的人格権保護をめぐって学説上に存在する課題が変化していったことが示されている（S. V）。

により，ドイツ法には射程の広い一般条項が受容された」[119]と表現する。

さらに，v. Caemmerer〔1960〕は，一般条項が受容されたことから「他人の人格に対する過責あるいかなる侵害も，損害賠償責任を生じさせる」[120]という結果が生じたと主張する。つまり，ここでは，BGB 823条1項により一般的人格権が保護されるようになったために，BGBの起草者意思ではBGB 823条1項により保護されえない権利および法益までもが，BGB 823条1項により保護されるようになったという理解が示されているのである。

(ii) **Fikentscher〔1965〕**

一般的人格権とBGB 823条1項により保護される権利とを明確に区別すべきだとする見解を早くから明示し，不法行為法上の一般的人格権の性質を問いなおす新たな試みを行ったのが，Fikentscher〔1965〕[121]である。

Fikentscherは，一般的人格権[122]とBGB 823条1項により伝統的に保護されてきた権利との間には次の二点で相違が認められるという。すなわち第一に，「絶対権に認められるような固定的かつ明確な外延が存在せず，一定の『不明確性』がつきまとう」という点，第二に，「他人によるいかなる侵害からの保護も原則として認められる，というわけではな」く，「違法性はその権利に対する侵害があれば認められるものではなく，利益衡量により初めて認められる」という点である[123]。このように，BGB 823条1項により形式的には保護

---

119) v. Caemmerer〔1960〕S. 514.
120) v. Caemmerer〔1960〕S. 525. v. Caemmerer〔1960〕では，受忍されるべき多様な侵害行為があるとされ，個別事例ごとに，侵害された利益が法的保護に値するかどうかが検討されなくてはならないとされている（S. 525）。柳沢弘士「ケメラーの民事不法理論——不法行為法における行為不法理論と不法類型論についての覚書——（二）」日本法学31巻2号（1965）276頁では，一般的人格権を承認するなど，BGB成立時の構造を離れた不法行為法を戦後の実務が展開させたことについてv. Caemmerer〔1960〕が，「体系を根本的に破壊」するものだと評価していることが紹介されている（277頁）。
121) Fikentscher〔1965〕の見解およびそれと同時代の見解については，斉藤〔1979〕188頁以下を参照。営業に対する権利保護の視点から紹介されたFikentscherの主張は，和田〔1989〕（3・完）734頁以下を参照。
122) Fikentscher〔1965〕では，一般的人格権の他に，営業権もまた，大綱的権利として問題とされているが（S. 562），本書の検討の対象外であるために省略する。
123) Fikentscher〔1965〕S. 562.

されつつも，実質的には同項により保護される他の権利と異なる権利であることを明確にするために Fikentscher〔1965〕は，一般的人格権を「大綱的権利（Rahmenrecht）」として示すべきだと主張するのである[124]。

(iii) **Esser〔1969〕**

このように，BGB 823 条 1 項による一般的人格権保護を承認する一方でBGB 823 条 1 項により保護される権利とそれとを区別する Fikentscher〔1965〕の立場と親和的な立場をいち早く示した論者として，Esser〔1969〕を挙げることができる。

たしかにすでに見たように，Esser〔1969〕では，BGB 823 条 1 項による一般的人格権の保護を否定する立場は放棄された[125]。しかし，Esser〔1969〕では，「『一般的人格権』がその用語法にもかかわらず，本来の意味での権利ではなく，むしろ一定の個人の権利領域に割り当てられた保護される地位の束に過ぎないと考えられていることは何ら不思議なことではない」[126]という評価がなされている[127]。

(iv) **Hubmann〔1967〕**

しかし，Fikentsher〔1965〕の見解，すなわちBGB 823 条 1 項により保護される権利と一般的人格権とを区別する見解のみがこの時期の学説に現れていたわけではない。

Hubmann〔1967〕では，「BGH は GG 1 条および 2 条を根拠として一般的人格権が BGB 823 条 1 項に定められた意味での絶対権であると認めてきた」とされ，この BGH の立場に対しては，一部の学説から批判はあったものの，学説の圧倒的な支持を受けているものだという評価がなされている[128]。また，Hubmann 自身も，「人格権を絶対権と構成することは，人格に十分な法的保

---

124) Fikentscher〔1965〕S. 562. 一般的人格権と BGB 823 条 1 項により保護される他の権利との間には相違があるとする Fikentscher の主張は既に，斉藤〔1979〕188 頁以下によって明らかにされている（本書 125 頁以下）。

125) 本書 149 頁。

126) Esser〔1969〕S. 401.

127) Esser〔1969〕は，このように一般的人格権を「保護に値する地位の束」と位置づけるものとして，Fikentscher〔1965〕を引用していた（S. 401, Fn. 34）。

128) Hubmann〔1967〕S. 5-6.

護を認めようとして提示されている他の多様な解釈論よりも優れている」[129]という立場を採っている。

それに加えて，Hubmann〔1967〕は，1959年草案ではBGB 823条1項により一般的人格権が保護されることになる改正案が提示されていたことを根拠として[130]，この草案もまた「一般的人格権を絶対権の中に組み込んでいる」[131]ものだという理解を示している。

(v) **一般的人格権保護に関する争点の変化**

以上のように，Hubmann〔1967〕は，一般的人格権をBGB 823条1項により保護される絶対権とは認めない立場を批判し，その批判の対象とした立場を主張する著作の中にFikentscher〔1965〕を含める[132]。

しかし，Hubmann〔1967〕がそのような批判を行う際に根拠としていたのは，絶対権とは認めないことが，BGB 823条1項による一般的人格権の保護も否定するという結論につながるというものであった[133]。

ところが，Fikentscher〔1965〕の提示した一般的人格権とBGB 823条1項により保護される他の権利とを区別するという立場は，BGB 823条1項により一般的人格権は保護されるという状況を前提とするものだった[134]。BGB 823条1項による一般的人格権を認める一方で，BGB 823条1項により保護される他の権利との相違を明らかにして，一般的人格権保護により適した法理を構築すべきだという立場からの主張がそこでは行われていたのである[135]。

---

129) Hubmann〔1967〕S. 152.
130) Hubmann〔1967〕S. 155, Fn. 65.
131) Hubmann〔1967〕S. 155.
132) Hubmann〔1967〕S. 115, Fn. 32.
133) Hubmann〔1967〕はまず，「人格権を絶対権の一つと位置づけることは，人格を十分に保護しようとして学説でなされている他の試みよりも優れている」とする。その前提となっていたのが，一般的人格権を絶対権と認めない立場の論者は，すでに明確に範囲が限定され，かつ，その要保護性に疑いが持たれなくなった一定の人格的利益のみに，絶対権としての保護を認めようとする立場を採っているという理解である（S. 152）。
134) Fikentscher〔1965〕S. 562.
135) 加藤雅信〔2005〕では，「一般的人格権はドイツでは絶対権の一種として性格づけられている」ということが紹介されている一方で，「ドイツでも人格権の絶対権的性格づけに反対する論者もあったし，その利益衡量性が説かれることもあった」と指摘され，「ドイツの一般的人格権をめぐる議論には常に不透明感がつきまとう」という評価がなされている。このとき，同書で混

第 3 章　ドイツ法　不法行為法の変容と名誉概念の変容

第 2 款　損害賠償法の修正および補充のための法律に関する参事会草案

ここまで 1960 年代の学説を参照してきたが，そこでは，一般的人格権保護が確立した後，議論の新たな争点，一般的人格権の位置づけに対する再検討，一般的人格権の具体的内容の明確化をめぐる争点が生ずることになった。

このように一般的人格権に関する議論が変化する中で，名誉保護はいかなる地位を占めるようになったのだろうか。この点をまずは，1967 年に公表された，「損害賠償法の修正および補充のための法律に関する参事会草案」（以下，1967 年草案と表記する）に即して[136)]明らかにしていくことにしよう。

1　条　文

1967 年草案（本款で草案○条と示したものは，1967 年草案の条文である）は，損害賠償法に関する課題を解決するために起草されたものである[137)]。その課題の一つが，「私法上に確固たる地位を占めるようになった一般的人格権保護に実定法を対応させる」[138)]ことであり，そのために，BGB 823 条 1 項の改正が予

乱の原因として挙げられているのが，「人格権を絶対的人格権（強い法的保護がなされる生命，身体，健康等を意味する——引用者注）と相対的人格権（被侵害利益の要保護性の判断に利益衡量的要素がもちこまれることになる人格権を意味する——引用者注）に区別」することなく，「相対的人格権を，無理して絶対権的に位置づけようとしたために，そこには利益衡量的要素があることとの調和を欠いた」ということである（231 頁）。しかし，同書で直接に参照されている，ドイツ法学説を日本に紹介した文献は，斉藤〔1969〕，五十嵐＝松田〔1962〕195 頁，三島〔1965〕（230 頁注 144）であり，そこで紹介されているドイツの学説の状況から，現在のドイツの学説の状況は変化しているのである（本書 126 頁以下）。また，本書 150 頁以下で明らかにしたとおり，一般的人格権保護の枠組みにより保護される法益は，戦後当初の議論から明らかに増加し多様化している。そのため，不法行為法上の一般的人格権保護の枠組みに対する現在のドイツ法学説を，先行研究に拠らずに参照しなくてはならない。

136)　1967 年草案の訳は，斉藤〔1979〕147 頁以下を参照した。また，1967 年草案の全体像についても，斉藤〔1979〕147 頁以下を参照。

137)　1967 年草案は，一般的人格権保護を明確にすることのみを目的とするものではなかった（斉藤〔1979〕148 頁）が，本書は 1967 年草案が対応しようとした他の課題には立ち入らない。

138)　Referentenentwurf eines Gesetzes zur Änderung und Ergänzung schadensersatzrechtlicher Vorschriften II Begründung, 1967, S. 53.

定されていた。1967年草案に示されたBGB 823条1項の改正案は次のとおりである。

草案823条1項 故意または過失によって他人の生命，身体，健康，自由もしくは名誉またはその他の方法によって他人の人格を違法に侵害した者は，それによって生じた損害をその他人に対して賠償する責任を負う。故意または過失によって他人の所有権またはその他の権利を違法に侵害した場合も同様とする[139]。

2　1967年草案による名誉保護の位置づけ

草案823条1項では，新たに挙げられた具体的な法益は「名誉」のみである。また，1967年草案には，1959年草案とは異なり，新たな法益が保護されることを明示するような，具体的な人格侵害の要件を定めた規定が置かれることはなかった。しかし，1967年草案は保護法益の多様化を前提として作成されたものである[140]。そのため，たとえ草案823条1項では名誉のみが具体的に挙げられていたとはいえ，それは，不法行為法上の一般的人格権保護の枠組みにより保護される法益を[141]，名誉もしくはそれに類する法益に限定する趣旨によるものではなかった[142]。

---

139) Referentenentwurf eines Gesetzes zur Änderung und Ergänzung schadensersatzrechtlicher Vorschriften I Wortlaut, 1967, S. 3.
140) Begründung des Entwurfs, 1967, S. 57.
141) 1967年草案でも1959年草案と同様に「一般的人格権」ではなく「人格」という用語が採用されているが，これも，一般的人格権の保護を否定するためでも，法益の拡大を否定するためでもなかった。一般的人格権という用語が避けられたのは，不法行為法上の人格権保護の枠組みについて，学説上に存在していた争いに一定の立場を示さないようにするためであった。このとき，学説には，「人格の保護を，判例ではほぼ例外なく支持されているとおり，たとえば所有権にも類似する一つの包括的な一般的人格権として想定する」立場，「一般的人格権が，ある意味では単に，個別のより詳細に具体化された人格的諸権利（たとえば，肖像権，話された言葉に対する権利，名誉権，身体の完全性を保つ権利，私的領域の保護についての権利）を導く『根源的権利（Quellrecht）』を形成しているに過ぎない」とする立場，および「そもそも，個々に，より詳細に確定された個別的人格的諸権利のみが存在しているに過ぎず，その個別的権利は侵害態様に応じて類推の方法により発展されるべきものであり，それらの諸権利が集積することにより初めて包括的な人格の保護が現実のものとなる」とする立場が存在するとされていた（Begründung des Entwurfs, 1967, S. 58）。
142) Begründung des Entwurfs, 1967 には，「名誉保護」以外にも，「商業上の目的で現代史上の

それどころか，草案823条1項は「いかなる態様による侵害に対しても人格を包括的に保護することを目的とする一般条項」[143]となることが予定され，名誉以外の人格権も広く保護されることになっていたのである。つまり，草案823条1項によるBGBの改正にあたっては，人格権保護で問題となる領域を広く設定することとされ[144]，そこでは新たな法益が判例により認められることが前提とされていたのである[145]。

3　保護法益の拡大と多様化

Fikentscher〔1965〕や，Esser〔1969〕から明らかなとおり，1960年代からは，BGB 823条1項により一般的人格権が保護されることを前提として，一般的人格権と伝統的にBGB 823条1項により保護されてきた権利との相違をどのように解するべきなのかという点が議論の対象とされることになった。1950年代は，一般的人格権がBGB 832条1項により保護される権利と「異質」であるかどうかという点が議論の対象となっていた，すなわち，「絶対権」と認めるかどうかが議論の対象となっていた。これに対して1960年代からは，「異質」であることを前提としながらも，現実の判例をどのように取り込むべきなのかという点に関する議論が始まったのである。

また，一般的人格権保護に関する一般論ではなく，その具体的な内容を明らかにする試みがなされるようになった結果，保護法益が多様化するばかりでなく[146]，その内容に関しても論者ごとに理解の相違が見られるようになった。

　　人物の写真を公開することからのその人物の人格の保護」等の事例を扱ったBGHの判決が複数示されている（S. 56-57）。
143)　Begründung des Entwurfs, 1967, S. 57.
144)　1967年草案については，人格保護の対象について次のような立場が示されていた。「人格保護の対象となるのは，能動的に個人が行動する自由，つまり動的な観点での人格のみではない。それに加えて，むしろかなりの程度で，個人を静的な状況，つまり静止状態の観点で，保護することも人格保護の対象となる。それは，静謐と平穏の中においたままにされる権利とでも表現されうるものである」とされている（Begründung des Entwurfs, 1967, S. 59.）。
145)　立法理由では，「『人格』という概念の内容を詳細に確定する作業は，判例にゆだねられたままにされるべきである」とされている（Begründung des Entwurfs, 1967, S. 59）。
146)　一般的人格権について v. Caemmerer〔1967〕では，「その後今日のドイツ法においては，実務上，人格および人格的諸関係に対する侵害からの一般条項的な保護が認められている」とい

これを示すのが，Helle〔1969〕および Hubmann〔1967〕に現れた見解の相違である。両者の見解を比較してみると，具体的に保護される法益が多様化した反面，その内容については論者ごとに見解の相違があったことが分かる。

Helle〔1969〕では，「一般的人格権の保護の対象となるのは，人格そのものではなく，一つは GG 1 条 1 項に定められた『人間の尊厳 (die Würde des Menschen)』であり，もう一つが GG 2 条 1 項に定められた『個人の人格を自由に展開させていくこと (die Entfaltung seiner Persönlichkeit)』」[147]だとされている。

さらに Helle は，「人間の尊厳の保護」の具体的な内容としては，「誹謗 (Verunglimpfung)」からの保護や，「自己決定権」の保護，「私的領域」の保護等を挙げている。しかし，そもそも Helle 自身によって「ここで提示した具体例は，人間の尊厳に対する違法な侵害の態様の類型を排他的に示したものではな」く，「侵害類型について多様な可能性があるということを具体的に示す例に過ぎない」とされているのである[148]。

この Helle〔1969〕が提示した一般的人格権が問題となる領域の分類に対して，Hubmann〔1967〕は一般的人格権保護が問題となる領域を大きく三つに分類する[149]。このように，明らかに法益分類の基本から両者の見解は異なっているということができる。また，Hubmann〔1967〕では，Helle〔1969〕におけるよりも多くの具体的な法益が列挙されているが，それらのすべてが当時の学説により正面から承認されているわけではなかった[150]。

う認識が示されたうえで，「一般的人格権保護のための一般条項が認められたことにより，判例は人格保護を慎重かつ他の考慮要素と衡量しながら拡大することが可能となった」という指摘がなされている (S. 33)。
147) Helle〔1969〕S. 72.
148) Helle〔1969〕S. 74-76.
149) Hubmann〔1967〕は，「人格を展開させる権利 (das Recht auf Entfaltung des Persönlichkeit)」(S. 175)，「人格そのものに対する権利 (das Recht an der Persönlichkeit)」(S. 220)，「個性に対する権利 (das Recht auf Individualität)」(S. 268) と分類している。
150) Hubmann〔1967〕では，26 個の具体的な法益が列挙されていた (S. 175-332)。これに対して Esser〔1969〕では，一般的人格権の枠組みで問題となるものとして例示されたものは三つであり，それは「他人の私生活に秘密裏に侵入すること」，「私的な事実を当事者の同意を得ずに，もしくは同意していない方法によって，第三者または世間に公開すること」，「名誉侵害」のみだ

第 3 章　ドイツ法　不法行為法の変容と名誉概念の変容

つまり，一般的人格権の性質から当然ともいえるのだが[151]，当時の学説では，BGB 823 条 1 項による一般的人格権保護の枠組みの中で問題となる具体的な保護法益の内容について，一致した見解が存在しない状況が形成されていたということが分かる[152]。

第 3 款　名誉の多義性と名誉侵害事例の拡大

1950 年代と 1960 年代との議論の内容を比較してみれば，そこには，一般的人格権保護に関する学説の課題が変化したことを見て取ることができる。1950 年代には，一般的人格権保護の可否そのものが課題となっていたのに対して，1960 年代には，その保護を前提として，一般的人格権の BGB 823 条 1 項への適切な位置づけや，それによって保護される具体的な法益の内容を明らかにすることが課題とされたのである。

また，1960 年代には，一般的人格権保護によって保護される具体的な法益が増加することが当然の前提となった。そのことは，1967 年草案でも，BGB 823 条 1 項に対して多様な法益を保護するための修正が加えられたことにも示

った（S. 402）。Larenz〔1972〕でも，一般的人格権の枠組みで保護されるものとして具体的に挙げられているのは，「書簡および信書」，「私的領域にいるある個人の写真を秘密裏に撮影すること」，「秘密裏に録音すること」，「ある個人の私的領域に関する事実を公表すること」，「商業広告で署名な人物の氏名に言及すること」，および「名誉」のみだった（S. 474-476）。

151）Hubmann〔1967〕は「保護される人格的諸利益に関していえば，一般的人格権は開かれた構成要件であるべきである。なぜならば，人格に関する考察および侵害の可能性はいまだ発展段階にあるからである」（S. 172）として，一般的人格権保護の中で具体的に保護される法益については，その内容は一応明確にされることはあるが，固定されえないものだという理解を示している。

152）一般的人格権保護を承認した Esser〔1969〕は，「823 条 1 項の形式に従い，個別の構成要件を列挙することを超えて，この法学上の怪物（dieses juristische Monstrum）を整序する試みはまだ用意されて」おらず，「現在までの一般的人格権は，単なる整序機能を持つ上位概念に過ぎない」とした（S. 401）。

　また，v. Caemmerer〔1967〕は一般的人格権保護の発展が「体系的な手法」によりなされてきたのではなく，「一般的人格権に関するドイツ不法行為法は，一般条項主義を採用する他の国と同様に，『Case-Law』として，したがって，裁判所に持ち込まれた事実関係に依存して，発展してきた」という理解を示している（S. 33）。

されている。

　次に，1960年代には，上記のように保護法益が増加していくことが当然の前提とされるようになったことを踏まえて，1960年代および1970年代の学説に即して，次の二点を検討していくことにしたい。第一の検討対象は，学説では名誉の内容について一致した理解が形成されていたのかという点であり，第二の検討対象が，不法行為責任の成否を判断して具体的な事例を解決するのに際して，名誉侵害が問題となる場合と他の法益侵害が問題となる場合とが明確に区別されていたのだろうかという点である。

1　名誉の多義性

　1950年代の学説に即して[153]確認したとおり，単に学説上で名誉の保護が承認されていたということだけで，同一の名誉の保護が学説で支持されたと考えることはできない。1960年代および70年代の学説に立ち入ってみても，戦後初期の学説と同様に，名誉の定義については，一致した見解が形成されていなかったということを明らかにすることができる。

　たしかに，名誉に対する定義を明示することなく名誉保護について論ずる学説が存在していた[154]。しかし，名誉概念の定義や名誉侵害事例の具体的内容について言及した学説を比較してみるならば，1950年代の学説に存在していた，名誉概念の内容に対する見解の相違は解消されていなかったことが分かるのである[155]。

(i)　Larenz〔1964〕，Larenz〔1972〕

　Larenz〔1956〕では，名誉については端的に，「社会の中で人間が有する信望（die soziale Geltung eines Menschen）」[156]とのみ言い換えられていたが，Lar-

---

153)　本書136頁以下。

154)　v. Caemmerer〔1960〕S. 523-524, Reinhardt, Persönlichkeitsschutz und Meinungsfreiheit, 1961, S. 5.

155)　Staudinger/Schäfer〔1975〕では，「一般的人格権から派生したものとして823条1項により保護される名誉は，性的名誉も含」み，「このことはさしあたり女性の性的名誉にあてはまる」ため，「特則としての825条は本質的に時代遅れのものとなっている」とされている（Rn. 208）。また，ここでは「男性の性的名誉についてもまったく同じことがあてはまる」とされていた（Rn. 208）。

enz〔1964〕でも，Larenz〔1972〕でも，この立場は維持され続けていた[157]。
　(ii)　**Hubmann〔1967〕**
　Hubmann〔1953〕では，Larenz〔1956〕に示された「信望」よりも広い射程を有する名誉が提示されていたが，それは Hubmann〔1967〕でも同様だった。Hubmann によれば，「名誉は，個人が有する価値の総体，つまり個人が有する諸価値の総体を表す」ものであった。Hubmann はこの名誉を「内的名誉」とも表現し，二つの主要な構成要素からなるものとしていた。その二つの構成要素として Hubmann が挙げたのは，「あらゆる個人に対して当然に認められ，他のあらゆる人間と共通する人間の尊厳」と「個人が固有の行跡（Leistung）を通じて，自己を発展させ成熟させていく過程で個人が獲得していく，自らの有する個人的かつ人格的な価値」であった。さらに Hubmann によれば，この名誉を形成する行跡こそが，「人間の多様な活動領域の中で人間が有する名声（der gute Ruf）や声価（Ansehen），たとえば，学問上の名声，著作者としての名誉，発明者としての名誉，および階級上の名誉もしくは職業上の名誉の根拠となる」ものであった[158]。
　(iii)　**Helle〔1969〕**
　Helle〔1957〕では，「『名誉』という語にもちこまれる多様な意味の中でも，法的に有用なのは次の二つである」とされ，「『客観的には個人が有する価値に対する他人の判断であり，主観的には他人の判断に対する個人の恐怖』」だという理解が示されていた[159]。これを，Helle〔1969〕は維持する。すなわち，Helle によれば，名誉は，「自尊心（Selbstachtung）」である「『内的』名誉」と「『外的』名誉」とに分けられるのであるが，「『客観的には個人が有する価値に対する他人の判断であり，主観的には他人の判断に対する個人の恐怖』」である，「外的名誉」にのみ法が関わるとされていたのである[160]。

---

156)　Larenz〔1956〕S. 333.
157)　Larenz〔1964〕S. 384, Larenz〔1972〕S. 473.
158)　Hubmann〔1967〕S. 288-289.
159)　Helle〔1957〕S. 1.
160)　Helle〔1969〕S. 6.

(vi) 名誉の多義性

　以上で挙げた各論者の名誉に対する理解を比較するならば，1950年代に存在していたこれら三者の提示する名誉概念に対する理解の相違が，1960年代にも維持されていたということは明らかである。特に，名誉を明確に定義するHubmann〔1967〕とHelle〔1969〕との間にはその理解の相違も明確な形で現れる。Hubmann〔1967〕は，「内的名誉」と「名誉」そのものとを区別することはなかった[161]。これに対して，Helle〔1969〕は，「自尊心」としての「内的名誉」を法的には問題とはならないとしていた[162]。さらに，Hubmann〔1967〕は，「人間の尊厳」を名誉の構成要素として挙げていた[163]。これに対して，Helle〔1969〕は，「人間の尊厳」の保護を，名誉保護に関してではなく，それとは区別される，一般的人格権の保護に関して問題としていた[164]。このように，Hubmann〔1967〕とHelle〔1969〕との間で名誉概念に対する定義のみならず，その実質に対する理解も異なっていたという状況が存在していた。

2　名誉侵害事例の拡大

　論者ごとの見解を比較すれば，名誉概念の定義について学説上の一致が見られなかったことは明らかだが，名誉侵害事例の具体的内容についてはどうだろうか。

　この時期の議論の特徴としては，1950年代とは異なり，BGB 823条1項による名誉保護が認められるということの意義は，過失による侵害の場合にも不

---

161) Hubmann〔1967〕S. 288.
162) Helle〔1969〕S. 6.
163) Hubmann〔1967〕S. 288-289.
164) Helle〔1969〕S. 74.
　Helle〔1969〕によれば，人間の尊厳に対する侵害を理由とする責任の成立が認められる場合には，従来の名誉侵害が該当することもあるが，必ずしもその必要はないとされていた。ここでHelleは，「誹謗（Verunglimpfung）によって他人の有する人間の尊厳を侵害した者は，少なくともそれによって，同時に侮辱（Beleidigung）を理由としてもまた，責任を負うべきである」としているが（S. 93），このときの誹謗を，「人間の尊厳と決して両立しえないものであり，いかなる人間も有している，尊重されることを求める権利に対する重大な侵害に該当する」ものだが，「それは，同時にStGB 185条以下に定められた侮辱（Beleidigung）の要件をも充たしうるがその必要はない」としていた（S. 74）。

法行為責任の成立が認められるという点のみでなく，次の点にも認められていたという点にある。すなわち，StGB 185 条以下に定められた名誉侵害類型に該当しない場合にも，名誉侵害を理由とする不法行為責任が成立しうるという点である[165]。その結果，不法行為法において名誉侵害事例として挙げられる事例が多様化しうることが示されるようになったのである。

(i) Hubmann〔1967〕

Hubmann〔1967〕では「判例はすでに，刑法上の構成要件に該当しないような名声を低下させる事例についても，一般的人格権を基礎として解決するところまで到達している」という理解が示されている[166]。

(ii) Staudinger/Schäfer〔1975〕

Hubmann〔1967〕のように名誉侵害事例が StGB に定められた侵害類型を超えて拡大しうることは，Staudinger/Schäfer〔1975〕により，具体例も挙げられ，さらに明確にされている。ここでは，「個人的名誉が，823 条 1 項により保護される一般的人格権から派生するものだと認められたことから生ずる帰結としては，故意ではなく過失による侵害についてのみ責任の成立が認められることだけではない」とされ，「個人的名誉の BGB 823 条 1 項による保護が認

---

165) ただし，過失による名誉侵害の場合にも不法行為責任の成立が認められるという点のみを指摘する論者もいた。例えば v. Caemmerer〔1960〕は，BGB 823 条 1 項により名誉が保護されるということは「主に，出版業者が自らの出版物の中に名誉を侵害する主張がなされていることを，過失により認識していなかった場合に，その業者の負う私法上の損害賠償責任について大きな意味を有する」としていた。また，「さらに，自らの行った表現行為が，平均的な読者によれば名誉侵害的な意味に解されうることに過失により気付かなかった場合に，これまでは認められなかった責任の成立も考慮されるようになる」と主張していた (S. 524)。

また，Esser〔1969〕は，「『一般的人格権』が承認されたことにより，BGB 823 条 2 項を基礎とした StGB 185 条以下の刑法上の保護法規を責任の基礎とできる可能性に関係なく，名誉侵害の場合にも私法上の責任を成立させることができるようになった」という (S. 398)。その一方で，刑法と結びついた BGB 823 条 2 項の範囲を越えて名誉が保護されることにより「故意によらずに個人的名誉が侵害された場合もまた広く問題となる」としていた (S. 402, Fn. 44)。

166) Hubmann〔1967〕S. 293.

Hubmann〔1967〕は，1959 年草案 14 条では「名誉を刑法上の構成要件の枠内でのみ，ただ，過失による侵害に対しても保護が認められていた」が，判例はその範囲を越えて名誉保護を問題としているとしていた (S. 292-293)。

められたということの意味は特に次の点」にあるとされている[167]。すなわち，「いまや人格を侵害するような侮蔑的言辞を広く，それが刑法上の構成要件を充たすか否かを考慮することなく，把握できるようになったという点」[168]である。そのうえで，名誉侵害と扱われる具体例として，「侮辱的な性質を有する論評，被害者の人格像を歪曲し，もしくは侵害するような記述，被害者を馬鹿にする表現，そして真実の事実を伝える際に，必要も無いのにある者を笑い者にする表現」[169]が挙げられている。それに加えて，「人種や血統に関する差別的言辞」[170]の類型もまた，名誉侵害と評価されうると解されている。ここでは，「ある者が属する人種，宗教等に関連して行われるその者についての否定的な表現もまた，広い意味で名誉侵害に該当する人格侵害と評価されうる」ために，「浅黒い色の肌の妻をもつ被用者に対して使用者が，『妻を理由として』会社内での昇進の機会がないことを明らかにした場合には，それが妻の人格に対する侵害となりうる」というのである[171]。

第4款　名誉保護に関する議論の変化

　以上のとおり，BGB 823条1項による名誉保護が認められるということは，名誉侵害が問題となる事例の範囲が拡大させられるという結果を導きうるものであった。では，このように，名誉侵害が問題となる領域が拡大されていく際に，他の法益侵害が問題となる領域からの区別が明確にされて拡大されていったのだろうか。この点を，BGH判決に対する学説の評価に即して明らかにしていくことにしよう。

---

167)　Staudinger/Schäfer〔1975〕Rn. 200.
168)　Staudinger/Schäfer〔1975〕Rn. 200.
169)　Staudinger/Schäfer〔1975〕Rn. 200.
170)　Staudinger/Schäfer〔1975〕Rn. 209.
171)　Staudinger/Schäfer〔1975〕Rn. 209. Soergel/Zeuner〔1969〕でも，「名誉に対する侵害」について，「一般的人格権には名誉も含まれる」とされ，これを理由として，名誉が「もはやStGB 185条に結び付けられたBGB 823条2項によってのみ保護されるものではなく，823条1項により包括的な保護がなされている（BGHZ 31, 308; 39, 124; BGH NJW 1963, 904; 1965, 2395──原注）」と説明されている（Rn. 63）。

第3章　ドイツ法　不法行為法の変容と名誉概念の変容

1　「名誉」に関連する BGH 判決

1960 年代および 1970 年代の学説により，名誉侵害事例として具体的に挙げられた BGH 判決は次のとおりである[172]。

〔3・1〕BGH 1959 年 3 月 18 日判決（BGHZ 30, 7）

問題となったのは，著名な女性歌手の氏名が，その歌手が何の関係も有していない義歯洗浄剤の広告文に使用されたという事例である。

BGH は，「そのような広告によって，原告と製品との間にイメージの関連が必然的に生じてしまうことは，特に被告が販売し，その広告の中で称賛されている製品の性質を考慮すると，原告が甘受しなくてはならないことではな」く，「そのようなイメージが原告について世間で生じてしまうことにより，原告の声価（Ansehen）が傷つけられてしまう」と判示した[173]。

〔3・2〕BGH 1959 年 12 月 22 日判決（BGHZ 31, 308）

問題となったのは，ある弁護士が作成した書簡を，雑誌の中で，そこから一部のみを取り出して誤った文脈の中で公開したことにより，その弁護士がナチスの世界観に親和性を示すとの印象を与えるような記事が公開されたという事例である。

BGH は，「問題となった記事が原告を否定的に特徴づけ，それによって原告の名誉（Ehre）を傷つけたことに行き過ぎがなかったかという点が検討されなければならない」[174]と判示した。

〔3・3〕BGH 1961 年 9 月 19 日判決（BGHZ 35, 363）

問題となったのは，朝鮮人参を使用した精力増強剤の広告の中で，教会法の教授が，一切その薬剤に関係していないにもかかわらず，その効能を保証して

172）〔3・1〕判決について，Staudinger/Schäfer〔1975〕Rn. 200,〔3・2〕判決について，Esser〔1969〕S. 402, Fn. 44, Helle〔1969〕S. 57, Fn. 16, Larenz〔1972〕S. 476, Fn. 2, MüKo/Schwerdtner〔1978〕Rn. 221, Fn. 760, Soergel/Zeuner〔1969〕Rn. 63,〔3・3〕判決について，Hubmann〔1967〕S. 293, Fn. 20, Staudinger/Schäfer〔1975〕Rn. 200.
173）BGHZ 30, 7, 13.
174）BGHZ 31, 308, 316.

いるという記述がなされたという事例である。

BGH は,「いかなる客観的根拠も存在しないなかで原告の研究内容と被告の扱う薬剤を関連づけることは, 所与の状況のもとでは, 原告を社会の中で笑い者にして, その学問上の名声 (wissenschaftlicher Ruf) を減少させるものである」175)と判示した。

2 「名誉」に関連する BGH 判決の保護法益に関する学説の議論
(i) 「名誉」以外の法益に関する BGH 判決

上記三つの BGH 判決で侵害の成否が問われた法益を参照するならば, 実際の事例解決に際して名誉, もしくは声価 (Ansehen) や名声 (Ruf) といった名誉と類似する法益が問題とされていたことは明らかである。ところが, これらの判決を, 判旨の中で名誉に言及しない BGH 判決とも関連づけ, そのうえで, 名誉以外の法益が侵害された事例を問題とした判決だという主張を行う論者が存在していたのである176)。このとき, 問題とされた代表的な BGH 判決は次のとおりである。

〔3・4〕BGH 1954 年 5 月 25 日判決 (BGHZ 13, 334)

問題となったのは, ナチス体制に深く関わった者の立場を職務上擁護したに過ぎない弁護士の書簡に変更を加え, さらにそれを, 単なる読者の投書として掲載したことにより, あたかも個人的な見解からその者を擁護するかのような印象を与える記事が公表されたという事例である。

BGH は, 問題となった具体的な侵害について,「信書に変更を加えて複製することは, 書き手の承認を得ずにそのような変更を加えることが誤った人格像 (ein falsches Persönlichkeitsbild) を伝えることになるために, その書き手が有する人格権的な固有の領域を侵害することになる」177)と判示した。

---

175) BGHZ 35, 363, 365.
176) また, v. Caemmerer〔1967〕のように, 被侵害法益を明確にしないままに BGH 判決を一般的人格権侵害の具体例として取り上げる場合もあった。v. Caemmerer〔1967〕は,〔3・3〕判決 (S. 32, Fn. 12) や〔3・1〕判決 (S. 32, Fn. 13) を, 一般的人格権に対する侵害を認めた BGH 判決の具体例として取り上げているが, 名誉侵害を問題とした判決という扱いをすることも, 具体的な被侵害法益を挙げることもなかった。

第3章　ドイツ法　不法行為法の変容と名誉概念の変容

〔3・5〕BGH 1964 年 12 月 8 日判決（NJW 65, 685）

問題となったのは，かつてのイラン王妃について実際には行っていないインタビューの記事が捏造されて，掲載されたという事例である。

BGH は，「原告が自分の私生活について決して行っていない主張をしたものと見せかけられたことが本件においては決定的であ」り，「それによって，自分の私的領域（ihre Privatsphäre）に関する主張を自分自身で世間に向けて行うか，そしてそのような望みを持っているのであれば，どのような方法で世間に向けて行うか，という点について原告が自分自身で決定する権利が侵害された」と判示した[178]。さらに BGH は，〔3・4〕判決を援用し，「個人の行った主張に歪曲を加えて雑誌に掲載することが人格権侵害となるのであれば，私生活の事実に関する談話を捏造して広めることはなおさら」[179]人格権に対する侵害となるという判断を示した。

〔3・4〕判決も，〔3・5〕判決も，名誉侵害の成否を判断して不法行為責任の成否を判断したものではなかった[180]。しかし，両判決と，〔3・1〕判決，〔3・2〕判決，〔3・3〕判決で問題とされた法益の実質に関する議論がなされるようになり，具体的に問題となる法益について，学説には見解の相違が生ずるようになったのである。たとえば，名誉に関する〔3・2〕判決と，名誉に関しない〔3・4〕判決との双方を，名誉以外の同一の法益に関する判決と位置づける見解が次のように存在する。

(ii)　**Staudinger/Schäfer〔1975〕**

上記の，名誉侵害を問題とした BGH 判決と名誉以外の法益侵害を問題とし

---

177)　BGHZ 13, 334, 339.
178)　BGH NJW, 1965, 685, 686.
179)　BGH NJW, 1965, 685, 686.
180)　〔3・4〕判決の原審判決は，当該事例に関して名誉侵害の成否を問題としつつ，さらに名誉侵害は成立しないとしている。原審判決は，「原告の書簡を短縮して『読者からの投書』欄で公表することは，原告に対するいかなる違法な侵害に該当するものではない」という判断が示されていたが，それは，「そのような類の公開がなされることは，たしかに虚偽の事実の主張も含んでいる」が，「原告が被告に対して読者として投書したという不正確な主張は，原告の信用（Kredit）を侵害するものでも，原告を笑い者にするものでも，もしくは世論の中でその世評を貶めるものでもない」ということを根拠とするものだった（BGHZ 13, 334, 336-337）。

た BGH 判決との両方について，名誉以外の法益の侵害が問題となったものだという見解を示したものとして，Staudinger/Schäfer〔1975〕を挙げることができる。ここでは，〔3・2〕判決および〔3・4〕判決によって問題とされたのが，「書かれた言葉に対する権利」[181]に対する侵害でもあると解されている。すなわち，「言葉に対する権利に対する侵害を理由とする一般的人格権に対する侵害は，それ自体は公開することを目的としていた言葉が，その発信者の同意なくして歪曲された形式で公開された場合にも成立する」[182]というのである[183]。

(iii) MüKo/Schwerdtner〔1978〕

MüKo/Schwerdtner〔1978〕は，「信書および日記は，その書き手の同意がある場合にのみ，さらに信書の場合には受取り手の承認がある場合にのみ，第三者の目に触れさせることができる」ものであり，「一般的人格権は，信書や日記が歪曲されて複製されることに対しても保護を認めている」として，〔3・2〕判決および〔3・4〕判決によって保護された法益が，「秘密および私的領域の保護」に属する「信書および日記の秘密」であるとする[184]。

(iv) **名誉毀損事例の保護法益に対する理解の相違**

上に挙げた学説の理解を比較するならば，同一の BGH 判決に対して，そこで保護される具体的な法益の内容に関して，学説には理解の相違が見られるよ

---

181) Staudinger/Schäfer〔1975〕Rn. 194.
182) Staudinger/Schäfer〔1975〕Rn. 194. さらにここでは，「たとえば，新聞社にたいして公開を目的として渡された読者の投書が，その書き手の同意なくして変更を加えられ公開された場合，その書き手の人格像がその公開によって歪曲されうるものであるならば，それは一般的人格権に対する侵害とな」り，「問題となる変更は，本質的な部分が省略され，それが歪曲された複製となる場合にも問題となりうる」とされている（Rn. 194）。
183) Staudinger/Schäfer〔1975〕は，〔3・3〕判決を，「他人の氏名および名声を広告のために無許可で使用すること」という類型に分類し，これによって「妨げられずに芸術家として発展していくことに対する権利」の侵害が問題になるとも理解していた（Rn. 188）。
184) MüKo/Schwerdtner〔1978〕Rn. 218, Fn. 750.
　　Soergel/Zeuner〔1969〕でも，同じ二つの判決について，「信書および内密の記録の公開」が問題となっているとされている（Rn. 58）。すなわち，「著作権上の保護対象とならない場合でも，書き手の秘密および固有の領域を顧慮し，原則として書き手の同意があり，さらに書き手の承認した方法によってのみ原則として許されるものであ」り，「それに応じて，同意を得ずに公開することも，変更を加えた形で公開することも，ともに通常は，一般的人格権に対する侵害だと評価される」というのである（Rn. 58）。

うになったことが明らかになる。このように，具体的な事例で問題となった法益に関する学説の理解の相違が生じた背景には，BGB 823条1項により保護される法益が増加したという事情が存在する。不法行為法で保護される法益が増加した結果，学説では個別の事例で保護されるべき法益の内容が問われるようになった。そのために，名誉には解消されない法益が，既存の名誉侵害事例について問題となると解されるようになったのである。

しかし，学説の議論は，名誉侵害が問題とされたBGH判決の事例を名誉以外の法益侵害事例に分類することにとどまるものではなかった。1960年代以降には，上に挙げたBGH判決の中で問題とされた法益の実質に関する議論がなされるようになった。その議論の中で新たな法益が提示されるようになった結果，その新たな法益と名誉との関係が正面から問われるようになっていったのである。

3　新たな法益の出現——虚偽の事実が主張されることからの保護
(i)　Hubmann〔1966〕
　　a　BGH判決に対する批判

具体的な保護法益に関する議論を進めて，それまでの判例や学説によって実質的に問題とされていた内容を分析し，既存の法益にとらわれることなく，新たな法益を提示したのがHubmann〔1966〕である。ここでは，信書等の文書が公開されたことが問題となった場合のみに限定することなく，虚偽の事実が主張された場合について，名誉よりもさらに広い射程を有する新たな法益の侵害を問題とすべきだという主張が示されたのである。

ここでHubmannは，「印刷その他の大量情報伝達手段を通じ，ある個人について不正確な情報が流されたことにより人格に対する侵害が生じそれによって一般的人格権に対する侵害が成立する」[185]という判断を行っている点については，BGHに同意するとした。しかし，具体的にその侵害が問題となる法益について，BGHは正しく理解していないとHubmannは批判した。

Hubmannによれば，「ある個人について不正確な情報が流されるか，また

---

185)　Hubmann〔1966〕S. 161.

はある個人が口頭や文書で行った表現が誤ってもしくは歪曲されて複製された場合」について，判例は「多くの場合名誉侵害として処理している」のであって，その具体例としては〔3・2〕判決[186]や〔3・3〕判決[187]が挙げられるという。それに加えて，Hubmann は虚偽の事実が公開された事例について，名誉ではなく「人格像の歪曲」[188]を問題とした判決として〔3・4〕判決を挙げる[189]。

　これらの BGH 判決が具体的な法益の侵害を問題としていることに対して Hubmann は，「ある個人について不正確な情報が流されたことが問題となったこれらの場合に，判例が一般的人格権に対する侵害を認めることだけで満足せずに，侵害された人格的利益を明示しようとしていること」については，「一般的人格権が常に不確定なものであることや，そこから法の適用が不確定的なものになるという帰結が生じてしまうことは，侵害された人格的利益が明確に把握されることによってのみ，個別の事例において克服されうる」ものであることを根拠として，同意する[190]。しかしその一方で Hubmann は，「ここで参照した判決において，ある個人について虚偽の情報が伝達されることに認められる違法な要素が正確に記述され，侵害された人格的利益を一義的かつ明確に把握されていると認めることはできない」[191]という評価を BGH 判決に対して示した。例えば，Hubmann によれば，「名誉侵害は，ある主張が軽蔑 (Mißachtung) の表明もしくは少なくとも名声の低下 (Ansehensmindrung) を含んでいる場合にのみ成立し，その主張が中立的な観点からなされるか，または単に称賛するような内容のものである場合には成立しない」ものであるため，「名誉侵害も，不正確な情報が公開された場合に生ずる違法な要素を把握するためには十分なものとはいえない」というのである[192]。

---

186) Hubmann〔1966〕S. 162, Fn. 2.
187) Hubmann〔1966〕S. 162, Fn. 3.
188) Hubmann〔1966〕S. 162.
189) Hubmann〔1966〕S. 162, Fn. 4.
190) Hubmann〔1966〕S. 163.
191) Hubmann〔1966〕S. 163.
192) Hubmann〔1966〕S. 163.
　Hubmann は「判例が個別の判決の中で人格像の歪曲 (eine Verfälschung des Persönlichkeits-

b 新たな法益の提示——「同一性（Identität）」

ここで Hubmann は，名誉等の既存の法益では違法要素を明確にできないと主張した上で[193]，「重要なのは，個人に関して発言されたことが真実であるか，個人が行ったことと一致するかということ」であり，「したがって，侵害された人格的利益は，同一性（Identität）という法益である」と主張した[194]。Hubmann は，この「同一性」という法益が重要なものだと解されるべきだとして次のように主張した。すなわち，Hubmann によれば「各個人は，人間との共同生活を送る中で，自分自身と一致しかつ他人から区別される統一体として，まさに個人として，評価されるもので」あり，「各人は，固有の運命，固有の性格，固有の価値を有し，自分自身が責任を負わなくてはならない行動をとるものである」ため，「人間同士が互いに交流する中で，同一性は保護に値する法益に転化する」というのである[195]。さらに，Hubmann は，「同一性，個人の本質および行動に関する真実，個人の人間性がかけがえのないものであること，および自らが独自の存在であることが，他人から尊重されることについて個人は正当な利益を有する」と主張し，「個人の人格が周囲の目のなかで歪曲されないこと，個人について不正確な発言や行動もしくは生活状況が押しつけられないことを要求できるものでなくてはならない」と主張した[196]。

---

bildes）について言及する場合に，判例は個人に関する不正確な情報が公開されることに関する問題の核心により近づくことになる」とした上で，その「人格像」という用語についても，Hubmann は「人格像は，外に現れた姿（Erscheinungsbild），生活像（Lebensbild），性格像（Charakterbild），名誉（Ehre）など，そもそも人間に関する表現一般，および世間が個人に対して抱く印象を包括する概念」であるため，「人格像という概念は不明確でありすぎかつ広すぎる」という批判を行った（Hubmann〔1966〕, S. 164）。

193) Hubmann〔1966〕では，「自己決定権」，「氏名権」，「私生活に対する侵害」，「人格像」のすべてが，違法要素を把握するには足りないとされている（S. 163-164）。
194) Hubmann〔1966〕S. 164.
195) Hubmann〔1966〕S. 165.
196) Hubmann〔1966〕S. 165.
　MüKo/Schwerdtner〔1978〕でも，Hubmann〔1966〕S. 161 が参照されて，支持されている。ここで Schwerdtner は，「一般的人格権の一部と評価される同一性の権利からは，ある個人について，その者自身から生じたものではない表現行為を帰属させてはならないという帰結が導かれる」としている。そのうえで，「虚偽ではあるが名誉を侵害するようなものではない事実の主張に対しては，その被害者に押しつけられた表現行為がその者自身の人格像（Persönlichkeitsbild）

第 3 節　1960 年代および 1970 年代の議論／第 4 款

(ii)　**Helle〔1969〕**

　Hubmann〔1966〕および Hubmann〔1967〕の後も[197]，名誉侵害を問題とした BGH 判例を具体例として，名誉よりもさらに広い射程を有する法益侵害を虚偽の事実が主張された場合に問題とすべきことを主張する見解は存在していた。たとえば，Helle〔1969〕は「『義歯』事件および『朝鮮人参』事件」，すなわち〔3・1〕判決および〔3・3〕判決で問題となったのが，「人格像の歪曲（Verzerrung des Persönlichkeitsbildes）」だとしている[198]。ここで Helle は「虚偽のもしくは不完全な事実の主張によって人格が侵害された場合に，その違法性を認めないという根拠は明らかに存在しない」[199]とする。さらに，Helle は「そのような主張は，たしかに被害者の名誉を侵害しうるものであるが，同時に被害者の人格をも侵害する，もしくは単に人格を侵害する効果しか有しないという可能性がある」[200]というのである。このとき，Helle は新たに，「人格像の歪曲」という類型を提示したのであった[201]。

(iii)　**Reinhardt〔1973〕**

　Reinhardt〔1973〕でも，虚偽の事実が公開された場合に名誉以外に問題となる法益が存在するとされている[202]。Reinhardt は「自分自身による人格の

　　　を誤らせるようなものであることにより，それが被害者の人格権を侵害するのであれば，その被害者に不作為請求権が認められる」という。そのとき問題とされた具体例が，「ある政治家についてその者が行っていない発言が押しつけられた場合」や，「完全にねつ造されたインタビューが公開された場合」，もしくは「地方自治体の政治家が，名誉保護の観点からは，中立の見解を押しつけられた場合」であり，このとき，「同一性の権利に対する侵害が成立する」というのであった（Rn. 241）。
197）　Hubmann〔1966〕で示された主張は，Hubmann〔1967〕の中でも維持されていた（S. 271f.）。
198）　Helle〔1969〕S. 79.
199）　Helle〔1969〕S. 78.
200）　Helle〔1969〕S. 78.
201）　Helle〔1969〕は，「虚偽のもしくは不完全な事実の主張によって人格が侵害された場合」に該当するのが，「一つには，主張された事実が虚偽もしくは不完全なことにより，もう一つには，その事実が流布された程度および方法によって，事実の主張が被害者の『人格像の歪曲』を引き起こすような場合」であるとしていた（S. 78）。
202）　BGB 823 条 1 項による一般的人格権の保護が認められることで，名誉との保護領域の区別が問題となる法益が生ずるということについて，早い段階で具体的な議論を展開し，名誉に関連する法益が存在することを指摘していた論者が Reinhardt である。Reinhardt は，Hubmann

描写」と「世間の目の中で，一般的な観察方法を基礎として形成される印象」という二つの要素から構成される「生活像（Lebensbild）」[203]の保護をこの論稿で扱っている。Reinhardtによれば，この「生活像」は，名誉保護を定めたStGB 186条および187条によっても保護されているという[204]。つまり，この「生活像」が「虚偽のまたは真実と証明されない事実が主張されることにより，否定的な観点から歪曲され」たときには，「同時にそれによってその者の世間において有する名声としての名誉が侵害される」というのである[205]。Reinhardtがここで問題としたのは，「否定的な観点からの歪曲が問題とならない場合にもまた，名誉保護をこえた生活像の保護を考えることもまた必要となるのだろうか」[206]ということである。ReinhadtはこのてをBGH判決について検討し，〔3・4〕判決が，「生活像」が歪曲されることからの保護を認めたものだという理解を示す。つまり，Reinhardtによれば，この判決の中で，「出版物の中で『書簡に変更を加えて複製すること』は，『著者の承認なくしてそのよ

〔1953〕に対する書評である Das Problem des allgemeinen Persönlichkeitsrechts zugleich eine Besprechung von: Heinrich Hubmann, „Das Persönlichkeitsrecht" AcP 153, 1954, 548 の中で，Hubmann〔1953〕とは異なる一般的人格権侵害の具体例を挙げ，ある個人を第三者の観察対象とする際に「不正確な特徴（unrichtige Züge）」を加えることが，名誉侵害とは異なる人格権侵害の類型を形成すると主張した（S. 558）。

　ここで Reinhardt は，名誉保護に関しては「自分固有の活動（sein eigenes Verhalten）を基礎として社会の中で尊重されること（Achtung in Gesellschaft）」を重視していた（S. 558）。すなわち Reinhardt によれば，「周囲からなされる価値の有無に関する判断」（S. 557）が問題となり，「各人に対して，各個人が固有の行動によって獲得した社会の中での尊重」という観点から法秩序によって保護されるものが名誉だというのである（S. 558）。このとき名誉保護に加えて Reinhardt が主張したのは，「適切な範囲内で第三者の観察対象となったある個人に対して不正確な特徴（unrichtigen Zügen）が付け加えられ」，かつ「その際には人格に関する価値，無価値（Wert und Unwert der Persönlichkeit）の判断がまったく意味を持たない」ような場合があるということだった（S. 558）。Reihhardt は，「上記の各類型（一般的人格権侵害が問題となる類型が複数提示されていた——引用者注）との違いが意識されることによって個人の固有の行動によって個人が獲得した社会の中で受ける尊重が個人に認められるということに存在する人格的利益が際立ち，名誉保護は，この局面で法秩序に向けて行われた要求」だと主張した（S. 558）。

203)　Reinhardt〔1973〕S. 132.
204)　Reinhardt〔1973〕S. 131.
205)　Reinhardt〔1973〕S. 131.
206)　Reinhardt〔1973〕S. 131.

うな変更を行うことが誤った人格像を伝達しかねないものであるために』、人格権上の固有の領域を侵害したことになる」とBGHが判断したことから、「たとえ名誉侵害が惹起されない場合であっても歪曲がなされることからも保護されるべき『生活像』がここで保護されたということができる」[207]というのである。さらに、Reinhardtは、その後のBGH判決を取り上げ[208]、「最上級審判例もまた、権限なく生活像（Lebensbild）が公開されること、および虚偽の主張によって、不完全な主張も虚偽の主張となりうるのだが、生活像が歪曲されること（Verzeichnung）からの保護を保障して」おり、「その際に、それに加えて名誉侵害（Ehrverletzung）の要件が充たされているかどうかということを最上級審は考慮していない」という理解を示すのである[209]。

第5款　名誉保護に関する新たな課題の登場

1　名誉保護の状況

本節では、1960年代および1970年代の学説に即して、そこでは単一の名誉概念が提示されたのかという点、および名誉侵害が問題となる事例と他の法益侵害が問題となる事例とが明確に区別されてきたのかという点について検討してきた。この検討からは、次の二点を明らかにすることができた。すなわち第一に、たしかに名誉は一般的人格権保護の枠組みで保護される法益の代表例として挙げられていたが[210]、その名誉概念については単一の理解は依然として形成されておらず、さらに、私法上の名誉保護が問題となる事例はStGB 185条以下の制約がない中では、多様化する可能性があったという点である。第二に、BGHによって明確に名誉侵害の成否が問題とされた事例についても、そこで保護された法益の実質的な内容に関する学説上の見解には相違があったという点である。このような相違を明確に示すのが、同じ事例についても、そこ

---

207) Reinhardt〔1973〕S. 135.
208) Reinhardtが、ここで取り上げたBGH判決には、〔3・1〕判決も含まれていた（Reinhardt〔1973〕S. 136, Fn. 7)。
209) Reinhardt〔1973〕S. 137.
210) Staudinger/Schäfer〔1975〕は「今日の通説によれば、個人的名誉に対する権利は、一般的人格権の一側面を特に明確に示すものである」としている（Rn. 197)。

で問題とされる法益としては,名誉のみならず,「書かれた言葉に対する権利」,「同一性」,「人格像」,「生活像」等,多様なものが存在していたという学説の状況である[211]。

2　名誉保護に関する新たな課題の登場

1960年代および70年代の学説を参照するならば,BGB 823条1項による一般的人格権の保護を否定する論者はほぼ存在しなくなったことが分かる。また,それに伴い,古くから重要とされてきた名誉がBGB 823条1項により保護されるということが広く認められるようになったことも明らかになる[212]。

---

[211]　Hubmann〔1967〕では,「生活像（das Lebensbild）」（S. 302),「話された言葉（das gesprochene Wort)」(S. 309),「書かれた言葉（das geschriebene Wort)」(S. 316)という個別の法益それぞれについて「歪曲」がなされた場合には「同一性（Identität)」が問題になると主張されていた。

　Hubmannは「生活像」について,「肉体の領域における外観（das Erscheinungsbild im Bereich des Körperlichen）に対応するものが,精神の領域における生活像（das Lebensbild im Bereich des Geistigen）である」として,「生活像とは,個人がその固有の生い立ち（sein Lebensschicksal),固有の経験（sein Erlebnis),固有の行ったことおよび行わなかったこと（seine Handlungen und Unterlassungen）を基礎として周囲に伝える姿（das Vorstellungsbild)」だと述べた（S. 302-303)。Hubmannはこの生活像が「個人の生い立ちもしくはその本質的な部分を世間に向けて公開すること（die öffentliche Darstellung des Lebensschicksals einer Person oder eines wesentlichen Ausschnitts daraus)」などによって侵害されるものとした上で（S. 304),「これらの場合を超えて,生活像を歪曲することが人格侵害になるということについて上述した§35を参照」としていた（S. 304, Fn. 11)。この「§35」でHubmannが問題としていた法益が「同一性（Identität)」であった。

　また,Hubmannは「話された言葉」を侵害する行為として,「録音（das Festhalten von Gesprächen)」などを挙げ,それによって「濫用される危険,特に歪曲されるか又はさらに広められるかという危険が存在する」としていた（S. 312)。このときHubmannは「それを超えて,歪曲を行うことが同一性の権利（das Recht auf Identität）を侵害することについては上述した§35を参照」としていた（S. 312, Fn. 9)。

　それに加えてHubmannは「書かれた言葉」によって「書き手のみに,公開の可否およびその態様を決定する権限が認められる」としていた（S. 317)。このときHubmannは「それを超えて,歪曲を行うことが同一性の権利（das Recht auf Identität）を侵害することについては上述した§35を参照」としていた（S. 318 Fn. 18)。

[212]　MüKo/Schwerdtner〔1978〕は,「RGが起草者意思にしたがっていたのに対して,BGHは一般的人格権を承認するとともに,名誉侵害も823条1項により保護されることを認めている。今日では,名誉侵害は人格侵害に含まれるものとして扱われている」とする（Rn. 221, Fn. 760)。

ところが，その名誉保護が定着する流れに反し，BGB 823 条 1 項による名誉保護を正面から否定する立場が，Fikentscher〔1965〕によって提示された。ここで示されたのが，「StGB 185 条以下による刑法上の保護を名誉が受ける限り，823 条 2 項に基づいて名誉は不法行為法により保護される」[213]という主張である。

この Fikentscher〔1965〕に示された主張は，たしかに，これまで確認してきた判例および学説の流れに反するものである。しかし，この Fikentscher〔1965〕で提示された主張は，Fikentscher/Heinemann〔2006〕に至るまで一貫して維持されることになる[214]。

(i) **Hubmann〔1967〕**

Fikentscher〔1965〕で示された，BGB 823 条 1 項による名誉保護を否定する立場を Hubmann〔1967〕は，「BGB の立法史に依拠した旧通説」[215]の一つと位置づける。Hubmann は，この「旧通説」に対する批判を行うが，その際に根拠としたのが，「旧通説」によれば，刑法の構成要件を充たさない侵害や，過失による侵害行為から名誉は保護されないままになるということだった。ここから，名誉よりも価値の低い人格的利益に包括的な保護が認められている中で，BGB 823 条 1 項による名誉保護を否定するならば，名誉の価値に鑑みて評価矛盾が生ずるというのである[216]。

(ii) **Fikentscher〔1965〕**

ところが，Fikentscher〔1965〕の見解は，BGB 823 条 1 項により保護される法益が拡大されたという第二次世界大戦後のドイツ不法行為法の状況を前提とするものだった[217]。Fikentscher が BGB 832 条 1 項による名誉保護を否定したのは，「名誉保護を一般的に広げることにより人格保護を行おうとする傾

その他にも，Hubmann〔1967〕S. 292, Larenz〔1972〕S. 476, Staudinger/Schäfer〔1975〕Rn. 197 を参照。

213) Fikentscher〔1965〕S. 570.
214) Fikentscher〔1971〕S. 618, Fikentscher〔1976〕S. 642, Fikentscher〔1997〕S. 759, Fikentscher/Heinemann〔2006〕S. 777.
215) Hubmann〔1967〕S. 289-290, S. 289, Fn. 5.
216) Hubmann〔1967〕S. 290.
217) Fikentscher〔1965〕S. 568, Fikentscher/Heinemann〔2006〕でも同様である（S. 775）。

向は非難されるべきである」[218]という理由によるものであり，Hubmann〔1967〕のいう「かつての通説」とは異質な理由によるものだったのである[219]。

このように，名誉保護を一般的に広げるという事態に関して Fikentscher が具体的に問題としていたのは，「私的な場所にいる個人の写真を秘密裏に撮影すること」等を具体例とする「個人的領域に対する侵入」，「手紙や内密の書類を書き手の同意なくして，もしくは書き手が了解していない方法によって公開すること」等を具体例とする「個人的な領域に属する事項を暴露すること」，および「肖像，写真，氏名，紋章，およびこれらに類するものを，肖像の対象となった者や氏名を挙げられた者などの同意なくして広告目的で使用すること」だった。Fikentscher によれば，これら三つの類型すべてについて，「被害者の名誉が問題とされていた」というのである[220]。

Fikentscher はこのように，多くの事例で名誉保護が問題とされていることを問題視して，「欠陥のある名誉保護に依拠して解決がなされるということはたいてい，固有の名をつけうる新たな一般的人格権の具体例が形成される時期になったということの兆しである」[221]という批判を示し，BGB 823 条 1 項による名誉保護を否定するのである。さらに本来ならばより明確な他の法益が問題とされるべき事例が名誉侵害のもとに解決されていることを批判するだけでなく，Fikentscher は，名誉概念が不明確であることも指摘する。すなわち，「個人の『名誉』とは，私法上は『人格』そのものよりも把握しやすいようなものではない」[222]というのである。

(iii) 名誉保護に関する新たな課題

したがって，Fikentscher〔1965〕に示された名誉保護を否定する見解は，次のような問題が生ずることを前提にするものだと考えられるのである。すなわち，その侵害が多様な事例で問題となりうる名誉に依拠した判断がなされる

---

218) Fikentscher〔1965〕S. 570.
219) Helle〔1969〕でも，名誉保護に関して請求の基礎となるのが，StGB 上の規定と結びついた BGB 823 条 2 項だとされていたが（S. 55f.），BGB 823 条 1 項による一般的人格権の保護が認められ，かつその中で複数の法益が挙げられていた。
220) Fikentscher〔1965〕S. 569-570.
221) Fikentscher〔1965〕S. 570, Fikentscher/Heinemann〔2006〕S. 777.
222) Fikentscher〔1965〕S. 570, Fikentscher/Heinemann〔2006〕S. 777.

第3節　1960年代および1970年代の議論／第5款

ことにより，実際に問題とされるべき被侵害法益が不明確なものとなり，判断の過程が不明確になってしまうという問題である[223]。つまり，Fikentscher〔1965〕の名誉保護の否定は，多様な事例で名誉侵害が援用されることにより，反対に，実際の事例を解決するにあたって名誉概念が明確な基準を提示するものではなくなったことを指摘するものだといえる。

　実際に，この時期の学説では，名誉と他の法益侵害事例との区別が不明確なものであったばかりでなく，これまで名誉保護の枠組みの中で問題とされてきた虚偽の事実が主張された場合について，他の法益侵害を問題とする論者も存在していたことから[224]，新たな問題が生じる。

　なぜならば，この名誉以外の法益は，その侵害が問題となる場合に，名誉侵

---

[223]　BGB 823条1項による一般的人格権保護の枠組みの中で名誉を保護することを否定し，StGB 185条以下およびBGB 823条2項に依拠した保護のみを認めようとするFikentscherの立場を，Baston-Vogt〔1997〕は「例外」と評価する（S. 411, Fn. 994, ここではFikentscher〔1992〕が参照されていたが，Fikentscher〔1965〕ではじめて提示されたものであることについては，本書178頁以下）。しかし，Baston-Vogt〔1997〕によっても，不法行為法上の名誉概念が不明確なものであることは強く意識されていた。すなわち，Baston-Vogt〔1997〕は，「一般的人格権が承認された後は，これまで刑法から導かれてきた名誉保護を私法上および憲法上の要請並びに社会の発展に適合させるために，新たに創設された柔軟な保護のための手段が有する利点を活用し，名誉保護の核心を再検討し，さらに人格保護の他の構成要素との区別を明確にするという課題が，私法の分野では存在していたはず」だということを指摘する（S. 413-414）。その一方で，「私法の分野ではこの課題に対する適切な対処がほとんどなされていなかったことは特に，今日まで私法上に独自の名誉概念についての定義が存在しておらず，これに関してはむしろ依然として刑法上でもきわめて異論の余地があるとされている刑法上の名誉概念を確定する試みが参照されていることから明らか」だとするのである（S. 414）。Baston-Vogt〔1997〕以外にも，私法上の名誉概念が未だ形成されていないと主張するのが，v. Decken〔1980〕である。v. Decken〔1980〕は，「その他（Hubmann〔1967〕S. 288がこの直前で参照されていた——引用者注）の私法上の論文では，単に刑法上の名誉（Ehre）保護に関する規定（die strachrechtliche Ehrenschutzbestimmungen）に関して展開された研究論文を参照する例しか見つからないため，私法に固有の名誉概念（ein eigenständiger zivilrechtlicher Ehrbegriff）は存在しないという点が出発点に据えられるべきである」と主張している（S. 20）。

　このv. Decken〔1980〕の主張は現在のドイツ法学説で一定の支持を集めている。例えばMackeprang, Ehrenschutz im Verfassungsstaat, 1990 では，これとほぼ同様の見解が示され（S. 19），かつ，v. Decken〔1980〕が参照されている（S. 19, Fn. 14）。その他にもv. Deckenの見解を支持する論者として，Stark, Ehrenschutz in Deutschland, 1996 がある（S. 31, Fn. 53）。

[224]　本書170頁以下。

179

害が問題となる場合を広く含みうるために，かりにこの法益がその後の学説でも重視されることになるのであれば，実際の事例を解決するにあたって，名誉を問題とする必要のある事例が少なくなる可能性も生ずるからである。つまり，一般的人格権保護の枠組みの中で保護される法益が増加するにつれて，不法行為責任の成否を判断するに際して名誉侵害の成否が決定的なものとされない状況が増加したのではないか，という点について検討する必要が生じてくるのである。

第4節　1980年代以降の議論

前節では1960年代および1970年代の学説を参照し，具体的な法益の内容に対する議論が行われた結果，名誉侵害を問題として解決されてきた事例に対して，名誉以外の法益を問題として解決する道が開かれたということを確認した。さらに，名誉侵害を問題とすることで，実際にはそれに多様な考慮要素を含むことになり，判断が不明確になることを批判するFikentscher〔1965〕のような立場が示されたことも確認した。

本節では，それを踏まえて，1980年代以降の学説に即して次の二点を検討していくことにしたい。すなわち，第一に，新たな法益の承認が名誉保護に関する議論に影響を与えたのかという点，第二に，不法行為責任の成否が問題となるときに名誉侵害の成否が重視される場合は維持されていったのかという点である[225]。

---

225) 不法行為が成立した場合に認められる損害賠償を考える際にも，単純に，名誉が重視されていたと端的に言い切ることはできない。Helle〔1969〕には次のように，名誉が侵害された場合には，精神的損害に対する金銭賠償が認められないという記述が存在する。Helleは，「財産的損害ではない損害については，法律によって規定された場合にのみ，金銭賠償を請求しうる（BGB 253条——原注）。そのような場合に含まれるのが，BGB 847条により被害者に慰謝料請求権が認められる場合である。そのような請求権が場合により被害者に認められるのは，被害者の名誉もしくは経済上の名声が侵害されたことで被害者が激昂したことにより被害者が病気になった場合である。ただしそれが認められるためには，加害者の違法な主張が健康を害するような効果を有することについて加害者の過責が認められることが必要である。それに反して，被害者がその名誉が侵害された結果として蒙ったその他の精神的損害に対する金銭賠償の義務を加害者が負うことはない。」（S.48）というのである。その一方でHelleは「『人格』が侵害された場合

上記の検討を行うために，まずは名誉保護の周辺環境はどのようなものだったかを，第1款および2款で明らかにしていく。ここで問題とするのは，1960年代および70年代には，BGB 823条1項により伝統的に保護されてきた権利と一般的人格権とが異質であることが指摘されるようになったが，その指摘が学説に定着したかどうかである。

第1款 不法行為法改正に関するv. Barによる鑑定書

前節では，v. Caemmerer〔1960〕により，一般的人格権保護が認められたことでBGB 823条1項に一般条項が取り込まれたと解する立場が提示されたことや，Fikentscher〔1965〕により，BGB 823条1項により伝統的に保護されてきた権利と一般的人格権とを明確に区別すべきであるという立場が提示されたことを明らかにした[226]。これらの立場を受容し，不法行為法改正に関する改正案を示したのが，v. Bar〔1981〕である。

1 条 文

不法行為法改正のための鑑定意見書を著したv. Bar〔1981〕[227]は，次のようなBGB 823条1項に対する改正案を提示した（本款で改正案○条と示したものは，v. Barによって示された改正案の条文である）。

　　改正案823条1項　故意または過失によって他人の生命，身体，健康，所有権またはその他の権利を違法に侵害した者は，その他人に対してそれによって生じた損害を賠償する責任を負う[228]。

　　改正案825条1項　故意または過失によって他人の人格を違法に侵害した者は，その他人に対してそれによって生じた損害を賠償する責任を負う[229]。

には，場合によっては異なる結論が生じる。」（S. 48, Fn. 111）として，名誉以外の法益が侵害された場合に精神的損害に対する金銭賠償が認められる可能性があるとする。
226)　本書152頁以下。
227)　v. Barによる鑑定意見の全体像については，浦川〔1988〕を参照。
228)　v. Bar〔1981〕S. 1760.
229)　v. Bar〔1981〕S. 1761. 同条2項は違法性阻却を定めたものであるため，省略する。

2 一般的人格権保護に関する立場

(i) 1959年草案および1967年草案との相違

1959年草案および1967年草案ではともに，BGB 823条1項により保護されるものとして人格が明示され[230]，BGB 823条1項による一般的人格権の保護が認められることになっていた[231]。それに対して1981年改正案では[232]，同項の文言には一切変更を加えないとされていた[233]。

このとき，v. Bar が，既存の BGB 823条1項の文言に変更を加えずに，人格保護を明示しなかったのは，そもそも同項による一般的人格権保護は否定されるべきだという立場を採っていたからである[234]。

(ii) BGB 823条1項により保護される権利と一般的人格権との相違

もちろん，v. Bar は，不法行為法上の一般的人格権保護を否定したのではなかった。BGB 823条1項による一般的人格権保護を否定した v. Bar が新たに提示したのが，改正案825条である。

v. Bar が，既存の BGB 823条1項を修正して一般的人格権保護を組み込むという方法を採らずに，新たな改正案825条による一般的人格権保護を定めたのは，v. Caemmerer〔1960〕や，Fikentscher〔1965〕の一般的人格権の性質に対する主張を受け継いだ，次のような理解によるものである。すなわち，「一般的人格権を BGB 823条1項の中に挿入するということは，実質的に必要な保護を確保できるようにすることと理論上の崩壊が生ずることとを引き換えにするような応急措置であるという点については今日ほぼ争いがないだろう」という理解である[235]。v. Bar によれば，「一般的人格権は所有権類似の権利で

---

230) BR-Dr. 217/59, S. 4, Referentenentwurf eines Gesetzes zur Änderung und Ergänzung schadensersatzrechtlicher Vorschriften I Wortlaut, 1967, S. 3.

231) BR-Dr. 217/58, S. 9, 27, Referentenentwurf eines Gesetzes zur Änderung und Ergänzung schadensersatzrechtlicher Vorschriften II Begründung, 1967, S. 57.

232) v. Bar〔1981〕S. 1769.

233) v. Bar〔1981〕S. 1764.

234) v. Bar〔1981〕S. 1764.

235) v. Bar〔1981〕S. 1713. v. Bar の主張が，v. Caemmerer〔1960〕や Fikentscher〔1965〕の示した問題意識に拠るものであることは，一般的人格権と BGB 823条1項により保護される他の権利との性質の相違が主張される際に v. Bar〔1981〕S. 1713, Fn. 194 で，これらの見解が参照されていることから明らかである。たしかに，直接にここで参照されているのは，Fikentscher

もなければ，明確な射程を有する法益でもな」いというのである[236]。

さらにBGB 823条1項による一般的人格権の保護が否定されるべき根拠としてv. Barは「開かれた構成要件としてのいわゆる一般的人格『権』が問題となる場合には，個別事例ごとに問題となる侵害が違法であるか否かは利益衡量によって具体的に確定されなくてはならず，BGB 823条1項全体の基礎となっている，権利侵害があれば違法性が認められるという構想は一般的人格権について適用できないために，一般的人格権はBGB 823条1項に属さないのである」[237]と主張する。

(iii) **一般的人格権の具体的内容の可変性**

v. Barは，一般的人格権保護のために改正案825条のみを用意し，具体的な人格権侵害の類型を定めることはなかった。ここで改正案825条のような一般条項のみが規定されていたのは，個別の侵害類型を明確にすることを判例および学説に委ね，そのために必要となる自由な解釈を行う余地を提示することが立法者の役割だとする立場に基づくものであった[238]。

v. Barは，1959年草案のように，人格権に対する具体的な侵害類型を定めた条文と人格保護を認めた一般条項的な性質を有する条文とを並列させるよりも，適用範囲の広い人格保護に関する一般条項のみを規定するほうが適切だという認識を示していたのである[239]。1959年草案に対して，v. Barは，そこでの規定の方法で問題となるのが，人格保護を一般的に認めた1959年草案12条と，個別の人格侵害の構成要件を定めた13条から19条までの規定との関係が不明確になることだと指摘する[240]。

それだけでなく，v. Barによれば，人格保護は，特に柔軟なものであるべきであり，それまで重視されていなかったような新たな侵害にも常に対処できるものでなくてはならないため，人格侵害の類型を個別に定めた条文は，判断を

〔1976〕である。しかし，一般的人格権の性質，BGB 823条1項により保護される権利との相違に対する理解は，Fikentscher〔1965〕以来，一貫して維持されていたものである。

236) v. Bar〔1981〕S. 1713.
237) v. Bar〔1981〕S. 1713.
238) v. Bar〔1981〕S. 1713.
239) v. Bar〔1981〕S. 1753, 1769.
240) v. Bar〔1981〕S. 1753.

明確にするという利点を短期間しか有しないというのである[241]。

第2款　一般的人格権保護に関する学説の状況

1　BGB 823条1項にいう「その他の権利」の性質

現在の学説でも，BGB 823条1項にいう「その他の権利」として，ありとあらゆる法益が認められるわけではない[242]。つまり，同項にいう「その他の権利」に含まれるのは，いわゆる「絶対権」に該当する権利だという理解が一般的である[243]。そのうえで，「その他の権利」の内容を拡大させることについては謙抑的な態度が採られている[244]。

2　一般的人格権の性質に対する学説の反応

ところが，BGB 823条1項による一般的人格権の保護が認められていると

---

241) v. Bar〔1981〕S. 1754.
242) Larenz/Canaris〔1994〕S. 392.
243) Kötz/Wagner〔2013〕Rn. 159, Brox/Walker〔2013〕S. 500, Rn. 9, Deutsch/Ahrens〔2009〕Rn. 248, MüKo/Wagner〔2009〕Rn. 142, Fikentscher/Heinemann〔2006〕Rn. 1557, 1568, Schlechtriem〔2003〕Rn. 840, Esser/Weyers〔2000〕S. 163.
　しかし，「絶対権」に対する理解も，学説によって相違がある。Staudinger/Hager〔1999〕は，「823条1項に列挙されている権利・法益と同様に割当内容および排他的機能を有するもののみが」BGB 823条1項により保護されるとする（B 124）。
　Kötz/Wagner〔2013〕では，絶対権には次のような性質が認められるとされている。「『その他の権利』と解されるべきなのはさしあたり次のような『絶対』権である。その権利に基づき，当該権利の帰属主体（ある物の所有権者と同様に——原注）はいかなる他人に対しても，権利の行使，またはその権利から派生する諸権限の行使を妨害しないように請求することができるのである。」（Rn. 159）また，Fikentscher/Heinemann〔2006〕でも，いかなる他人によっても尊重され，いかなる他人に対しても主張しうる権利だとされている（Rn. 1568）。
　しかし，本書はBGB 823条1項の「その他の権利」と一般的人格権とが区別されてきたことのみを明らかにするために，この点には立ち入らない。
244) Schwarz/Wandt〔2011〕では，一般条項主義を採ることの欠点として，「著しく法的安定性が害される」ということ，および「実際に一般条項を適用するためには裁判上の具体化が不可欠になる」ということが挙げられている（S. 267）。また，その他の権利と認められるためには，「所有権類似の，排他的機能かつ，割当機能」の認められる必要があり，それに加えて，法的地位が「社会類型的に明白であること」の要求される場合もあるとされている（S. 286）。

いう一事をもって，一般的人格権が「絶対権」と認められたと考えることはできない。

それを示すのが，先に見たとおり，v. Bar〔1981〕で示された不法行為法の改正案である。ここで提示された改正案は，BGB 823条1項により伝統的に保護される権利と一般的人格権との性質の相違を前提として，なお，一般的人格権が保護されることを肯定しようとするものだった[245]。BGB 823条1項によって伝統的に保護されてきた権利と一般的人格権とは性質の異なるものであるという立場は，すでに1960年代に，v. Caemmerer〔1960〕や，Fikentscher〔1965〕によって明確に示されたものであるが[246]，v. Bar〔1981〕はそれを支持する立場に拠って改正案を提示したのである[247]。

さらに，v. Barのみならず，このFikentscher〔1965〕に示された，一般的人格権とBGB 823条1項により保護される権利とを区別する立場は，現在の学説により支持されるようになっている。

(i) **Larenz/Canaris〔1994〕──Fikentscher〔1965〕の否定**

Fikentscher〔1965〕以来，Fikentscherが提示してきた，BGB 823条1項により伝統的に保護されてきた権利と一般的人格権とを区別する立場に対して

---

245) v. Barによる改正案825条では一般条項のみが提示されたことに対して，その後，Baston-Vogt〔1997〕は，「人格保護の法的安定性，公正性および実効性のためのみならず，法により拘束される者の自由の確保のために，一般的人格権の抽象的かつ一般的な保護領域について，可能な限り明確な輪郭を描く作業を行うことが必要となる」という立場から批判を行った（S. 153-154）。ここで批判の対象となっているのは，v. Barにより提示された改正案825条では，「私法上の人格保護のための実定法上の大枠のみ」が定められており「新たな諸権利，例えば労働力に対する権利，が承認されるか否かを明らかにすることは，学説と実務とに委ねられたまま」になっているという点である（S. 171）。

つまり，Baston-Vogtによれば，v. Barによって提示された改正案825条により，「裁判官には人格に対する侵害の違法性を個別の事例において決定するという課題が課せられるのみでなく，そもそもいかなる場合に人格が侵害されたのかということについても裁判官が判断しなくてはならないことになる」ため，「提案された条文は法的安定性に寄与することも，法的実効性に寄与することもない」というのである（S. 172）。

しかし，本書は特にv. Barの改正案に対する評価そのものには立ち入らず，現在までの一般的人格権が学説にどのように受容されてきたのかということのみを検討の対象とする。

246) 本書152頁以下。

247) 本書182頁。

は，「一般的人格権を単に『大綱的権利』に過ぎないものとし，姿を変えた一般条項を意味するものとする」[248]ことに対する批判が，Larenz/Canaris〔1994〕では提起されている。

Larenz/Canaris〔1994〕は，一般的人格権について，「BGB 823条1項により保護される『伝統的な』諸権利が問題となる場合よりも多くの保護領域が問題となるということは，量的な相違を意味するだけであり，質的な相違を意味するものではない」[249]と主張する[250]。

(ii) Fikentscher〔1965〕の受容

ところが，BGB 823条1項により保護される権利と一般的人格権とを区別するというFikentscherによって示された問題意識は，むしろその後の学説により広く受容されるものとなる。BGB 823条1項により保護される権利と一般的人格権とを区別すべきだという見解は，その後の学説の中にもこれを支持する見解が生じているのである[251]。

Fikentscherのように，一般的人格権のBGB 823条1項による保護を認める

---

248) Larenz/Canaris〔1994〕S. 518.
249) Larenz/Canaris〔1994〕S. 519.
250) ただし，Larenz/Canaris〔1994〕で，「BGB 823条1項により保護される『伝統的な』権利および法益」と一般的人格権とが根本的に異なるものではないと主張される際には，「侵害行為の態様（die Art der Eingriffshandlung）」に着目するならば，構成要件に該当すれば違法性ありとされるモデルが適用され得ないとするBGHや通説の主張とは「全く異なる状況が浮かび上がってくる」ということが根拠とされている（Larenz/Canaris〔1994〕S. 498）。したがって，Larenz/Canaris〔1994〕では，被侵害法益の確定そのものではなく，むしろ被侵害行為の確定にその重点が置かれていることは明らかである（実際に，Larenz/Canaris〔1994〕では，被侵害法益ではなく，具体的な侵害態様に即した分類がなされている（S. 501-517））。また，このように，一般的人格権が問題となる場合には，具体的な被侵害法益よりも，その具体的な侵害態様を明らかにするという態度は，Larenz/Canaris〔1994〕によってのみ示されているものではない。Staudinger/Hager〔1999〕では，一般的人格権を一般条項として組み立てることの利点として，「問題となる人格の要素そのものを強調することなく，人格の侵害態様を問題とすることができる」（C 16）ということが挙げられている。ただし，この被侵害法益ではなく，行為態様を類型化するという視点は，人格権侵害全体に対する違法性を考察する上では重要な問題を提起するが，多様な保護法益が承認されるなかで，名誉概念および名誉毀損事例がどのように変容したのかという点を考察するにあたっては，直接関係ないため，本書では立ち入らない。
251) Deutsch/Ahrens〔2009〕Rn. 29，Rn. 257，MüKo/Wagner〔2009〕Rn. 179，MüKo/Rixecker〔2006〕Rn. 8，Medicus〔2006〕Rn. 814，Peifer〔2005〕S. 81.

一方で，それを同項により保護されてきた既存の権利とは異なるものだとする論者はたとえば次のとおりである。

a　Staudinger/Hager〔1999〕

Staudinger/Hager〔1999〕は，「一部の判例が認めているように人格権を絶対権として性質決定するか否かは，むしろ，用語上の問題に過ぎない」とする。ここでは，「人格権が一般条項的な射程を有することおよび個別の事例で利益衡量が行われることが通説では認められていることから，通説は，たとえ明示的に支持していなかったとしても（たとえば Fikentscher はそれを明らかにしているが——原注），大綱的権利という観念を支持していると考えられる」という学説に対する理解が示されている。また，「絶対権と認めるか否かという争いは，権利侵害があれば違法性があると認められるか否かという争いよりも重要ではない」とされている。つまり，「権利侵害があれば違法性があると認められることがないのであれば，人格権を絶対権として認めようとも何も変わらない」とされているのである[252]。

b　Erman/Schiemann〔2011〕

Erman/Schiemann〔2011〕でも Fikentscher に従い，一般的人格権が「大綱的権利」だとされている[253]。BGB 823 条 1 項による一般的人格権の保護が判例によって確定されたとしても，一般的人格権と，同項によって保護される他の権利および法益とは区別されるべきものであり，その侵害による不法行為責任の成立が認められるためには，個別事例ごとに行われる利益衡量が必要だというのである[254]。

3　保護法益の変容

(i)　保護法益の拡大

一般的人格権保護が認められたことに関しては，そこで実際に問題となるものの内容が変化し，法益が拡大することも大きな特徴として挙げることができる[255]。

---

252) Staudinger/Hager〔1999〕C 18.
253) Erman/Schiemann〔2011〕Rn. 4.
254) Erman/Schiemann〔2011〕Rn. 48.

このことを，Deutsch/Ahrens〔2009〕は，一般的人格権について次のように示す。すなわち，「大綱的権利としての『一般的人格権』は，類型を組み立てることによってのみ，実際にその適用を理解することができる」ものであるが，「その類型を組み立てる作業は閉じられたものではない」とする[256]。つまり，「今までに認められていた類型に加えて，その他の人格権侵害も認められ」，「新たな類型が発展しうる」というのである[257]。実際に，第二次世界大戦後，BGB 823 条 1 項による一般的人格権の保護が認められてから，それによって保護される法益は拡大されてきた[258]。

(ii) **保護法益の消滅**

ところが，BGB 823 条 1 項により新たに保護されるようになった法益が存在する一方で，その要保護性が疑われるようになった法益も存在することに注意する必要がある。

BGB 823 条 1 項による一般的人格権保護の当否そのものが議論の対象となっていた時期にすでに，その枠組みの中で保護されるべきことが主張されていた法益として，Enneccerus/Nipperdey〔1959〕に示された，「話された言葉に対する権利」[259]が存在する。これは，「録音機などの機器を使用して権限無く他人の発言を録音すること，または中継の方法により直接もしくは録音機を利用することにより他人の発言を公衆が認識できるようにすること」[260]からの保護を認めるものである。現在でも，一般的人格権保護での具体例として，「話された言葉の保護」[261]が挙げられることもある。ところが，この権利は，Staudinger/Hager〔1999〕では，独立した法益としてではなく，「人格的領域の保護」[262]が問題となる分野で一括して扱われている。また，Staudinger/Hager〔1999〕では，「話された言葉についての（絶対的な——原注）自己決定

---

255) Esser/Weyers〔2000〕S. 158.
256) Deutsch/Ahrens〔2009〕Rn. 269.
257) Deutsch/Ahrens〔2009〕Rn. 269.
258) Erman/Ehmann〔2008〕Rn. 6.
259) Enneccerus/Nipperdey〔1959〕S. 587.
260) Enneccerus/Nipperdey〔1959〕S. 587.
261) Erman/Klass〔2011〕Rn. 131.
262) Staudinger/Hager〔1999〕C 147.

権が存在するということから通説は出発している」[263]という理解が示される一方で，この保護を一般的には認めない立場が示されている。つまり，ここでは，これによって保護される範囲が広くなりすぎることが指摘され，実際に問題とされるべきなのは「秘密を保護することについての保護に値する利益（das schutzwürdige Geheimhaltungsinteresse）」[264]だという主張がなされているのである。

同様の批判は，Erman/Ehmann〔2008〕でも示されている。ここでは，「話された言葉の保護」[265]は，「私的領域に属する秘密を権限無く暴露することからの保護」[266]という表題のもとで問題となる具体例の一つとして挙げられている。そして，話された言葉についての保護が単純に認められているのではなく，そこで保護されるべきものの具体的な内容について，「保護されるべき法益の内容は，話された言葉ではなく，書かれた言葉について示したとおり，公開されていない話された言葉の有する内密性であり，それは録音技術によって侵害されるべきものではないのである」[267]という理解が示されているのである。

たしかに，BGB 823条1項による一般的人格権保護が認められてから，その枠組みのもとで保護される法益や不法行為責任の成否が問題となる事例は拡大されてきた。しかし，このように，具体的な法益に着目して，過去の見解と現在の見解とを比較してみるならば，次のような状況が存在することが明らかとなる。すなわち，具体的に保護される法益の内容に関する議論が進められ，従来保護されてきた法益の内容，その法益保護によって実際に保護されるべきものの内容についての検討が進められた結果として，従来の法益保護が見直されるような状況が存在するのである[268]。このような状況が存在することから

---

263) Staudinger/Hager〔1999〕C 160.
264) Staudinger/Hager〔1999〕C 160.
265) Erman/Ehmann〔2008〕Rn. 123.
266) Erman/Ehmann〔2008〕Rn. 113.
267) Erman/Ehmann〔2008〕Rn. 124.
268) Larenz/Wolf〔2004〕は，「受け皿的権利としての一般的人格権は，さらなる個別の権利が発展することに対して開かれている」とするが，「個別のすでに認められている人格権の内容に整序できない場合に限られ，かつ，既存の人格権からさらに個別の権利が独立して現れる場合にも一般的人格権は問題とならない」とする（S. 137）。

は，ある法益が従前から保護されてきたということのみでは，その法益に現在
も重要性が認められるべきだという主張の根拠としては不充分だということが
できる。

第3款　名誉保護の可否に関する学説の対立

　1970年代までの学説の議論を参照することにより，BGB 823条1項により
保護される法益の具体的な内容に関する議論がなされるようになった結果，名
誉との関係が問題となる新たな法益が認められるようになったことを明らかに
することができた。この新たな法益は，「同一性（Identität）」[269]と表現される
ことや，「生活像（Lebensbild）」[270]と表現されることがあり，論者によりその名
称は異なっていたが，虚偽の事実が公表された場合に広く問題となるものとさ
れ，名誉よりもさらに広範囲の事例で問題となるものだという理解がなされて
いた[271]。そればかりか，1980年代に入ると，新たな法益保護を承認すること
が名誉保護の射程を縮小させることにつながるものだという理解を示す論者や，
さらには，名誉保護を否定すべきだと主張する論者も現れるようになった。

1　名誉保護の否定
(i)　Kübler〔1984〕

　それまで名誉が問題とされてきた事例について，新たな保護法益を認めるこ
とにより，名誉保護を否定する立場を明確に示したのがKübler〔1984〕であ
る[272]。

　ここでKüblerは，「メディアの負うべき責任に関する学説において」，次の
ような見解が有力になりつつあり，かつ「最上級審の判例により常に正しいも

---

269)　Hubmann〔1967〕S. 271, MüKo/Schwerdtner〔1978〕Rn. 241.
270)　Reinhardt〔1973〕S. 135.
271)　Hubmann〔1966〕S. 163-164, Helle〔1969〕S. 78, Reinhardt〔1973〕S. 135.
272)　Kübler〔1984〕で示された主張と同趣旨の主張は，フリードリッヒ・キューブラー（初宿
　　正典＝海老原明夫訳）「法廷としての公衆？——出版の自由と人格保護の関係の変遷——」日独
　　法学13号（1990）1頁に示されているため，本書でKübler〔1984〕を訳出する際には，これを
　　参照した。

第 4 節　1980 年代以降の議論／第 3 款

のであることが証明されてきた」と指摘する。すなわち，「名誉侵害もまた BGB 823 条 1 項により一般的人格権に対する侵害として解決されるものとなっているために，StGB 185 条および『名誉』概念に対する正確な理解は私法にとって，もはや重要ではない」とする見解である。このとき Kübler は BGH および連邦憲法裁判所（以下，BVerfG と表記する）により，「虚偽の事実が摘示された場合には，もはや名誉侵害的な，名誉毀損的な内容が問題になることはな」く，「むしろ被害者が『誤った光の中に置かれた』ということで充分」だと認められていると主張した[273]。

このとき Kübler が「決定的に重要な視点が特に明確に示された」[274]と評価したのが，BVerfG 1980 年 6 月 3 日決定（BVerfGE 54, 148)[275]〔SPD（ドイツ社会民主党）のＡラント支部長である Eppler によって「経済の耐久性が検証されなければならない」という発言がなされたと CDU（ドイツキリスト教民主同盟）のＡラント支部が主張したことに対して，Eppler がそのような発言を「言葉どおりに発言したことも同趣旨のことを発言したこともない」として不作為の訴えを提起した事例[276]〕である。

この決定について Kübler は次の点に注目した。すなわち，上級地方裁判所（以下，OLG と表記する）が「問題となった発言を行ったとすることは名誉毀損にもあたらず，また，Eppler 自身が他の文脈で類似の発言をしているために，Eppler の人格に対する誤った像を伝えることにもならない」ということを根拠として Eppler の請求を棄却したのに対して，BVerfG は，名誉以外の他の権利侵害を問題として，この OLG の判断が GG2 条 1 項に反するものだと判断した点である[277]。ここで Kübler が重視したのは，BVerfG が，「『ある者が，

273）　Kübler〔1984〕S. 544.
274）　Kübler〔1984〕S. 544.
275）　この決定の詳細については，押久保倫夫「一般的人格権の性質と保護領域――エップラー事件――」ドイツ憲法判例研究会編，栗城壽夫＝戸波江二＝根森健編集代表『ドイツの憲法判例』第 2 版（2003）54 頁を参照。
276）　BVerfGE 54, 148, 149.
277）　Kübler〔1984〕S. 544.
　　Kübler〔1984〕にも明示されているとおり，BVerfG は他の根拠により，結論としては Eppler の憲法異議申立てを棄却している。このとき BVerfG は，「憲法に抵触することなく OLG が認定した事実関係を基礎とすると，自分自身が作り上げた社会に通用する姿を侵害されるような形で，

191

第 3 章　ドイツ法　不法行為法の変容と名誉概念の変容

自分の行っていない発言であり，その者自身が作り上げた社会に通用する姿を侵害するような発言を行ったとされたのであれば」[278]，自己決定権という思想をその基礎とする一般的人格権が侵害されたことにな」る[279]という判示を行っていたということである。

　この BVerfG 決定は，Kübler によれば，「開かれた社会においては，これらの基準（信用毀損や名声の低下を判断するための基準――引用者注）を一義的に定める指針が存在しないため，虚偽の事実が摘示された場合には，BGB 824 条および StGB 186 条とは反対に，信用危殆，名声の低下はもはや重要ではない」ということを認めたものだという[280]。さらに Kübler はこのように BVerfG 1980 年 6 月 3 日決定を分析することによって，「身分制社会において存在していた客観的な基準に代わり，世間に対して自己を描写することを個人が自由に行える権限が現れる」のであり，「一定の活動に参加していないのもかかわらず，不当にも参加したことにされた被害者が，自身で周囲に伝えようとした自らの像がそれによって侵害されたと感じたことで足りる」という結論を導き，名誉侵害に代わる，新たな侵害類型が重要になると主張するのである[281]。

(ii)　**Stürner〔1990〕**

　Kübler〔1984〕に示された立場を踏まえ[282]，さらに新たな法益と名誉との関係を明確にする試みが，1990 年の第 58 回法曹大会に際して示された鑑定書である，Stürner〔1990〕によってなされた[283]。ここで扱われた第 58 回の法

　　　憲法異議申立人が行ってもいない発言を行ったとされたということを前提とすることはできない」と判断していた。これは，BVerfG によれば，「人格権に対する侵害があったことを認めるための第一の要件であろう」というものだった（BVerfGE 54, 148, 158）。
278)　BVerfGE, 54, 148, 155.
279)　Kübler〔1984〕S. 544.
280)　Kübler〔1984〕S. 544.
　　　名声の低下等が重視されないことの意味は例えば，次のような変化が生ずる点に求められている。すなわち，「一定の示威行動に参加することや，拷問を行ったとされる政権のレセプションを訪問することが不快感を生じさせるものであり，その声価を低下させうるものであるかどうかについて，訴訟当事者を拘束する判断を行うということは，もはや裁判所の任務ではありえない」ことになるという変化である（Kübler〔1984〕S. 544）。
281)　Kübler〔1984〕S. 544.
282)　Stürner が Kübler〔1984〕で示された立場を参照し，支持していたことについては，Stürner〔1990〕A 69, Fn. 54 および A 70, Fn. 56 を参照。

曹大会のテーマは，メディアの諸権利および諸義務をより正確に規定し，さらに，個人の法的保護を改善する必要はあるかというものだった。

a 条文

Stürner〔1990〕は，「BVerfG および BGH の判例により示された衡量の基準を明確に再現することのみが，人格保護のための基本となる要件を組み立てる際に重要となる」として，BGB 12 条以下に，人格保護のための条文が規定されるべきだと主張していた（以下，本款で改正案○条と示したものは，Stürner により提示された条文である）[284]。

BGB 12 条以下に定められるべきだと Stürner が提示した人格保護に関する条文の中で，名誉保護に関連するのが，次の規定である。

　　改正案 14 条 1 項　表現行為または報道による人格侵害は，真実でない事実が主張または流布されることによりある者の人格像が著しく歪曲された場合に成立する[285]。

　　改正案 15 条 1 項　人格侵害は，思想の表現により他人の名誉および声価が低下させられた場合に成立する[286]。

283）名誉侵害が問題となる事例を限定する Kübler も Stürner も，新たな法益が承認されたことを踏まえて，従来の名誉保護の枠組みを批判するのみであり，いわゆる人権権に対する保護を否定するという主張を行っていたのではなかった。Stürner が人格権に対する保護を否定していなかったのは，Stürner〔1990〕で示された BGB の改正案の中には，人格権保護のための一般条項である 13 条や，具体的な人格侵害事例からの保護を認めた 14 条以下が定められていたことから明らかである。また，たしかに，Kübler, Meinungsäußerung durch Kunst, FS für Mahrenholz, 1994 では，既存の名誉概念に対する批判がなされ，「名誉が封建的かつ身分制的な時代の遺物であり，国家の要職にある者や社会的な権力者に対して公に批判することを刑罰の対象とすることに寄与するものである」（S. 314）とされている。しかしここでは既存の名誉保護に対する批判が，表現行為から個人が保護されることの否定に単純に結び付けられているのではない。Kübler はここで，「虚偽の事実が主張されることに対する抗議は認め，『公人』に対する批判は自由に行わせるべきである」というより正確な判断基準がアメリカ連邦裁判所によって示されたとし（S. 314），それに加えて，「名誉概念を不用意に使用することに対するここで示した警告は，人格権や人間の尊厳が表現の権利に対しては重要とされないという意味に誤解されてはならない」（S. 315）とする。

284）Stürner〔1990〕A 67-68.

285）Stürner〔1990〕A 69. 同条 2 項以下は，違法性阻却および救済方法に関するものであるため省略する。

286）Stürner〔1990〕A 72. 同条 2 項以下は，違法性阻却および救済方法等に関するものである

b 名誉保護の意義の縮小――「名誉保護から同一性（Identität）の保護へ」
① 改正案 15 条

Stürner が提示した改正案 15 条 1 項は，思想の表現により名誉が侵害された場合のみを問題とした規定であり，従来は名誉侵害が問題となる典型的な場合の一つとして挙げられていた[287]，虚偽の事実が主張された場合とは一切関係ないものだった。

ところが，Stürner が改正案 15 条で思想の表現による名誉侵害についてのみ定めていたのは，虚偽の事実が主張されることからの保護を否定していたことによるものではない。そうではなく，Stürner が，「虚偽の事実が主張された場合の全てについて，名誉保護の要件から独立した人格保護が拡張されたことにより，名誉保護の要件は思想の表現あるいは論評へと収縮した」[288]という認識を有していたことによるものであった。

② 改正案 14 条

このような現象を Stürner は，「名誉保護から同一性（Identität）の保護へ」[289]と表現する。このとき，虚偽の事実が主張された場合について，Stürner が提示したのが，改正案 14 条である。

改正案 14 条は，条文の文言から，名誉保護そのものを定めた条文でないことは明らかであるが，Stürner の解説からは，この改正案 14 条と名誉保護とはきわめて関係の深いものだと考えられていたことが分かる。まず，Stürner は，「虚偽の事実が主張されることからの人格の保護は長い間主に刑法上の構成要件および違法性阻却事由を基礎として，とくに StGB 186 条以下および 193 条を基礎として行われており，したがって名誉を侵害する虚偽の主張がなされた場合にその保護は限定されていた」[290]という認識を示す。そのうえで Stürner は BGH および BVerfG による事例解決がなされる際に次のような変

ため省略する。
287) たとえば，1959 年草案 14 条 1 項後段に，「ある者が他人について真実だと証明できない名誉侵害的な事実を第三者に摘示しまたは流布した場合」には人格に対する違法な侵害が成立する（BR-Dr. 217/59, S. 2）と定められている。
288) Stürner〔1990〕A 73.
289) Stürner〔1990〕A 69.

化が生じてきているとする[291]。すなわち,「徐々にではあるが,特に『固有の言葉』が問題となる領域で,社会に通用する姿を自身で決定することを強調し,つまり人格像の同一性を重視するとともに,名誉概念に含まれる,社会に通用する姿を他人が決定することを殆ど問題としない,という他の考え方をする兆しが認められるようになってきている」[292]という変化である。このような変化が生じていることを踏まえて Stürner は「このように BVerfG がその重点を明らかに移動させているということを最も正当に評価できるのは,被害者を『誤った光』のもとに置き,それによって当該人物の人格像を著しく歪曲するようなあらゆる虚偽の叙述を人格に対する侵害だと評価することによってである」[293]と主張し,名誉侵害の成否を問題とすることなく,虚偽の事実が主張された場合に人格権侵害の成立を認める改正案 14 条を提示したのである。

c Stürner〔1990〕に対する第 58 回法曹大会の反応

Stürner が鑑定書を示したテーマに対して,第 58 回法曹大会では,Hermann および Wenzel による報告が行われた。

その二人による報告の中でも,Stürner による改正案を正面から否定したのが Hermann である。Hermann は,Stürner のように BGB 12 条以下に人格権侵害の具体的類型を規定することを否定した[294]。その代わりに,Hermann は,BGB 823 条 1 項の中に保護法益として「人格」を規定すべきだと主張した[295]。

そして,法曹大会では,議論を経て,一般的人格権保護に関しては次の二つの点に関する決議が行われた[296]。第一に,「BGB に人格保護を明確に規定すべき」かどうか,第二に「それに加えて一般条項と並列させて人格権(虚偽からの保護,名誉保護,秘密暴露からの保護,肖像の保護,違法な情報入手からの保護)について,比較衡量の基準とともに個別の構成要件を規定した特則を用意すべきか」かどうかという点である[297]。その結果,第一の点が可決され,第二の

---

290) Stürner〔1990〕A 69.
291) Stürner〔1990〕A 69, Fn. 53.
292) Stürner〔1990〕A 69.
293) Stürner〔1990〕A 69-70.
294) Hermann〔1990〕K 36-37.
295) Hermann〔1990〕K 40.
296) その他の決議の対象となった点は省略する。

点が否決された。さらに，第二の点については，「人格の保護は，BGB 823 条 1 項に『人格』という用語を明確に挿入することにより実現されるべきである」という修正が加えられた[298]。

そのため，Stürner の提示した改正案は，人格権保護の具体的類型に関して，法曹大会の承認するところとはならなかったことは明らかである。

ところが，Stürner の提示した改正案が批判されたのは，人格保護の類型を個別に列挙するという立法の方法論に関してであり，人格保護の具体的内容に関してではなかった。実際に人格権保護の具体的内容に関する Hermann の報告を参照するならば，そこでもやはり，名誉保護が維持されつつも，同一性の保護が承認されていたことが分かる[299]。具体的には，同一性の保護を認めることで，誤った事実の主張，虚偽のデータ，歪曲された引用などからの保護が認められると解されていた[300]。

また，Stürner と同様に，個別の人格保護に関する規定が定められることの必要性を主張した Wenzel[301] も，「虚偽からの保護」という類型が認められるべきだと主張していた[302]。そのうえで Wenzel が提示したのが，人格権保護は特に「権利主体に個別に関わるものであり，かつ，当該者の正当な人格的関心を侵害するのに足る，虚偽または歪曲された主張からの保護」を含むという条文だった[303]。たしかに，Wenzel は名誉も保護されるべきことを主張していた[304]。しかしその一方で，Wenzel は，「GG 5 条 2 項により，表現の自由に対する制約として個人的名誉が定められていることに鑑みると，名誉保護を完全に放棄することはできないということが，根本においては明らかであるが，特に民法判例の発展は，殆ど名誉保護を放棄したともいえるような状況につなが

---

297) Verhandlungen des 58. Deutschen Juristentages, 1990, Band II, K 208.
298) Verhandlungen des 58. Deutschen Juristentages, 1990, Band II, K 218.
299) Hermann は，人格保護を考察する際に，同一性（Identität），自己決定，および名誉の三分類が有益だとする（Hermann〔1990〕K 15, 37）。
300) Hermann〔1990〕K 37.
301) Wenzel〔1990〕K 58-59.
302) Wenzel〔1990〕K 65.
303) Wenzel〔1990〕K 67.
304) Wenzel〔1990〕K 67.

っている」[305]と指摘していた。

　以上のような法曹大会の状況に鑑みるならば，Stürnerの提示した，「名誉保護から同一性（Identität）の保護へ」[306]という問題意識は，それに関する改正案は否決されたが，学説によって共有される，少なくとも，従来の名誉侵害事例を含む新たな法益侵害事例の存在が認められていたということが分かる。

(iii) **Staudinger/Hager〔1999〕**

　Kübler〔1984〕およびStürner〔1990〕以降も，新たな法益保護を認めることによって，名誉保護を否定する，または名誉侵害が問題となる事例を縮小させる立場に，積極的な意義を認めるStaudinger/Hager〔1999〕が現れた[307]。

　Hagerは，BGB 823条1項により保護される権利が拡大していること，および「伝統的に名誉が人格権の一角を担うものと理解されてきたこと」自体は肯定している。それにもかかわらずHagerは，名誉に関して，「名誉概念には適切な輪郭がなく，極めて定義が把握し難い」という問題があるという評価，および実際の事例を解決するのに役立つ機能を名誉概念が担っていないという評価を示す[308]。

　そのうえで，Hagerは，名誉侵害を問題として解決すべき事例を限定的に

---

305) Wenzel〔1990〕K 67.
306) 本書194頁。
307) Hager〔1996〕でも，新たな法益の名誉保護に対する影響が論じられ，「虚偽の事実が主張された場合には名誉も侵害されているかどうかということは重要でない」という主張がなされ，そのような主張が可能となる背景には，保護法益に対する理解の変化があるとされていた（S. 173）。このとき，Hagerは，虚偽の事実が主張された場合に問題となる保護法益に関して，「名誉概念の中に含まれていた，社会的に通用することに対する請求権という異質な概念に対して，被害者による人格像に関する自己決定が前面に押し出されることになる」という理解の変化が生じたと指摘し（S. 199），そのような理解の変化を示す具体例として，Kübler〔1984〕やStürner〔1990〕などを挙げていた（S. 199, Fn. 175）。

　さらに，Hager〔1996〕は「このように，問題となる法益を名誉から他の法益に変化させることが，BGB 823条2項およびStGB 186条の適用範囲外となる私法において可能となる」理由として，「名誉が，本質的に包括的なものである人格権の一部に過ぎない」ということを挙げる（S. 199）。

　ただし，Staudinger/Hager〔1999〕の方が，Hager〔1996〕よりも，BGB 823条1項による名誉に生じた変化を明確に指摘するものである。そのため，本書ではStaudinger/Hager〔1999〕を参照する。

308) Staudinger/Hager〔1999〕C 63.

解する立場を採る。すなわち，それまで名誉保護が問題とされてきた事例を，「ある個人について侮蔑的な論評がなされた場合」と「虚偽の事実が主張されることから個人が保護される場合」との二つに分け，後者については，「問題となった主張が名誉を侵害するようなものであるかどうかは関係がない」という立場を示すのである[309]。

さらに，同一性という法益については言及しないものの，誤った光が当てられることからの保護を認める Hager は，この類型の保護を認めることにより，事実の主張が問題となる場合について，名誉侵害をもはや問題とする必要はないと主張する。ここでは，「誤った光のもとにひきずりだされないという利益は，虚偽ではあるが名誉を侵害しない事実が主張されることに対しても保護されることを求めるものである」という理解が示される。そのうえで，この虚偽の事実が主張された場合に問題となる法益の内容について，「刑法における場合とは異なり，名誉を侵害する主張とその他の主張との区別は，法律により規定されているわけではな」く，「したがって，私法においては，人格像を自分自身で決定する権利が全面に出てくるという傾向が強まる」という主張がなされるのである[310]。

このように，虚偽の事実が主張された場合には名誉侵害の成否を問題としないことに，Hager は，積極的な意義を認める。すなわち，「これにより，把握し難い名誉という概念は，虚偽の事実が主張された場合には放棄できるようになる」[311] という結果が導かれるというのである。

2　名誉保護の維持

以上のように，1980年代以降には，既存の名誉毀損事例を解決しうる新たな保護法益を認めるとともに，名誉保護を否定する，または名誉保護の必要と

　　Staudinger/Hager〔1999〕は，「伝統的に名誉が人格権の一つだと理解されてきた」とする一方で，「その際には多くの諸問題が存在している」としていたが，その一つの論拠が「真実でない事実が主張された場合には，名誉保護は極めて射程が限定されている」というものであった（C. 63）。
309)　Staudinger/Hager〔1999〕C 64.
310)　Staudinger/Hager〔1999〕C 124.
311)　Staudinger/Hager〔1999〕C 124.

なる事例を限定する立場が提示されるようになった。しかし，名誉保護を否定する見解のみが主張されていたわけではない。

(i) **Erman/Ehmann〔2008〕**

「名誉の保護は人格保護の中核をなす」[312]と主張し，「名誉保護の放棄」[313]という現象を踏まえてなお，BGB 823 条 1 項により名誉が保護されることを主張するのが Erman/Ehmann〔2008〕であり，ここでは，Kübler および Stürner を明確に批判する立場が示される。Ehmann は，Kübler の立場を[314]，「『時代遅れ』で，『捉えどころがなく』，『明確な外延を失っている』名誉概念は『封建的な社会秩序』に由来しており，『前民主主義的な』法を形成するものであるという根拠」のもとでなされている，「名誉侵害に対する刑事罰，さらには私法上の名誉保護をも，無制約の表現の自由に資するように廃止すべきであるという，要求」を行う立場に属するものとし，このような立場に対しては次のような批判を行った。「兵士は殺人者であると表現したり，法的に許容された堕胎とナチスによるユダヤ人殺害とをもはや区別することができなくなったりするような，名誉の保護されない社会は，望ましくない」という批判である[315]。さらに，Stürner の立場に対しては，「名誉保護を同一性の保護に『止揚する』こともまた否定されるべきである」[316]という批判を行っている。

(ii) **名誉保護の維持**

それでは，名誉保護を否定する見解と維持する見解とのどちらが，現在のド

---

312) Erman/Ehmann〔2008〕Rn. 18.
313) Erman/Ehmann〔2008〕Rn. 22.
314) Ehmann が直接に批判の対象としているのは，Kübler〔1990〕である。ここでも，「名誉侵害もまた一般的人格権に対する侵害として制裁が加えられうるため，『名誉』概念についての正確な理解はもはや重要ではないという見解が支持されて」おり，このような見解は「少なくとも虚偽の事実の主張がなされた場合に対する憲法学説に適合している」という主張がなされている（S. 916）。つまり，Kübler〔1990〕によれば，このような場合には「被害者によって定められた社会に通用する姿が侵害されたということで十分なのであり，決定的に重要な視点は，個人の自己決定権という考え方である」というのである（S. 916）。また，ここでは「その核心部分は封建的かつ身分制的な名誉概念」という表現がなされている（S. 917）。しかし，Kübler〔1990〕で示された主張は，Kübler〔1984〕で示された主張を維持し，それをより簡潔にしたものであるため，本稿では，Kübler〔1984〕を Kübler の立場を示すものとして参照した。
315) Erman/Ehmann〔2008〕Rn. 22.
316) Erman/Ehmann〔2008〕Rn. 22.

イツ不法行為法で勝利したのだろうか。

　上記の観点からドイツ不法行為法上の名誉保護に関連する文献を参照すると，BGB 823 条 1 項により解決される一般的人格権侵害事例の具体例の一つとして多くの論者が名誉侵害事例を提示していることは明らかである[317]。現在のBGB 823 条 1 項により保護される法益が，社会の状況の変化に応じて新たに認められていくものであることは当然の前提とされ[318]，不法行為に関する議論が進められるようになっている。そのような状況の中でも名誉保護が維持されているのである。

　また，BGB 823 条 1 項による一般的人格権保護が承認されて同項にいう「その他の権利」の内容が拡大された結果として，「個人的名誉という権利をその他の権利として823条1項によって保護することを認めないという歴史上の決定は，時代遅れとなっている」[319]という評価のなされる状況が存在している。したがって，BGB 823 条 1 項による名誉保護を維持する見解が，明らかに通説だということができる。

第 4 款　名誉概念の限界

1　名誉概念の多義性

　1970 年代までの学説では，名誉概念について一つの明確な理解は共有されていなかったことを明らかにした[320]。それにもかかわらず，名誉概念について，「名誉については具体的で確固とした法益だという評価を行うことができる」[321]という理解や，「少々時代遅れのようにみえる個人的名誉という概念

---

317)　Kötz/Wagner〔2013〕S. 154, Erman/Klass〔2011〕Rn. 94, Rn. 384, Deutsch/Ahrens〔2009〕Rn. 269, Rn. 404, Staudinger/Schulze, Bürgerliches Gesetzbuch Handkommentar, 5. Aufl., 2007, zum §823, Rn. 98, Köhler/Lorenz, Schuldrecht II Besonderer Teil 18. Aufl., 2007, S. 374, Medicus〔2006〕S. 305, Peifer〔2005〕S. 88.
　　Erman/Klass〔2011〕は，「名誉の保護は，人格権保護の伝統的な大黒柱であった」と表現する（Rn. 94）。
318)　MüKo/Wagner〔2009〕Rn. 179.
319)　MüKo/Rixecker〔2006〕Rn. 73.
320)　本書 136 頁以下，および 161 頁以下。
321)　v. Decken〔1980〕S. 20.

第4節　1980年代以降の議論／第4款

(der ein wenig altbacken scheinende Begriff der persönlichen Ehre) は，確固たる輪郭を有している」[322]という理解が示されている。それでは，名誉保護が維持されている現在，本当に，名誉概念については明確な理解が学説で共有されることになったのだろうか。

まず，1980年代以降の学説によって示された，名誉概念の内容に対する理解を参照するならば，それまでの学説と同様に，この時期の学説でも，一つの名誉概念が支持されるという状況は形成されなかったことが分かる[323]。Erman/Ehmann〔2008〕は，法的に問題となる名誉を「名声，声価」と同義の「外的名誉 (äußere Ehre)」と，「名誉感情または，自尊心 (Ehr-oder Selbstgefühl)」と同義の「内的名誉 (innere Ehre)」との二つに分けて定義する[324]。このように名誉を二つに分け，法的保護の対象として認めるという理解は，他の論者によっても共有されているものである[325]。MüKo/Rixecker〔2006〕は，「軽蔑または軽視を表明することから保護されるのは，名声，他人の目に映った個人の声価，個人の社会的な信望，第三者が個人に対して有する評価，つまり外的名誉である」とし，「それに対して，被害者の主観的名誉概念は重要でない」と主張するが，その一方で，「内的名誉」に対する保護が認められる場合もあるとする[326]。

しかし，外的名誉・内的名誉という二つの名誉の内容に対して具体的に示されている他の論者の理解を比較するならば，そこには相違のあることが分かる[327]。

---

322)　MüKo/Rixecker〔2006〕Rn. 74.
323)　名誉保護を取り上げる際に，名誉概念の定義を示さない論者も多数存在する (Kötz/Wagner〔2013〕S. 154-158, Brox/Walker〔2013〕S. 507, Schlechtriem〔2003〕S. 354, Esser/Weyers〔2000〕S. 158)。
324)　Erman/Ehmann〔2008〕Rn. 19-21.
325)　Baston-Vogt〔1997〕では，「一般的な理解によれば，名誉は二つの要素から構成される」とされ，その二つの構成要素とは，「外的名誉」と「内的名誉」とのことだとされている (S. 419)。Peifer〔2001〕によっても，「ドイツの法学文献においては伝統的に，内的名誉と外的名誉とが，ならびに主観的名誉と客観的名誉とが区別されてきた」とされている (S. 203)。
326)　MüKo/Rixecker〔2006〕Rn. 74.
327)　Peifer〔2001〕は，「内的名誉とは，個人の名誉感情，自尊心，したがって感情を意味するのであって，他人からの評価を意味するものではない」(S. 209) と説明する。これに対して，

第3章 ドイツ法 不法行為法の変容と名誉概念の変容

　そのため，BGB 823条1項により保護される名誉概念の定義に関する学説の主張を比較してみるならば，その内容については依然として，学説に一致した理解が形成されていないということが分かるのである[328]。

　Erman/Ehmann〔2008〕では，「名誉感情もしくは自尊心」という言い換えがなされる一方で，「他者から，人間として適切に承認されること，その名誉を適切に承認されることは，人間として存在するための，また人間の尊厳を保つための欠かすことのできない条件である」(Rn. 21) という説明が加えられている。また，Baston-Vogt〔1997〕では，「人間の内的名誉は，その行動や素質，個性，能力に基づくものではなく，その人間としての尊厳そのものに基づくものであ」り，「したがって，内的名誉は外的名誉とは異なり，獲得されるものではなく，あらゆる人間に，人間であるということを理由として認められるものである」(S. 414) という説明がなされている。

328)　Ehmannによる名誉の定義のみを比較しても，名誉概念の定義がなされた時期により，Ehmann自身の理解に変化が生じていることは明らかである。Erman/Ehmann〔2000〕では，「名誉を，独立した個人であることを保障する，社会の他の構成員から承認されるという関係だと定義することができる」とされ，「名誉とはGG1条により保護される人間の尊厳に他ならないものであり，それは現実の生活の中で侵害されないようなものではなく，むしろその反対に，きわめて侵害されやすいものである」という理解がなされている (Rn. 229)。ただし，このような理解は，Erman/Ehmann〔1993〕で名誉の定義が明らかにされる際には示されておらず (Rn. 116-124)，Erman/Ehmann〔2008〕でも維持されていないものである (Rn. 19-21)。

　ドイツ不法行為法上の「外的名誉」と「内的名誉」という名誉概念は，「社会的名誉」と「名誉感情」とを並列させる日本不法行為法のもとでは名誉毀損事例とはできない事例も，名誉毀損事例に容易に含みうるものである。それを明らかにするものが，BGH 1963年3月5日判決 (BGHZ 39, 124) に対する学説からの評価である。これは，放送局の女性アナウンサーについて，「レーパーバーンにある二流の安酒場にいるのがふさわしい」と評し，さらにその女性アナウンサーが「乳を搾りつくされた山羊」に見え，「彼女を見ると視聴者のもとにある『牛乳がすっぱくなる』」と表現する記事が問題とされた事例である。ここでBGHは問題となった記事がその女性アナウンサーの「人格権に対する重大かつ違法な侵害」に該当すると認めた (BGHZ 39, 124, 127)。具体的にはBGHは，ここで問題となった記事によって「女性としての名誉がおとしめられたこと」や，「名声に対する侵害」および「名誉および保護に値する私的な領域に対する侵害」が成立することを認めたのである (BGHZ 39, 124, 128-129)。

　Hubmann〔1967〕は，「名誉に対する侵害は，特に，たとえば他人をさげずんで動物に比較することにより，人間の尊厳が侵害された場合に成立する」として (S. 292)，上記のBGH判決をその具体例として挙げる (S. 292, Fn. 14)。

　同時代の他の学説も，このBGH判決が名誉侵害を問題とした判決だと判断している (Esser 〔1969〕S. 402, Fn. 2, Larenz〔1972〕S. 476, Fn. 2, Staudinger/Schäfer〔1975〕Rn. 200, MüKo/ Schwerdtner〔1978〕Rn. 221, Fn. 760, Soergel/Zeuner〔1969〕Rn. 63)。

　さらに，現在のドイツ不法行為法学説によってもこのBGH判決は，名誉侵害事例の具体例の一つに挙げられているものである (Kötz/Wagner〔2013〕Rn. 390, Fn. 64, Brox/Walker〔2013〕S. 507, Fn. 55, Erman/Klass〔2011〕Rn. 94, Staudinger/Hager〔1999〕C 111, Larenz/Canaris

202

第4節　1980年代以降の議論／第4款

2　名誉侵害事例に対する学説ごとの理解の相違

　名誉概念の定義のみならず，名誉侵害事例の具体的な内容に関する主張を参照してみるならば，この点についても学説には一致した理解は形成されていなかったことが分かる[329]。

〔1994〕S. 501, Fn. 510.）。しかし，このBGH判決の事例で問題となった名誉を，単に日本不法行為法上の名誉と同視することはできない。このことを端的に示すのが，Hubmann〔1967〕によって示された理解である。Hubmann〔1967〕によれば，ここで問題となった「いかなる個人にも生まれつき付与された人間の尊厳」は，名誉の主要な構成要素の一つであり，「すべての人間に共通して認められるもの」だというのである（S. 288-289）。

　このように，ドイツ不法行為法で名誉侵害事例とされる事例では，日本不法行為法が固定的に解している名誉の内容では把握しがたい要素が問題とされたと解されていることは，Erman/Ehmann〔2008〕でも，名誉保護が語られる中で，「人間の尊厳」に対する侵害が問題とされている（Rn. 20, Rn. 83）ことからもうかがえる。

　ただし，以上のようなドイツ不法行為法上の名誉保護に関する議論を参照するに留めるならば，日本不法行為法上も人間の尊厳を問題とできるような法益侵害類型を認めるべきであると主張することや，名誉保護の中で多様な事例を問題とできるようにすべきであると主張することしかできない。本書の目的は，日本の不法行為法の名誉概念をドイツ不法行為法上の名誉概念に合わせるべきであると主張することや，日本の不法行為法上の名誉侵害事例に差別的言動を含めるべきであると主張することではないため，この点には立ち入らない。

329)　一見明確な名誉侵害事例を提示するのが，Esser/Weyers〔2000〕である。Esser/Weyers〔2000〕では，従来の判例で問題となった人格権侵害の事例が四つの類型に分けられ，四番目の類型として「名誉侵害」があるとされる（S. 158）。そして，この類型はEsser〔1969〕に示された分類が維持されてきたものである（S. 402）。また，Esser/Weyers〔1984〕でも，同様の分類および記述が示されている（S. 460-461）。Esser/Weyers〔2000〕に示された類型と，Esser〔1969〕およびEsser〔1984〕に示された類型との相違は，Esser/Weyers〔2000〕では，「肖像，写真，紋章，氏名等の個人的な性質を有するものを被害者の同意なくして広告目的で使用すること」（S. 402）が，第三の類型として独立して扱われているのに対して（S. 158），Esser〔1969〕でも，Esser/Weyers〔1984〕でも，写真等を広告目的で使用することが，「同意なくして，もしくは同意されていない方法によって私的な性質を有する事項を第三者に対して伝えること，または信書や日記等を出版することにより広く公開すること，患者のカルテを暴露すること，個人的な事件を映画やテレビ，出版で公開する対象とすること」（Esser〔1969〕S. 402, Esser/Weyers〔1984〕S. 461）が問題となる類型の中に含まれているということである。

　しかし，Esser〔1969〕でも，Esser/Weyers〔2000〕でも，名誉侵害が問題となる場合について，「名誉侵害が未だ記述した類型に含まれないか，または刑法上の保護規定と結びついたBGB 823条2項を越えて問題となる場合に」という説明がなされているのみであり，名誉侵害の具体的な内容は明らかにされていなかった（Esser〔1969〕S. 402, Esser/Weyers〔2000〕S. 158）。

第 3 章　ドイツ法　不法行為法の変容と名誉概念の変容

　たしかに，現在のドイツ不法行為法では，多くの論者によって名誉侵害事例の具体例として，表現行為による名誉侵害事例[330]，すなわち，事実の主張および論評がなされた場合が挙げられている[331]。しかし，名誉毀損事例の具体的内容についても，一致した理解が学説に示されているのではない。

　MüKo/Rixecker〔2006〕では，「ある個人がののしられ，さげずまれ，軽蔑された場合や，非難すべきだと他人から評価されるような特性があるとされる場合」，「通常は個人の力ではどうすることもできない特性，例えば性別，家系，人種，言語，出身地，出自等を理由とした差別」，「職業上の業績に対する侮蔑的な批判」，「性的自己決定に対する侵害」，および「集団によるいじめ（Mobbing）」といった，表現行為およびそれ以外の行為が名誉侵害の具体例として挙げられている[332]。これに対して，Staudinger/Hager〔1999〕では，「差別的言動」[333]および「性的自己決定に対する侵害」[334]は名誉侵害とは別の侵害類型

　　　さらに，どちらにおいても，一般的人格権に対する侵害が問題となる類型として，名誉侵害とは区別される，「個人的な標識，たとえば肖像，写真，紋章，氏名等を被害者の同意なくして広告目的で使用すること」という類型が挙げられ（Esser〔1969〕S. 402, Esser/Weyers〔2000〕S. 158 Esser〔1969〕S. 402, Esser/Weyers〔2000〕S. 158），この類型に属する事例として，名誉侵害の具体例だと評価されることもある（本書 166 頁），〔3・1〕判決が挙げられているのである（Esser〔1969〕S. 402, Fn. 43, Esser/Weyers〔2000〕S. 158, Fn. 55）。

　　　そのため，Esser〔1969〕および，Esser/Weyers〔2000〕に示された，名誉侵害類型に対する理解は，一見明確なもののようだが，他の法益侵害事例と明確に区別される類型は示されていなかったということができる。

　　　さらに，Deutsch/Ahrens〔2009〕でも，名誉侵害の具体例と評価されることもある（本書166 頁以下）〔3・1〕判決および〔3・3〕判決が，「ある者の氏名または肖像を広告で利用すること」が問題となった具体例の一つだとされている（Rn. 269）。ここからも，何を名誉侵害事例とするのかという点については，時代または論者ごとに理解の相違があったことが分かる。

330）　Deutsch/Ahrens〔2009〕Rn. 404.
331）　Kötz/Wagner〔2013〕Rn. 385, Erman/Klass〔2011〕Rn. 96, Erman/Ehmann〔2008〕Rn. 30 などに，事実の主張および論評が名誉侵害事例として扱われている。
332）　MüKo/Rixecker〔2006〕Rn. 74-77.
　　　その他にも，Peifer〔2005〕では，「広義の名誉保護は辱めるような扱いがなされることからの保護にも及ぶため，例えば，『集団的いじめ』または職場での性的いやがらせからの保護にも及ぶ」とされている（S. 88）。
333）　Staudinger/Hager〔1999〕C 239.
334）　Staudinger/Hager〔1999〕C 244. ただし，性的自己決定に対する侵害については，「被害者の性的自己決定に対する侵害は，その加害行為により，被害者が侮辱された場合には，名誉侵害

第4節　1980年代以降の議論／第4款

に属するものだという位置づけがなされている[335]。

このように，具体的に示された名誉侵害事例の内容を比較するならば[336]，その内容について見解の一致が見られないことが明らかとなるのである[337]。

3　名誉概念の限界

(i)　問題の所在

以上のように，名誉保護が維持されているとはいえ，その名誉概念は多義的なものであり，名誉侵害事例の具体的な内容については学説に一致した理解が見られない状況が現在でも存在するといえる。

さらに，現在の名誉保護に関する特徴としては，具体的な事例解決のために名誉はどれほどの意義を有しているのかという疑問の生ずる状況が存在するということが挙げられる。なぜ，このような疑問が生ずるかといえば，名誉保護を強調した Ehmann〔2008〕によっても，名誉侵害に類似した「人格像が歪曲

の要件も充たす」とされ（C 244），名誉に対する侵害も問題となりうるとされている。

335) Larenz/Wolf〔2004〕も，差別的言動を名誉侵害とは区別された一般的人格権侵害の具体例と位置づけている（S. 137）。

336) Schlechtriem〔2003〕は，「私生活および生活像，世間で自己がいかに記述されるか，および肖像への固定，氏名，固有の身体に関する自己決定，私的な会話の内密性，しかし，とりわけ，それまでの人生や自己実現の能力とは無関係にいかなる人間にも認められる尊厳および名誉などが，人格の個別の諸相として，一般的人格権により保護される」（Rn. 836.）というように，名誉を他の法益とともに簡単に列挙するだけであり，名誉の定義や名誉侵害が認められる具体的事例を明示するわけではない（S. 354, Fn. 45）。

337) Erman/Klass〔2011〕は，「ある個人の名誉感情もしくは自尊心を侵害した場合，または，その者の知識もしくは道徳的・宗教的確信と矛盾するような行為を行うように強制された場合」を名誉侵害の具体例として挙げる（Rn. 95）。

　BGH が名誉侵害として解決した事例についても，他の法益侵害を問題とすべきだったという主張が，例えば Baston-Vogt〔1997〕でなされている。ここでは，ユダヤ人に対する迫害があったことを否定する主張がなされた事例を BGH が名誉侵害を問題として解決したことに対して，「個人のアイデンティティーを尊重される利益や自分自身について真実に即した叙述がなされる利益が侵害された」ものとして解決されるべきだったという批判がなされている（S. 422）。しかし，Erman/Ehmann〔2008〕では，「ユダヤ人に対する名誉侵害という特殊な事例は，一般化されるべきものではない」という留保はなされているが，「ユダヤ人に，想像を絶するほどの不正が加えられたことに鑑みるならば」，ユダヤ人に対する迫害を否定することが各ユダヤ人に対する名誉侵害に該当するという判断は正当化されるという理解がなされている（Rn. 29）。

205

されること」[338]は，人格権侵害が問題となる具体的類型の一つと認められており，名誉侵害が成立しない場合であっても，広く虚偽の事実が主張されることからの保護が問題となるとされていたからである[339]。つまり，名誉侵害が問題となる事例を限定的に解する立場を採る Kübler〔1984〕や Stürner〔1990〕のみではなく，名誉保護を重視する立場を採る Ehmann〔2008〕によっても，それまでの名誉侵害類型として扱われていた事例を含む[340]，より射程の広い新たな法益侵害の類型が認められており，名誉侵害が認められなくとも，不法行為責任の成立が認められる場合があるとされていたのである[341]。

(ii) Larenz〔1972〕から Larenz/Canaris〔1994〕まで

新たに認められた侵害類型が名誉侵害類型に対する理解に影響し，名誉保護を問題としなくては解決できない事例を限定することを最も明瞭に示すのが，Larenz〔1972〕から，Larenz/Canaris〔1994〕に至るまでに現れる主張の変化である。

---

338) Erman/Ehmann〔2008〕Rn. 104.
339) Erman/Ehmann〔2008〕では，「自分自身について主張されたことが不名誉なものであるか，またはそうでなければ何らかの不利益を与えるものであるような場合に対してのみ，通常，被害者は抵抗するものであるため，同一性の侵害と名誉侵害とがしばしば重なりうるものである」と主張されている。したがって，ここでは，名誉が侵害されることが，虚偽の事実が主張されることから保護されるための要件の一つだと考えられているようにも思われる。しかし，ここでは「しかしながら，主観的には不名誉であるかまたは不利益を与えるものであると感じられることが，常に客観的に不名誉なものであるとは限らない」とされ，その具体例として，「ある者が経済の耐久性を試そうとしているという主張」や，「彼は社会民主主義者である，共産主義者である」という主張がなされた場合が挙げられている。そのうえで，Ehmann は，「この主張は名誉を侵害するようなものではないが，それが真実でないのであれば場合により，損害を生じさせ，違法なものと評価される」としている（Rn. 104）。したがって，ここでは，名誉を侵害するものではない虚偽の主張からの保護も認められていることは明らかである。
340) Erman/Ehmann〔2008〕は，〔3・2〕判決を，人格像の歪曲が問題となる事例に関する判決として挙げる（Rn. 106）が，これは，現在でも名誉侵害に対する具体例という扱いもなされている判決である（Kötz/Wagner〔2013〕Rn. 387, Fn. 51, Esser/Weyers〔2000〕S. 158, Fn. 56）。
341) Schwerdtner, Persönlichkeitsschutz im Zivilrecht, Karlsruher Forum, 1996 は，一般的人格権保護の中で問題となる具体例として名誉保護があったことを指摘しているが（S. 28），その一方で議論が展開した結果，「人格保護は名誉保護から親密圏および私的領域に対する保護をこえ，同一性に対する権利が認められるところまで達している」ことを認め，さらには「閉じた事例の類型化は不可能」であり，「常に新たな保護領域が発見されている」と主張している（S. 29）。

a Larenz〔1972〕

Larenz〔1972〕では，BGH により認められている一般的人格権侵害の類型が提示され[342]，その一つとして，名誉が侵害された場合が挙げられている[343]。ここでは，「BGH により，名誉もいまや 823 条 2 項に結びついた刑法の規定に基づいて保護されるだけではなく，『一般的人格権』の対象として直接に保護される」とされている一方で，「名誉保護をより詳細なものに組み立てるためには，刑法の条文が重要な意味を有する」とされ，二つの名誉侵害が許されないものだとして問題とされている[344]。その一つが，「ある他人について『その者を軽蔑に値するものにするかまたは世間の中で貶める』に足る事実を主張または流布することは，その事実が『真実だと証明』されない」[345]場合には許されないものだということである。もう一つは，「『形式的侮辱』や，いかなる客観的な根拠をも欠く，名誉をおとしめるような皮肉を行うことは報道・出版機関に許されてはいない」[346]ということである。

b Larenz〔1981〕

Larenz〔1981〕でも，Larenz〔1972〕と同様の，BGH により認められている一般的人格権侵害の類型が提示され[347]，その一つとして，名誉侵害が挙げられている[348]。また，名誉侵害が問題となる類型についても，Larenz〔1972〕と同様に，虚偽の事実が主張された場合とそれ以外とに分けた説明がなされている[349]。

---

342) Larenz〔1972〕S. 474-477.
343) Larenz〔1972〕S. 476.
344) Larenz〔1972〕S. 476.
345) Larenz〔1972〕S. 476.
346) Larenz〔1972〕S. 477.
347) Larenz〔1972〕との相違は，Larenz〔1981〕では新たに保護が認められるものとして，「人間の性格像（Charakterbild）」が挙げられているという点（S. 629）にある。
348) Larenz〔1981〕S. 626.
349) Larenz〔1981〕では，Larenz〔1972〕と同様に「名誉は BGH によりいまや 823 条 2 項に結びついた刑法の規定に基づいて保護されるだけではなく，『一般的人格権』の対象として直接に保護される」とされている一方で，「名誉保護をより詳細なものに組み立てるためには，刑法の条文が重要な意味を有する」という主張が維持されている（S. 626）。また，ここでも，「ある他人について『その者を軽蔑に値するものにするかまたは世間の中で貶める』に足る事実を主張するかまたは流布することは，その事実が『真実だと証明』されない」場合に名誉侵害が問題とな

第 3 章　ドイツ法　不法行為法の変容と名誉概念の変容

ただし,「虚偽の事実の主張」[350]が問題となる場合に着目するならば,Larenz〔1972〕と Larenz〔1981〕との間には主張に相違の生じていたことが分かる。Larenz〔1972〕は,そもそも虚偽の事実が主張された場合を特に取り上げ,名誉侵害と区別して言及することはなかった。Larenz〔1981〕も,たしかに,虚偽の事実が主張された場合を,名誉侵害の中で問題とするだけであり,独立の侵害類型として認めていない[351]。しかし,Larenz〔1981〕では,BVerfG 1980 年 6 月 3 日決定が参照され[352],「虚偽の事実の主張が個人の『社会に通用する姿』,世間で有する像を侵害するものであるならば,BVerfG に示されたとおり,人格権が侵害されたものと認められる」[353]ということが述べられている。したがって,Larenz〔1981〕では,虚偽の事実が主張された場合に,名誉侵害の有無が重視されないこともあると考えられていたことが分かる。

c　Larenz/Canaris〔1994〕

そればかりか,Larenz/Canaris〔1994〕を参照するならば,一見しただけで,それまでの叙述に大きな変更が加えられたことが分かる。たしかに,Larenz/Canaris〔1994〕によっても,一般的人格権に対する侵害が問題となる類型の一つとして,「さげすまれることからの保護」が挙げられ,ここで問題となるのが「名誉」だということが明らかにされ,依然として名誉に対する不法行為法による保護が認められている[354]。しかし,この名誉保護に関するとされる類型の中で問題となる具体例の一つとしては,StGB 185 条以下の要件が充たされる場合の他に,Larenz〔1972〕でも Larenz〔1981〕でも問題とされていなかった「差別的言動」が取り上げられ,「それが被害者の尊厳を失墜させるものであるため,かつその限りで」,一般的人格権に対する侵害となると

　　るとされ,それに加えて,「人格を貶めるか,中傷する,もしくはその形式により名誉を侵害すると認められる」ような「論評」がなされた場合にも名誉侵害が問題となるとされている（S. 626-627）。
350)　Larenz〔1981〕S. 627.
351)　Larenz〔1981〕S. 627.
352)　Larenz〔1981〕S. 627, Fn. 4.
353)　Larenz〔1981〕S. 627.
354)　Larenz/Canaris〔1994〕S. 500.

されている[355]。

それに加えて，Larenz/Canaris〔1994〕では，Larenz〔1981〕において名誉侵害を問題とする際に補足的に扱われていた，「歪曲されることおよび虚偽の主張がなされることからの保護」[356]が名誉侵害とは独立した類型として扱われている点に，それまでの叙述との相違が現れている。Larenz/Canaris〔1994〕によればこの保護，つまり「人格が歪曲されることからの保護」は，「弁護士の書簡を投書として新聞や雑誌に掲載する」場合，「捏造したインタビューを公開する」場合等に問題となるのだが，「この場合に被害者の名誉が同時に侵害されたか否かは重要ではない」というのである[357]。また，Larenz/Canaris〔1994〕では，歪曲されることからの保護が認められることに現在では争いがないとされるが[358]，名誉とは異なる法益侵害を認めたとされる[359] BVerfG 1980年6月3日決定だけでなく，それまで名誉侵害の具体例として挙げられることのあった，〔3・2〕判決[360]や，〔3・3〕判決[361]もまた，この歪曲からの保護が問題となった具体例として挙げられているのである[362]。

(iii) **虚偽の事実の摘示と名誉侵害**

現在，虚偽の事実が摘示された場合には，名誉以外の法益侵害も問題とされるという理解は，学説に定着している[363]。それでは，そのような理解が，名誉に対してどのように影響すると考えられているのだろうか。

虚偽の事実の摘示が問題となる場合に名誉侵害の成否を問題としない立場を示すのが，Larenz/Wolf〔2004〕である。ここでは，不法行為の成立要件である違法性に対する判断について，「被害者側の事情について考慮するならば，

---

355) Larenz/Canaris〔1994〕S. 500-501.
356) Larenz/Canaris〔1994〕S. 499.
357) Larenz/Canaris〔1994〕S. 499.
358) Larenz/Canaris〔1994〕S. 499.
359) Erman/Ehmann〔2008〕Rn. 104.
360) 本書166頁注172），Esser/Weyer〔1984〕S. 461, Fn. 28.
361) 本書166頁注172）。
362) Larenz/Canaris〔1994〕S. 500, Fn. 25.
363) Kötz/Wagner〔2013〕は，「アメリカ法では『ある者を誤った光の中に置くこと（placing somebody in a false light）』と理解されているもの」を，「公共の場において個人の像を歪曲すること」という類型の中で問題とする（Rn. 393）。

さしあたり，侵害された権利の内容が重要となる」364)という主張がなされている。ただし，虚偽の事実を主張することについては，それによって侵害される権利の内容は確定されないまま，「他人に関する過去や出来事について故意に真実でない主張をすることは，原則として常に違法な侵害だと評価される」という見解が示されている365)。

このように，虚偽の事実が主張され，不法行為責任の成否が問題となる場合について，特に名誉侵害の成否を検討する必要性を認めない見解は，MüKo/Rixecker〔2006〕にも示されている。MüKo/Rixecker〔2006〕は，「個人の名誉に対する侵害からの保護と類似しており，実務上はそれとの明確な区別がなされていない類型が，個人の同一性が歪曲されることからの保護である」366)として，虚偽の事実が主張されたときに問題となる法益が「同一性」だと解する。この同一性に対する侵害が認められる場合としては，次のような場合が挙げられている。すなわち，「被害者を笑い者にするものでもなく，その社会的に通用する地位を侵害するものでもそれを尊重しないものでもないが，被害者を『誤った光のもとに引きずり出す』ような」367)場合である。つまり，「被害者の人格に関する虚偽の状況を，加害者が真実だと思わせるか，または事実を歪曲するもしくは省略することによって，本来のその者自身とは一致しないその者についての像を作り上げる」368)ような場合に，この同一性に対する侵害が認められるというのである369)。MüKo/Rixecker〔2006〕は，新たに「同一性」の

---

364) Larenz/Wolf〔2004〕S. 138.
365) Larenz/Wolf〔2004〕S. 138.
366) MüKo/Rixecker〔2006〕Rn. 80.
367) MüKo/Rixecker〔2006〕Rn. 80.
368) MüKo/Rixecker〔2006〕Rn. 80.
369) 同一性と名誉との関係については，MüKo/Rixecker〔2006〕と同様の見解が，Erman/Klass〔2011〕に次のように示されている。「この保護は，ある個人を笑いものにしたり，他の形式でその者の名誉を傷つけるような類いの行為を，その者が行ったと描写したり押し付けたりする場合に主に問題となるものではない。むしろ個人は，『誤った光』のもとに描写されることから保護されなくてはならないのである」(Rn. 193)。また，同一性の保護が明示されているわけではないが，Medicus〔2006〕でも，次のような理解が示されている。「このような事例においては，名誉に対する侵害の認められる必要はない。何者かについて，その者が実際にある姿とは本質的に異なる描写がなされたことで足りる。この類型に属する具体例としては，ある者について捏造されたインタビューを公表した事例を挙げることができる」(Rn. 816)。

保護を認めることにより，名誉侵害の成否を判断することなく，不法行為の成否を判断することができるとする。ここでは，「そのような歪曲され不正確な情報については，何ら保護に値する利益が認められないのであるから，同一性を歪曲することは違法性ありとされるのであり，その違法性を認めるにあたり，なんら利益衡量を行う必要はない」[370]とされ，やはり名誉侵害の成否が問題とされることはないのである[371]。

同様に，虚偽の事実が主張された場合の不法行為責任の成否について，名誉侵害を問題としない見解を示すのが，Schwarz/Wandt〔2011〕である。ここでは，一般的人格権侵害が問題となる事例の具体例として，「誤った光の中に置かれる」ことからの保護が問題となる「歪曲および虚偽の事実の主張」に加えて，「侮辱，名誉に対する侵害，個人に対する差別」とが挙げられている[372]。しかし，後者については，「この事例群は，個人が世間の中で貶められるような論評によって軽蔑されるようになることを防止することを目的としている」[373]という解説のみがなされており，事実の主張がなされた場合に名誉侵害が問題とされることはないのである。

(iv) **名誉概念の限界と課題**

たしかに，ドイツ不法行為法に関する概説書やBGBの注釈書の記述からは，現在のドイツ不法行為法のもとでは，BGB 823条1項による名誉保護が維持されていることが分かる。しかしその一方で，名誉以外の他の法益に関する記述を踏まえるならば，従来は名誉毀損に分類されていた事例を解決しうる新た

---

370) MüKo/Rixecker〔2006〕Rn. 80.
371) Fuchs〔2009〕も，虚偽の事実が主張された場合について，「虚偽であることを知ってなされた事実の主張及び，その主張がなされた際にその内容が真実でないと既に明らかに確信をもてるものであったような主張は，GG 5条の保護に値するようなものではない」として，「そのような場合には，人格権に対する侵害が，正当な利益の維持を根拠として違法性を阻却されることは原則としてありえない」と主張する（S. 44）。また，単なる虚偽の事実が主張された場合にすべて不法行為責任の成立が認められるわけではないことについて，「もっとも，いかなる虚偽の事実の主張も人格権の保護領域に含まれるものではないことに注意する必要があ」り，「特にそのようなことが問題となるのは，被害者の社会的な同一性について問題となった表現が何ら重要性を有しないような場合である」という理解を示す（S. 44）。
372) Schwarz/Wandt〔2011〕S. 296-297.
373) Schwarz/Wandt〔2011〕S. 297.

第3章　ドイツ法　不法行為法の変容と名誉概念の変容

な法益が認められたために，名誉侵害の成否を問題として解決されなくてはならない事例がきわめて限定されるようになったことも明らかになる。つまり，BGB 823条1項による名誉保護の可否のみに着目すれば，現在も名誉が重要な法益と扱われていると理解できる[374]。ところが，BGB 823条1項により保護される諸法益の具体的な内容に立ち入ってみれば，名誉侵害を問題としなくては解決できない事例の範囲が，他の新たな法益との関係でまさに問題とされていることが分かるのである[375]。

このような名誉侵害事例およびそれと競合しうる侵害事例との関係に鑑みるならば，次のような結論を導くことができる。すなわち，不法行為法上の保護法益を列挙する際に名誉に与えられた重要性と，実際の事例解決に際してその侵害の成否を判断することの重要性との間には齟齬が生じうる，つまり，名誉侵害を問題としなくては解決できない事例は，見かけ上の名誉の重要性に比較して，限定されるといえるのである。たしかに，BGB 823条1項による名誉の保護を明確に否定する論者は限られている。しかし，すでに確認したとおり，虚偽の事実の主張がなされた場合に問題とされうる法益は名誉以外にも存在する[376]。そればかりか，その法益に対するBGB 823条1項による保護が認められることにより，虚偽の事実が主張された場合に名誉侵害の成否を問題として不法行為責任の成否を判断する必要性が失われるとする立場が広く認められているのである[377]。

---

[374]　本書198頁以下。
[375]　Stegmann〔2004〕は，Larenz/Canaris〔1994〕に対して，「歪曲されたことに加えて被害者の名誉が侵害されたか否かの検討を行うことは重要ではないとすることから議論を進めることはできない」と批判する（S. 149）。このときStegmannが根拠としていたのは，「一般的人格権が単に虚偽に過ぎない事実が流布されることからも保護を認めているという主張は，BGH判例を根拠としうるものではな」く，「BGHはBVerfGと同様に，中立的な虚偽の事実から保護されることは，少なくとも今日まで，人格権から具体的に導かれるものとは認めていない」という理解だった（S. 148）。しかし，Stegmannは「私法における名誉概念は，刑法上の名誉概念と比較して，きわめて拡大されたものであり，否定的に表現するのであれば，内容が希薄になったものである」として，名誉概念が一般的人格権保護のもとでは不明確となりうるものだということを認識している（S. 156）。
[376]　本書170頁以下。
[377]　本書190頁以下。

第4節　1980年代以降の議論／第4款

　つまり，虚偽の事実が摘示された事例について，実際に考慮されるべき内容に関する学説を参照するならば，この事例に関しては，名誉侵害の成否が実際の不法行為責任の成否を決定する役割を果たし得ないことが分かる。

　以上のように，現在のドイツ不法行為法のもとでは，名誉が一般的人格権の具体例として維持されているものの，実際に名誉侵害を問題としなくては解決できない事例の範囲は限られたものとなっている。それに加えて，名誉侵害として具体的に挙げられる事例の内容は，論者ごとに異なるという状況が存在する[378]。現在のドイツ不法行為法がこのような状況にあることから，名誉について，次のような意義および限界を指摘することができる。すなわち，名誉侵害という類型を提示することにより，伝統的に不法行為責任の成立が問題とされてきた人格権侵害が存在することを端的に表現できるとともに，事例解決の指針を得られるという意義を，名誉概念に認めることができる。しかしその一方で，既存の名誉侵害事例が他の法益侵害を問題として解決されうるものになったために，名誉侵害を他の法益侵害から独立した類型として維持することはできず，名誉概念に依拠するだけでは不法行為責任の成否を確定できないという限界を指摘することができるのである。

　以上のような意義および限界が名誉概念に認められることから，名誉侵害の成否が不法行為責任の成否を決定する場合とは具体的にいかなる場合なのか，また，そのような場合がそもそも存在するのかという点について，関連する法益相互の関係を踏まえて検討することが必要となってくるのである[379]。

---

378)　本書203頁以下。
379)　実際には，一般的人格権侵害のみでなく，BGB 823条1項により保護される営業権侵害が問題とされる可能性もある。Deutsch/Ahrens〔2009〕では，「論評及び真実の事実が主張された場合には，BGB 823条1項による営業の保護が問題となる」とされている（Rn. 420）。Kötz/Wagner〔2013〕では「論評の形式で行われる，営業またはその製品に関する批判は，BGB 823条1項の枠内で確立された営業権を侵害しうるものであるという見解は，BGHの確立した判例によって支持されているものである」(Rn. 454) とされている。
　　しかし，本書はあくまでも「名誉」の限界を明らかにすることを目的として一般的人格権保護と名誉保護との関係を検討の対象としているため，営業権との関係には立ち入らない。

結　語
名誉概念の相対化と新たな議論の必要性

　本書の目的は，「はじめに」で提示したとおり，不法行為法上の名誉保護について，これから検討されるべき課題を明らかにし，検討の際に採るべき視点を提示していくことである。そのために本書では，日本およびドイツ不法行為法の名誉保護に関する議論を対象として，そこに現れた名誉概念の内容，およびそれが具体的事例解決との関係で実際に果たす機能の変遷に着目した検討を行った。

　この検討によって，名誉は古くから保護されてきた法益であるが，それは同一の内容の名誉概念，同一の名誉毀損事例が維持されてきたことを意味するものでは全くないことを明確に示すことができた。さらに，ドイツ不法行為法の検討を通じて，名誉保護が維持されているということが，同一の名誉保護が維持されてきたことを全く意味するものではないことが明らかになった。つまり，不法行為法の保護法益に関する理解が変容するにつれて，古くからその保護が認められてきた名誉もまた変容を迫られるものであることが明らかになったのである。

　最後に「結語」では，本書で行った検討を単純化し，現在の日本の不法行為法では，名誉概念を所与のものとして議論を行うことは不適切であることを示すとともに，名誉保護について検討されるべき課題を改めて明らかにし (1)，戦後のドイツ不法行為法上の議論を通じて得られる，名誉保護に対する検討を行うための具体的な視点を提示していくことにする (2)。

結語　名誉概念の相対化と新たな議論の必要性

1　現在の不法行為法における名誉保護の課題

(i)　名誉概念の維持に関する問題点

a　名誉概念の維持に関する理論上の問題

　現在の日本不法行為法では，名誉概念の定義および名誉毀損による不法行為責任の成否を判断するための法理が確立されている。したがって，名誉概念の定義，名誉侵害が問題となる事例の具体的な内容，および名誉を保護することの可否のいずれについても学説上に見解の一致が見られないドイツ不法行為法とは問題状況を異にするかのような状況が日本不法行為法には存在する[1]。

　ところが，日本不法行為法に関しても，名誉概念が確立された時期，名誉毀損法理の基礎が形成された時期，それぞれの時期における判例および学説の状況に鑑みるならば，次のようにいうことができる。すなわち，現在の名誉概念は，大審院の判例を基礎とした学説が，その当時の不法行為法を前提として具体的事例に妥当な解決を導くために形成したものであり，その当時の状況と現在の状況との差異を考慮することなく，現在の解釈論においても当然の前提とする態度には理論上の問題が存在するといえるのである。

　たしかに，現在のように名誉を人の社会的評価とする定義は，鳩山〔1920〕以来学説に定着した「評価説」が維持され続けてきたものである[2]。しかし，その定義が形成された当時，名誉と他の法益とを明確に区別すること，不法行為の成立要件から独立した一つの名誉侵害類型を明示することは，学説の課題とはなっていなかった。なぜならば，当時の学説を支配していたのは，不法行為法の保護法益を厳格に解する立場であったために，名誉侵害事例に多様な事例を取り込むことで，実際の事例に妥当な解決を導くことが図られていたからである[3]。そのため，名誉保護の具体的内容が論じられる際には，「私生活の保護」という視点が問題とされることもあったのである[4]。

　しかし，不法行為の権利侵害要件を厳格に解する立場が放棄された後は，名誉侵害事例から，徐々に他の法益侵害事例が切り離されていくことになった[5]。

---

1)　本書80頁以下，および88頁以下。
2)　本書59頁以下，および88頁以下。
3)　本書67頁以下。
4)　本書64頁。

このように，現在の名誉概念の基礎となった「評価説」は，それが主張された当時の学説の状況を前提とすると，現在の理解とは異なる射程を有する名誉概念を提示する説だったと解さなくてはならない。つまり，その時代に提示された名誉概念の内容は，現在では他の法益保護が主張される際に問題とされる考慮要素を広く含むものであり[6]，そもそも，他の法益侵害事例と名誉侵害事例とを類型化するための明確な基準となりうるものではないのである。このような名誉概念を，多様な法益が保護されることおよび新たな法益の生成が認められることに異論の存在しなくなった現在でも，所与のものとして解釈論を進めていくことは妥当でない。

b　名誉概念の維持に関する実際上の問題点

　さらに名誉概念には，それを無批判に受容することには実際上の問題も存在する。その問題は，名誉毀損事例の射程および名誉毀損法理の射程に対して提起されている現在の学説による疑問を参照することによって明らかになる。

　たしかに，名誉保護を強調することにより，人格的利益の保護が問題とされるべき事例が存在することを強調することが可能となった。また，刑法230条の2を基礎として確立された名誉毀損法理は[7]，名誉保護と表現の自由とを調整するための法理として重要な役割を果たしてきた。しかし，現在は，名誉毀損法理では適切に考慮できない事情が存在するという問題が指摘されるばかりでなく，そもそも，名誉毀損の成否，すなわち社会的評価の低下が判断される過程の中で，そこで実際に考慮されるべき内容が明らかにされなくなるという問題も指摘されるようになっている。つまり，名誉概念の定義や名誉毀損法理と論理的に結びついて考慮される事情と，実際の事例解決にあたって考慮されるべき事情との間に齟齬が生じていることが指摘されているのである。このような現状に鑑みるならば[8]，名誉概念をそのまま他の法益から独立させて維持することには，具体的な事例解決における判断の過程を不明確なものにするという実際上の問題点も存在するといえるのである。

---

5)　本書70頁以下。
6)　この点がすでに指摘されていることについては，本書7頁以下。
7)　本書80頁以下。
8)　本書102頁以下。

結語　名誉概念の相対化と新たな議論の必要性

(ii)　**現在の不法行為法における名誉保護の課題**

　名誉概念が形成・維持された時代から，名誉概念に対して疑問が提起されるようになった現在までの学説の議論を参照することにより，伝統的な名誉概念と名誉毀損法理とに拘束されて名誉保護を論ずることには，理論上も実際上も問題があることを明らかにすることができた。つまり，名誉概念を一つの明確なものとして維持すること，およびそれを前提として「真実性・相当性の法理」および「公正論評の法理」を他の不法行為理論から独立させて維持することは妥当な解釈論ではないといえるのである。なぜならば，現在は，名誉とは区別して考えるべき法益が意識され，また名誉毀損事例で考慮されるべき新たな事情が主張されるようになっており，名誉概念が形成・確立されていった時期とは大きく異なる状況が存在するからである。そのような状況の変化にもかかわらず，既存の名誉に拘束されて思考することは，考慮されるべき事情を排除する可能性や，議論を無駄に錯綜させる可能性を有するものである。

　そこで次に問題となるのが，名誉概念および名誉毀損事例に関して，いかなる方針のもとで再検討すべきなのかということである。つまり，名誉概念をより限定された明確なものとし，名誉毀損事例の射程を明らかにするだけで問題は足りるのだろうか。それとも，名誉保護を一つの自立した法領域と設定すること自体の当否を問い，多様な法益を取り込みうる枠組みの中に名誉を位置づける作業が必要なのだろうかということが問題となるのである。

2　ドイツ不法行為法研究から得られる検討の視点

(i)　**単一の名誉概念の不存在と事例の多様性**

　BGB 823 条 1 項による名誉保護に関して，第二次世界大戦後のドイツ不法行為法学説を参照するならば，そこには単一の名誉概念が存在してこなかったこと，名誉侵害事例とされる具体的な事例の内容にも論者ごとの相違が見られることが分かる。たしかに，BGB 823 条 1 項による名誉保護の可否が大きな問題とされた時期は存在した[9]。しかしながら，いずれの時期の学説でも，そこで提示された名誉概念を論者ごとに比較するならば，単一の名誉概念を前提

---

9)　本書 132 頁以下。

とした議論が行われていなかったことが分かるのである[10]。

このように，ドイツ不法行為法学説の中には BGB 823 条 1 項により保護される名誉について，一致した理解が存在しないという状況は，戦後初期の議論のみならず，現在でも維持されている。さらに，ドイツ不法行為法学説においては，名誉概念について一致した理解が存在しないだけではなく，名誉侵害事例の具体的な内容についても論者ごとに相違する内容の主張がなされているのである[11]。

(ii) 不法行為法の変化と名誉保護に対する検討の視点

ただし，ドイツ不法行為法学説の中に名誉概念および名誉侵害事例に対する単一の理解を見出すことができないことを確認しただけでは，日本不法行為法の解釈に対して直ちに有益な示唆を得ることはできない。単に名誉概念に関する定義および具体的な侵害事例の内容のそれぞれについて，その多様性を明らかにすることで得られる示唆は，一つの名誉概念を維持する必然性はないということのみである。

そうではなくて，日本不法行為法に対する検討を行うにあたってドイツ不法行為法学説を参照する意義があるのは，そこにおいては，BGB 823 条 1 項により保護される法益の全体像が変容していく中で，名誉の位置付け，実際の事例解決に際して名誉に認められる重要性もまた変容していったという現象が生じているからである。

第二次世界大戦終結後から 1950 年代のドイツ不法行為法学説では，たしかに BGB 823 条 1 項による一般的人格権保護を認めることの可否が学説の重要な争点と位置づけられていた。しかし，その保護を認めることに対して異論が提起されなくなった後は，新たな法益を既存の不法行為法の体系の中にいかに位置づけるか，およびその中で具体的に保護される多様な法益をいかに整序するのか，という点に学説の関心が移行した[12]。

その結果，ドイツ不法行為法でも，新たな事例を既存の法益侵害事例に無理に包摂しなくとも，不法行為責任の成否にあたって考慮されるべき多様な要素

---

10) 本書 136 頁以下，161 頁以下，および 200 頁以下。
11) 本書 203 頁以下。
12) 本書 152 頁以下，および 184 頁以下。

結語　名誉概念の相対化と新たな議論の必要性

を正面から論じ，それによって事例に対処することができるようになったのである。

　学説の議論の焦点が，BGB 823条1項による一般的人格権保護の可否から，具体的に保護される法益の内容へと変化していったことを意識して，現在のドイツ不法行為法学説によってなされている人格的利益の具体例に関する議論を参照するならば，新たな法益が承認されたことにより，そもそも名誉の重要性が低下したことを明確に見てとることができる。このような現象を端的に示すのが，虚偽の事実の摘示が問題となる場合である。不法行為法上の保護法益が限定的に解されていた時代には，当該場合について名誉侵害を問題として対処するより他の手段はなかった。しかし，BGB 823条1項による一般的人格権保護が認められ，そこに含まれる法益が多様化した。その結果，虚偽の事実が摘示された場合には，名誉とは異なる法益を問題とすべきだという見解が，現在では多くの論者によって支持されるようになっているのである[13]。このように，ドイツ不法行為法では，新たな法益が認められるとともに，既存の法益に対する再検討が行われ，名誉もその例外ではないのである。

　上のような状況にあるドイツ不法行為法学説の議論を参照することにより，日本不法行為法における名誉保護を検討するための次のような二つの視点を得ることができる。第一に，新たな法益を承認する余地を常に残している不法行為法のもとでは，名誉および名誉侵害事例もまた不変でなく，他の保護法益が承認されていくことに応じて確定されなおす必要があるという視点である。第二に，多様な保護法益が承認される不法行為法のもとでは，名誉の意義について具体的に考察するためには，他の保護法益との関係や，不法行為の要件論全体の中での位置づけを明らかにしなくてはならないという視点である。

　このような視点から，名誉保護およびそれに関連する法益保護全体に矛盾なく適用される法理を再構築することが現在の不法行為法に現れた課題意識からは必要だといえるのである。

---

[13]　本書205頁以下。

引用文献一覧

1 邦語文献 （著者名の五十音順）

有馬〔1922〕　　有馬忠三郎『不正競業論』（1922）

五十嵐〔1965〕　　五十嵐清「§709 Ⅲ（10）人格権の侵害」加藤一郎編『注釈民法（19）債権（10）』（1965）

五十嵐〔1988〕　　五十嵐清「ノンフィクションの自由とプライバシーの保護──『逆転』事件第一審判決をめぐって」（五十嵐〔1989〕所収）

五十嵐〔1989〕　　五十嵐清『人格権論』（1989）

五十嵐〔1994〕　　五十嵐清「名誉毀損（民法七一〇条）」法教164号（1994）36頁

五十嵐〔2003〕　　五十嵐清『人格権法概説』（2003）

五十嵐＝松田〔1962〕　　五十嵐清＝松田昌士「西ドイツにおける私生活の私法的保護──一般的人格権理論の発展」戒能通孝＝伊藤正己編『プライヴァシー研究』（1962）

五十嵐＝田宮〔1970〕　　五十嵐清＝田宮裕『名誉とプライバシー』再版（1970）

幾代〔1957〕　　幾代通「不法行為としての名誉毀損──最近の判例に見る若干の問題」法時29巻6号（1957）17頁

幾代〔1972〕　　幾代通「謝罪広告」伊藤編〔1972〕

幾代〔1977〕　　幾代通『不法行為』（1977）

幾代〔1988〕　　幾代通「連載・日本不法行為法リステイトメント⑭　正当防衛・正当行為など（上）──避険行為」ジュリ901号（1988）85頁

幾代＝徳本〔1993〕　　幾代通著＝徳本伸一補訂『不法行為法』（1993）

五十川〔1992〕　　五十川直行「日本民法に及ぼしたイギリス法の影響序説」星野英一＝森島昭夫編『加藤一郎先生古稀記念　現代社会と民法学の動向（下）──民法一般』（1992）

伊藤編〔1972〕　　伊藤正己編『現代損害賠償法講座2　名誉・プライバシー』（1972）

内田〔2011〕　　内田貴『民法Ⅱ　債権各論』第3版（2011）

梅〔1912〕　　梅謙次郎『民法要義　巻之三債権編』訂正増補33版（1912）

浦川〔1988〕　　浦川道太郎「不法行為法改正に関するフォン・バールの立法的提案」下森定＝岡孝編『西ドイツ債務法改正鑑定意見の研究』（1988）

浦川〔1996〕　　浦川道太郎「商品テストと民事責任」判タ908号（1996）55頁

江木〔1894〕　　江木衷『現行刑法原論』再版（1894）

遠藤〔1957〕　　遠藤浩「名誉の概念と名誉の侵害における違法性阻却に関する一考察──村八分に限定して──」川島武宜編集代表『我妻先生還暦記念　損害賠償責任の

研究（上）』（1957）
近江〔2007〕　近江幸治『民法講義Ⅵ　事務管理・不当利得・不法行為』第2版（2007）
大塚直〔1997〕　大塚直「人格権に基づく差止請求」民商116巻4・5号（1997）501頁
大塚仁他編〔2003〕　大塚仁＝河上和雄＝佐藤文哉＝古田佑紀編『大コンメンタール刑法（第2版）第12巻〔第230条〜第245条〕』（2003）
大場〔1909〕　大場茂馬『刑法各論上巻』（1909）
大村〔2005〕　大村敦志『基本民法Ⅱ　債権各論』第2版（2005）
岡松〔1897〕　岡松参太郎著＝富井政章校閲『註釈民法理由債権編』（1897）
岡松〔1899〕　岡松参太郎著＝富井政章校閲『註釈民法理由総則編』訂正12版（1899）
奥田＝潮見編〔2006〕　奥田昌道＝潮見佳男編『法学講義民法6　事務管理・不当利得・不法行為』（2006）
奥村〔1971〕　奥村長生「判解　最判昭和45年12月18日民集24巻13号2151頁」曹時23巻9号（1971）2367頁
小野〔1934〕　小野清一郎『刑法に於ける名誉の保護』（1934）
勝本〔1900〕　勝本勘三郎『刑法析義各論之部下巻』（1900）
加藤一郎〔1974〕　加藤一郎『増補版　不法行為』（1974）
加藤雅信〔2005〕　加藤雅信『新民法大系Ⅴ　事務管理・不当利得・不法行為』第2版（2005）
紙谷〔2004〕　紙谷雅子「最判平成15年10月16日民集57巻9号1075頁評釈」民商130巻4・5号（2004）850頁
北川〔2003〕　北川善太郎『債権各論（民法講要Ⅳ）』第3版（2003）
木村〔2004〕（1），〔2004〕（2・完）　木村和成「ドイツにおける人格権概念の形成――人格権概念に仮託された意味・機能に着目して――（1）（2・完）」立命館法学295号（2004）688頁，296号（2004）989頁
木村〔2005〕（1），〔2006〕（2・完）　木村和成「わが国における人格権概念の特質――その再定位の試み――（1）（2・完）」摂南法学34号（2005）85頁，35号（2006）69頁
京野〔2007〕（1）〜〔2008〕（5・完）　京野哲也「私人の名誉は公人の名誉より軽いか――名誉・プライバシー侵害訴訟再考の視点――（1）〜（5・完）」判タ1250号（2007）33頁，1251号（2007）73頁，1252号（2007）51頁，1253号（2008）86頁，1254号（2008）49頁

窪田〔1997〕　　窪田充見「人格権侵害と損害賠償」民商 116 巻 4・5 号（1997）554 頁
窪田〔2003〕　　窪田充見「いわゆる『ロス疑惑』に関連する一連の名誉毀損訴訟」法教 271 号（2003）37 頁
窪田〔2007〕　　窪田充見『不法行為法』(2007)
栗生〔1929〕　　栗生武夫『人格権法の発達』(1929)
小疇〔1906〕　　小疇傳『大審院判決引照批評　日本刑法論各論之部』第 2 版（1906）
近藤〔1998〕　　近藤崇晴「判解　最判平成 9 年 5 月 27 日民集 51 巻 5 号 2024 頁」曹時 50 巻 5 号（1998）1531 頁
斉藤〔1979〕　　斉藤博『人格権法の研究』(1979)
斉藤〔1986〕　　斉藤博『人格価値の保護と民法』(1986)
佐伯〔1984〕(1)～〔1984〕(4・完)　佐伯仁志「プライバシーと名誉の保護 (1)～(4・完)」法協 101 巻 7 号（1984）981 頁，8 号（1984）1158 頁，9 号（1984）1406 頁，11 号（1984）1675 頁
阪本〔1990〕　　阪本昌成「名誉・プライヴァシーの侵害と表現の自由」ジュリ 959 号（1990）37 頁
澤井〔2001〕　　澤井裕『テキストブック　事務管理・不当利得・不法行為』第 3 版（2001）
潮見〔2009〕　　潮見佳男『不法行為法Ⅰ』第 2 版（2009）
四宮〔1963〕　　四宮和夫「事務管理・不当利得・不法行為」我妻栄編著『判例コンメンタールⅥ　事務管理・不当利得・不法行為』(1963)
四宮〔1983〕　　四宮和夫『事務管理・不当利得・不法行為（中）』(1983)
末川〔1930〕　　末川博「権利侵害論」（末川〔1970〕所収）
末川〔1953〕　　末川博「不法行為の違法と犯罪の違法」末川（〔1970〕所収）
末川〔1970〕　　末川博『権利侵害と権利濫用』(1970)
末川＝浅井〔1934〕　末川博＝浅井清信「判例を中心として観た民事上の名誉毀損」（末川〔1970〕所収）
末弘〔1918〕　　末弘厳太郎『債権各論第三分冊』(1918)
鈴木〔2001〕　　鈴木禄彌『債権法講義』四訂版（2001）
瀬川〔1998〕　　瀬川信久「民法 709 条（不法行為の一般的成立要件)」広中＝星野編〔1998〕
瀬川〔2003〕　　瀬川信久「明治前期の名誉回復訴訟」林屋礼二＝石井紫郎＝青山善充編『明治前期の法と裁判』(2003)
宗宮〔1935〕　　宗宮信次『不法行為論』(1935)
宗宮〔1939〕　　宗宮信次『名誉権論』(1939)

宗宮〔1961〕	宗宮信次『増補　名誉権論』(1961)
宗宮〔1968〕	宗宮信次『不法行為論』(1968)
曽我部〔2011〕	曽我部真裕「『自己像の同一性に対する権利』について」(曽我部〔2013〕所収)
曽我部〔2013〕	曽我部真裕『反論権と表現の自由』(2013)
瀧川〔1929〕	瀧川幸辰『刑法講義』(1929)
滝澤〔1997〕	滝澤孝臣「判解　最判平成6年2月8日民集48巻2号149頁」曹時49巻2号(1997) 475頁
竹田〔1982〕	竹田稔『名誉・プライバシー侵害に関する民事責任の研究』(1982)
団野〔1909〕	団野新之『損害賠償論　全』(1909)
千種〔1931〕	千種達夫「人的利益侵害による損害賠償」(千種〔1974〕所収)
千種〔1935〕	千種達夫「慰藉料請求と被害利益」(千種〔1974〕所収)
千種〔1974〕	千種達夫『人的損害賠償の研究(上)』(1974)
佃〔2008〕	佃克彦『名誉毀損の法律実務』第2版(2008)
富井講述〔1895〕	富井政章講述『損害賠償法原理　完』(1895)
中野〔1948〕	中野次雄『逐条改正刑法の研究』(1948)
中村〔1993〕a	中村哲也「営業批判とドイツ不法行為法」法政理論25巻3号(1993) 1頁
中村〔1993〕b	中村哲也「営業批判と名誉毀損法——違法性類型をめぐって——」鈴木禄彌＝徳本伸一編『幾代通先生献呈論集　財産法学の新展開』(1993)
中森〔2003〕	中森喜彦「第三四章　名誉に対する罪」大塚仁他編〔2003〕
奈良〔1966〕	奈良次郎「判解　最判昭和41年6月23日民集20巻5号1118頁」曹時18巻9号(1966) 1449頁
錦織〔1977〕	錦織成史「ドイツにおける営業保護の法発展——判例にみる民事不法二元論の一局面——(上)」判タ352号(1977) 2頁
西村〔1934〕	西村一成「名誉毀損と損害賠償(1)」法曹会雑誌12巻7号(1934) 1頁
能見〔1988〕	能見善久「連載・日本不法行為法リステイトメント⑲　名誉侵害」ジュリ906号(1988) 78頁
野村〔1972〕	野村好弘『名誉侵害の民事判例』(1972)
橋本他〔2011〕	橋本佳幸＝大久保邦彦＝小池泰『民法Ⅴ　事務管理・不当利得・不法行為』(2011)
鳩山〔1920〕	鳩山秀夫『日本債権法各論(下巻)』(1920)
鳩山〔1924〕	鳩山秀夫『増訂　日本債権法各論(下巻)』(1924)

菱谷〔1912〕　　菱谷精吾『不法行為論』再訂増補第3版（1912）
平井〔1971〕　　平井宜雄『損害賠償法の理論』（1971）
平井〔1992〕　　平井宜雄『債権各論Ⅱ　不法行為』（1992）
平野〔2013〕　　平野裕之『民法総合6　不法行為法』第3版（2013）
廣中編著〔1986〕　　廣中俊雄編著『第九回帝国議会の民法審議』（1986）
廣中編著〔1987〕　　廣中俊雄編著『民法修正案（前三編）の理由書』（1987）
広中〔1994〕　　広中俊雄『債権各論』第6版（1994）
広中＝星野編〔1998〕　　広中俊雄＝星野英一編『民法典の百年Ⅲ』（1998）
藤岡〔1985〕　　藤岡康宏「名誉・プライバシー侵害」（藤岡〔2002〕所収）
藤岡〔1991〕　　藤岡康宏「人格権〔民法の基本問題一九〕」（藤岡〔2002〕所収）
藤岡編〔1998〕　　藤岡康宏編『新・現代損害賠償法講座2　権利侵害と被侵害利益』（1998）
藤岡〔1999〕　　藤岡康宏「宗宮信次『名誉権論』」加藤雅信編集代表『民法学説百年史』（1999）
藤岡〔2002〕　　藤岡康宏『損害賠償法の構造』（2002）
藤岡〔2013〕　　藤岡康宏『民法講義Ⅴ　不法行為法』（2013）
二上〔1905〕　　二上兵治「名誉権」法学新報15巻10号（1905）53頁
星野〔1987〕　　星野英一「連載・日本不法行為法リステイトメント⑤　権利侵害」ジュリ882号（1987）64頁
穂積重遠〔1922〕　　穂積重遠「大判大正10年6月28日民録27輯1260頁評釈」法協40巻2号（1922）338頁
穂積陳重〔1876〕　　穂積陳重「泰西譏謗律の解」（同『穂積陳重遺文集』（1932）所収）
前田達明〔1978〕　　前田達明『不法行為帰責論』（1978）
前田達明〔1980〕　　前田達明『民法Ⅵ（不法行為法）』（1980）
前田達明〔1998〕　　前田達明「権利侵害と違法性」（同『民法学の展開　民法研究第二巻』（2012）所収）
前田陽一〔1996〕　　前田陽一「最判平成6年2月8日民集48巻2号149頁評釈」法協113巻2号（1996）342頁
前田陽一〔2004〕　　前田陽一「最判平成15年10月16日民集57巻9号1075頁評釈」NBL788号（2004）83頁
前田陽一〔2010〕　　前田陽一『債権各論Ⅱ　不法行為法』第2版（2010）
前田陽一〔2013〕　　前田陽一「名誉毀損・人格権侵害」能見善久＝加藤新太郎編集『論点体系　判例民法7　不法行為Ⅰ』第2版（2013）
牧野〔1917〕　　牧野英一『日本刑法分冊第三』（1917）

牧野〔1938〕	牧野英一『重訂日本刑法下巻』第61版（1938）
増田〔1996〕	増田栄作「現代ドイツにおける不法行為法理論の動向について――Brüggemeierの不法行為法理論を中心に――」立命館法学249号（1996）1114頁
松井〔1983〕(1)〜〔1983〕(4・完)	松井茂記「名誉毀損と表現の自由(1)〜(4・完)」（松井〔2013〕所収）
松井〔1995〕	松井茂記「意見による名誉毀損と表現の自由」（松井〔2013〕所収）
松井〔1998〕	松井茂記「名誉毀損と表現の自由」（松井〔2013〕所収）
松井〔2013〕	松井茂記『表現の自由と名誉毀損』（2013）
松坂〔1993〕	松坂佐一『民法提要 債権各論』第5版（1993）
松並〔2006〕	松並重雄「判解 最判平成15年10月16日民集57巻9号1075頁」曹時58巻3号（2006）1039頁
三島〔1965〕	三島宗彦『人格権の保護』（1965）
宮本〔1930〕	宮本英脩『刑法学粋第四分冊』（1930）
泉二〔1908〕	泉二新熊『改正日本刑法論』（1908）
森泉〔1972〕	森泉章「法人・集団の人格権」伊藤編〔1972〕
山口〔1994〕	山口成樹「最判平成6年2月8日民集48巻2号149頁評釈」法教168号（1994）144頁
山口〔1994〕(1)〜〔1995〕(3・完)	山口成樹「名誉毀損法における事実と意見――英米法の示唆するもの――(1)〜(3・完)」都法35巻1号（1994）109頁，35巻2号（1994）111頁，36巻2号（1995）91頁
山本〔1997〕	山本敬三「最判平成6年2月8日民集48巻2号149頁評釈」民商116巻4・5号（1997）615頁
吉村〔2010〕	吉村良一『不法行為法』第4版（2010）
我妻〔1937〕	我妻栄『事務管理・不当利得・不法行為』（1937）
和田〔1989〕(1)〜〔1989〕(3・完)	和田真一「ドイツの不法行為法における権利論の発展――判例法上の営業権を中心として――(1)〜(3・完)」立命館法学204号（1989）178頁，207号（1989）593頁，208号（1989）719頁
和田〔1991〕	和田真一「民法723条に基く名誉回復『請求権』に関する一考察」立命館法学218号（1991）465頁
和田〔1998〕	和田真一「名誉毀損の特定的救済」藤岡編〔1998〕

2 外国語文献（著者名のアルファベット順）

v. Bar〔1981〕　v. Bar, Deliktsrecht, in: Gutachten und Vorschläge zur Überarbeitung des Schuldrecht, Band II, 1981

Baston-Vogt〔1997〕　Baston-Vogt, Der sachliche Schutzbereich des zivilrechtlichen allgemeinen Persönlichkeitsrechts, 1997

Brox/Walker〔2013〕　Brox/Walker, Besonderes Schuldrecht, 37. Aufl., 2013

v. Caemmerer〔1960〕　v. Caemmerer, Wandlungen des Deliktsrechts, 1960, in: Gesammelte Schriften, Band I, 1968

v. Caemmerer〔1967〕　v. Caemmerer, Der privatrechtliche Persönlichkeitsschutz nach deutchem Recht, FS für Hippel, 1967

Staudinger/Coing〔1957〕　Staudinger, Kommentar zum BGB, 11. Aufl., 1957, Vorbem. §1.

v. Decken〔1980〕　v. Decken, Meinungsäusserungsfreiheit und Ehrenschutz in der politischen Auseinandersetzung, 1980,

Deutsch/Ahrens〔2009〕　Deutsch/Ahrens, Deliktsrecht, 5. Aufl., 2009
　　　　　　　　　　　E. ドイチュ／H.-J. アーレンス（浦川道太郎訳）『ドイツ不法行為法』（2008）

Erman/Ehmann〔1993〕　Erman, BGB, 9. Aufl., 1993, Anh. §12, Das Allgemeine Persönlichkeitsrecht

Erman/Ehmann〔2000〕　Erman, BGB, 10. Aufl., 2000, Anh. §12, Das Allgemeine Persönlichkeitsrecht

Erman/Ehmann〔2008〕　Erman, BGB, 12. Aufl., 2008, Anh. §12, Das Allgemeine Persönlichkeitsrecht

Enneccerus〔1900〕　Enneccerus, Das Bürgerliche Recht, Erster Band, 1900

Enneccerus/Lehmann〔1950〕　Enneccerus/Lehmann, Recht der Schuldverhältnisse, 13. Aufl., 1950

Enneccerus/Lehmann〔1954〕　Enneccerus/Lehmann, Recht der Schuldverhältnisse, 14. Aufl., 1954

Enneccerus/Lehmann〔1958〕　Enneccerus/Lehmann, Recht der Schuldverhältnisse, 15. Aufl., 1958

Enneccerus/Nipperdey〔1952〕　Enneccerus/Nipperdey, Allgemeiner Teil des Bürgerlichen Rechts, 14. Aufl., 1952

Enneccerus/Nipperdey〔1959〕　Enneccerus/Nipperdey, Allgemeiner Teil des Bürgerlichen Rechts, 15. Aufl., 1959

Esser〔1949〕　　Esser, Lehrbuch des Schuldrechts, 1. Aufl., 1949
Esser〔1960〕　　Esser, Lehrbuch des Schuldrechts 2. Aufl., 1960
Esser〔1969〕　　Esser, Schuldrecht, Band II, Besonderer Teil, 3. Aufl., 1969
Esser〔1971〕　　Esser, Schuldrecht, Band II, Besonderer Teil, 4. Aufl., 1971
Esser〔1984〕　　Esser/Weyers, Schuldrecht Band II, Besonderer Teil, 6. Aufl., 1984
Esser/Weyers〔1991〕　　Esser/Weyers, Schuldrecht Band II, Besonderer Teil, 7. Aufl., 1991
Esser/Weyers〔2000〕　　Esser/Weyers, Schuldrecht, Band II, Besonderer Teil, Teilband 2, Gesetzliche Schuldverhältnisse, 8. Aufl., 2000
Fikentscher〔1965〕　　Fikentscher, Schuldrecht, 1. Aufl., 1965
Fikentscher〔1971〕　　Fikentscher, Schuldrecht, 3. Aufl., 1971
Fikentscher〔1976〕　　Fikentscher, Schuldrecht, 6. Aufl., 1976
Fikentscher〔1992〕　　Fikentscher, Schuldrecht, 8. Aufl., 1992
Fikentscher〔1997〕　　Fikentscher, Schuldrecht, 9. Aufl., 1997
Fikentscher/Heinemann〔2006〕　　Fikentscher/Heinemann, Schuldrecht, 10. Aufl., 2006
Fuchs〔2009〕　　Fuchs, Deliktsrecht, 7. Aufl., 2009
Hager〔1996〕　　Hager, Der Schutz der Ehre im Zivilrecht, AcP 196 (1996), 168
Staudinger/Hager〔1999〕　　Staudinger, Kommentar zum BGB, 13. Aufl., 1999, §823
Helle〔1957〕　　Helle, Der Schutz der persönlichen Ehre und des wirtschaftlichen Rufes im Privatrecht, 1. Aufl., 1957
Helle〔1969〕　　Helle, Der Schutz der Persönlichkeit, der Ehre und des wirtschaftlichen Rufes im Privatrecht, 2. Aufl., 1969
Hermann〔1990〕　　Hermann, Empfiehlt es sich, die Rechte und Pflichten der Medien präziser zu regeln und dabei den Rechtsschutz des einzelnen zu verbessern?, Referat für 58. Deutschen Juristentag, 1990
Hubmann〔1953〕　　Das Persönlichkeitsrecht, 1. Aufl., 1953
Hubmann〔1966〕　　Hubmann, Das Recht auf Identität, GS für R. Schmidt, 1966
Hubmann〔1967〕　　Hubmann, Das Persönlichkeitsrecht, 2. Aufl., 1967
Erman/Klass〔2011〕　　Erman, BGB, 13. Aufl., 2011, Anh §12
Kötz/Wagner〔2013〕　　Kötz/Wagner, Deliktsrecht, 12. Aufl., 2013
　　　　　　　　　　ハイン・ケッツ／ゲルハルト・ヴァーグナー（吉村良一＝中田邦博監訳）『ドイツ不法行為法』(2011)
Kübler〔1984〕　　Kübler, Öffentlichketi als Tribnal?──zum Konflikt zwischen Me-

dienfreiheit und Ehrenschutz, JZ, 1984, 541

Kübler〔1990〕	Kübler, Anmerkung zu BVerfG, Beschulß v. 19. 4. 1990, JZ, 1990, 916
Larenz〔1956〕	Larenz, Lehrbuch des Schuldrechts, zweiter Band, Besonderer Teil, 1. Aufl., 1956
Larenz〔1962〕	Larenz, Lehrbuch des Schuldrechts, zweiter Band, Besonderer Teil, 5. Aufl., 1962
Larenz〔1964〕	Larenz, Lehrbuch des Schuldrechts, zweiter Band, Besonderer Teil, 6. Aufl., 1964
Larenz〔1972〕	Larenz, Lehrbuch des Schuldrechts, zweiter Band, Besonderer Teil, 10. Aufl., 1972
Larenz〔1977〕	Larenz, Lehrbuch des Schuldrechts, zweiter Band, Besonderer Teil, 11. Aufl., 1977
Larenz〔1981〕	Larenz, Lehrbuch des Schuldrechts, zweiter Band, Besonderer Teil, 12. Aufl., 1981
Larenz/Canaris〔1994〕	Larenz/Canaris, Lerhbuch des Schuldrechts, zweiter Band, Besonderer Teil, 2. Halbband, 13. Aufl., 1994
Larenz/Wolf〔2004〕	Larenz/Wolf, Allgemeiner Teil des Bürgerlichen Rechts, 9. Aufl., 2004
Lehmann〔1958〕	Lehmann, Allgemeiner Teil des Bürgerlichen Gesetzbuches, 11. Aufl., 1958
Medicus〔2006〕	Medicus, Schuldrecht II, Besonderer Teil, 13. Aufl., 2006
Meyer/Allfeld〔1912〕	Meyer/Allfeld, Lehrbuch des Deutschen Strafrechts, 7. Aufl., 1912
Peifer〔2001〕	Peifer, Individualität im Zivilrecht, 2001
Peifer〔2005〕	Peifer, Schuldrecht, Gesetzliche Schuldverhältnisse, 2005
Reinhardt〔1973〕	Reinhardt, Das „Lebensbild" und der Schutz der Persönlichkeit im modernen Privatrecht, FS für E. Schwinge, 1973
MüKo/Rixecker〔2006〕	Münchener Kommentar zum BGB, 5. Aufl., 2006, Anh. § 12, Das allgemeine Persönlichkeitsrecht
Staudinger/Schäfer〔1975〕	Staudinger, Kommentar zum BGB, 10/11. Aufl., 1975, § 823
Erman/Schiemann〔2011〕	Erman, BGB, 13. Aufl., 2011, § 823
Erman/Schiemann § 826〔2011〕	Erman, BGB, 13. Aufl., 2011, § 826

Schlechtriem〔2003〕　　Schlechtriem, Schuldrecht, Besonderer Teil, 6. Aufl., 2003

Schwarz/Wandt〔2011〕　　Schwarz/Wandt, Gesetzliche Schuldverhältnisse, 4. Aufl., 2011

MüKo/Schwerdtner〔1978〕　　Münchener Kommentar zum BGB, 1. Aufl., 1978, Anh. § 12, allgemeines Persönlichkeitsrecht

Stegmann〔2004〕　　Stegmann, Tatsachenbehauptung und Werturteil in der deutschen und französischen Presse, 2004,

Stürner〔1990〕　　Stürner, Empfiehlt es sich, die Rechte und Pflichten der Medien präziser zu regeln und dabei den Rechtsschutz des einzelnen zu verbessern?, Gutachten A für 58. Deutschen Juristentag, 1990

MüKo/Wagner〔2009〕　　Münchener Kommentar zum BGB, 5. Aufl., 2009, § 823.

Wenzel〔1990〕　　Wenzel, Empfiehlt es sich, die Rechte und Pflichten der Medien präziser zu regeln und dabei den Rechtsschutz des einzelnen zu verbessern?, Referat für 58. Deutschen Juristentag, 1990

Soergel/Zeuner〔1969〕　　Soergel-Siebert, Kommentar zum BGB, 10. Aufl., 1969, § 823

事項索引

あ行

誤った光 …………………191, 195, 198, 210
慰謝料 ……………………………………14
イッシュー化されない権利 ……………105
一般条項…………30, 140-141, 149, 153, 158, 187
一般的人格権 ………29, 119, 123, 127, 149, 152, 182, 184
────保護の可否 ……………………131
違法性 ……………………………………70
違法性阻却事由 …………………………84
影像権 ……………………………………68

か行

書かれた言葉に対する権利 …………169, 176
虚偽の事実…………148, 170, 179, 190, 194, 198, 207, 209, 212, 220
虚偽の主張 …………………………146, 209
虚　名 …………………………………18, 106
刑法 230 条ノ 2・230 条の 2 …………9, 79, 113
原状回復処分 ……………………10, 13, 34, 40
権利侵害要件 …………………………68, 70
言論の自由 ………………………………79
公正論評の法理・公正な論評の法理
　………………………………10, 12, 82, 108

さ行

財産的利益 ………………………………104
差止め ……………………………………10
讒謗律 ……………………………………32
事実の摘示 ……………………13, 143, 146
私　人 ……………………………………105
私生活 ………………………………64, 145, 148

私法上の人格保護および名誉保護に関する
　新秩序のための草案 ………………139
集団に対する名誉毀損 …………………111
肖像権 ……………………………………69
商品テスト ………………………………103
人格像 ………………………………176, 195
────の歪曲 …………………………171, 173
真実性・相当性の法理……10, 12, 82, 97, 99, 101
真実の事実…………………………18, 63, 66, 107
信書および日記の秘密 …………………169
信　用 ……………………………………91
信用毀損 …………………………25, 43, 102
信用毀損罪 ………………………………90
生活像 ………………………………174, 176, 190
絶対権 ……………………28, 124, 153, 154, 184
前　科 …………………………………94, 98
像 …………………………………………146
その他の権利……………28, 119, 124, 150, 184
損害賠償法の修正および補充のための法律に
　関する参事会草案 …………………156

た行

第 58 回法曹大会 …………………………192
大綱的権利 ………………………154, 186, 187
　Rahmenrecht ……………………………126
テストの中立性 …………………………103
ドイツ刑法学説 ……………………………54
同一性 ………………172, 176, 190, 196, 199, 210
　名誉保護から────の保護へ ……194, 197

は行

話された言葉に対する権利 ……………188
反論請求権 …………………………141, 146

誹毀罪……………………………………41
非財産的損害……………………………35
BGH 判決………………………127, 165, 167
表現の自由………………………………79
　名誉保護と――との調整……………80, 113
侮辱罪……………………………50, 52, 90
不法行為法改正に関する改正案 …………181
プライバシー ………………7, 96, 98, 100
法　益
　――の拡大 ……………………………187
　――の消滅 ……………………………117
　――の増加 ……………………………151
保護法益………………………………63, 147
　――の消滅 ……………………………188
　――の多様化…………………………77, 157

ま　行

名誉概念…7, 16, 17, 23, 34, 38, 49, 50, 58, 77, 87,
　　　　112, 135, 175, 197, 205, 215, 219
　――の定義……………45, 60, 89, 135, 161, 202
　外的名誉…………………………60, 162, 201
　外部的名誉 ………………………………17, 59
　外部ノ名誉 ………………………………42
　客観的な名誉 ……………………………125
　国家的名誉………………………………20
　自尊心 …………………………………162, 201
　社会的評価 ………1, 8, 56, 59, 108, 115, 217
　　　――の低下 …………………………24
　社会的名誉 ……………………17, 20, 22, 55
　主観的な名誉 ……………………………125
　主観的名誉 ……………………………17, 20
　信　望 …………………………136, 144, 161

声　価 ………………………………162, 201
内的意義の名誉……………………………60
内的名誉 …………………………162, 201
内部ノ名誉 ………………………………42
人間の尊厳 ……………………………136, 162
評価説……………………61, 63, 66, 69, 89, 216
名　声 ………………………………162, 201
名誉感情 ………………………17, 60, 92, 201
名誉毀損罪 ……………………22, 50, 52, 90
名誉毀損事例 ………5, 8, 36, 49, 77, 93, 112, 215
　形式的侮辱 ……………………………207
　軽蔑の告知 ……………………………143
　差押え・仮差押え………………………47
　差別的言辞・言動 ……………165, 204, 208
　集団によるいじめ ……………………204
　性的自己決定に対する侵害 ……………204
　貞操侵害……………………………………71
　誹　毀 ……………………………40, 138
　侮　辱 ……………………………………138
　侮蔑的な批判 ……………………………204
　村八分 ……………………………………71
名誉侵害事例 ………137, 163, 175, 203, 205
論　評 ………………………………………13
名誉保護
　――の維持 …………………………199, 211
　――の可否 …………………………132, 218
　――の否定 …………………177, 190, 199
　――の放棄 …………………………196, 199
　――の枠組み……………………………14

わ　行

歪　曲 …………………………………171, 209

〈著者紹介〉
建部　雅（たてべ　みやび）
　1979 年　東京都に生まれる
　2002 年　東京大学法学部卒業
　現　在　成蹊大学法学部准教授

不法行為法における名誉概念の変遷
Das Wandel der Ehre im Deliktsrecht

2014 年 2 月 28 日　初版第 1 刷発行

著　者	建　部　　　雅
発 行 者	江　草　貞　治
発 行 所	株式会社　有 斐 閣

［101-0051］東京都千代田区神田神保町 2-17
電話　(03) 3264-1314〔編集〕
　　　(03) 3265-6811〔営業〕
http://www.yuhikaku.co.jp/

印刷・株式会社精興社／製本・牧製本印刷株式会社
© 2014, Miyabi Tatebe. Printed in Japan
落丁・乱丁本はお取替えいたします。
★定価はカバーに表示してあります。
ISBN 978-4-641-13664-9

[JCOPY]　本書の無断複写(コピー)は、著作権法上での例外を除き、禁じられています。複写される場合は、そのつど事前に、(社)出版者著作権管理機構（電話03-3513-6969, FAX03-3513-6979, e-mail:info@jcopy.or.jp）の許諾を得てください。